中国轻工业"十四五"规划立项教材

报关实务

微 课 版

唐卫红◎主编

赵雅玲◎副主编

Customs Declaration
Practice

人民邮电出版社

北 京

图书在版编目（CIP）数据

报关实务 ：微课版 / 唐卫红主编. -- 北京 ：人民
邮电出版社，2025. -- （高等院校跨境电子商务新形态系
列教材）. -- ISBN 978-7-115-65616-2

Ⅰ. F752.5

中国国家版本馆 CIP 数据核字第 2024LQ9726 号

内 容 提 要

本书介绍了报关实务的相关内容，共分为七章，包括报关与海关管理、报关与对外贸易管制、出入境检验检疫制度、海关监管货物及报关程序、进出口商品归类、进出口税费的计算与缴纳、进出口货物报关单的填制等内容。

本书各章通过"案例导入"引出教学内容，设置"知识点滴""思考与讨论"模块，培养学生分析问题、解决问题的能力；设置"润心育德"模块，将德育教育和专业知识相融合；章末以"本章小结"归纳知识要点，通过"练习题"和"实训题"帮助学生巩固所学知识，真正做到"教为主导、学为主体、疑为主轴、练为主线"。

本书可作为高等院校国际贸易、国际商务、跨境电子商务、物流管理、外贸英语等专业相关课程的教材，也可作为外贸行业单证岗位培训用书，还可供涉外经贸各部门有关工作人员参阅。

◆ 主　　编　唐卫红

　　副 主 编　赵雅玲

　　责任编辑　刘向荣

　　责任印制　陈　犇

◆ 人民邮电出版社出版发行　　北京市丰台区成寿寺路 11 号

　　邮编　100164　电子邮件　315@ptpress.com.cn

　　网址　https://www.ptpress.com.cn

　　三河市兴达印务有限公司印刷

◆ 开本：787×1092　1/16

　　印张：15　　　　　　　　　　2025 年 5 月第 1 版

　　字数：404 千字　　　　　　　2025 年 5 月河北第 1 次印刷

定价：59.80 元

读者服务热线：(010)81055256　印装质量热线：(010)81055316
反盗版热线：(010)81055315

随着经济全球化和一体化的深入发展，我国从事外贸业务的企业数量不断增加。新的贸易方式和通关形式不断出现，使得外贸企业对进出口贸易报关人才的需求急剧增加。报关从业人员的业务水平和综合素质，不仅关系着国家政策法令能否有效执行，也关系着进出口货物的通关效率和企业的经济效益。

报关实务是高等院校国际经济与贸易类专业的核心课程，也是获得外贸从业资格的必修课程。培养理论知识和实践能力兼备的复合型外贸人才有助于提高我国对外贸易水平，转变我国对外贸易增长方式。

本书坚持以习近平新时代中国特色社会主义思想为指导，落实立德树人根本任务，遵循学生认知规律，兼顾理论性和实操性，书中内容继承报关领域已有的学术成果，反映最新报关理论及国家进出口相关法律法规。本书在保证理论前瞻性和满足中国关检业务要求的同时，明确德育教育目标与知识目标，设计德育递进路径，融入党的二十大精神、商务部政策公告及关检业务新政策，做到书中内容与党的路线方针政策相吻合，与我国的改革实践相结合，与社会主义核心价值观相契合，与学生的学习观、成才观相融合，切实为学生树立正确世界观、价值观和人生观领航。

本书的编写得到了有关外贸公司领导和专家的大力支持和帮助，编者特此表示衷心的感谢，同时本书的出版得到了天津科技大学经管学院领导的鼓励和支持，在此一并致谢。

本书由唐卫红任主编，赵雅玲任副主编。参与编写本书的人员分工如下：唐卫红编写第一章，第四章第一节、第四节、第五章，第六章；唐卫红和焦晓宁共同编写第四章第二节；赵雅玲编写第三章，第四章第三节、第五节、第六节、第七节、第八节；常青平编写第二章、第七章。全书由唐卫红统一审稿。

由于编者学识水平和能力所限，书中不当之处在所难免，敬请读者批评指正。

编者

2025 年 4 月

目 录

目 录

第一章
报关与海关管理

【知识目标】掌握报关、报关单位和报关员的定义；了解海关的性质、任务；理解报关的分类、报关单位的类型及报关员的工作内容、权利和义务；掌握海关权力的内容、海关对报关单位的管理。

【能力目标】正确认识报关工作在进出口贸易实务中的地位和作用，能依法进行报关单位备案登记，具备从事海关通关管理工作和报关工作的基本素质。

【素养目标】理解政府简政放权改革成效；培养人文社科素养、社会责任感，能够在经贸活动中理解并遵守经贸职业道德和规范，依法经营，履行责任，养成良好的职业操守。

➡ 案例导入

2024年海关缉私成效显著，侦办走私案5719起

2024年，全国海关缉私部门通过"国门利剑2024"等专项行动，强化反走私综合治理，利用新型警务模式加强专业能力建设。全年共侦办走私犯罪案件5719起，其中涉税走私案件3687起，涉案金额巨大，有效保障了国家利益。

针对海上成品油、香烟等商品走私，海关缉私部门与相关部门协作，侦办涉海刑事案件647起，涉案金额136.6亿元。针对海南离岛免税"套代购"问题，开展"护航2024"行动，打击相关走私犯罪案件495起，涉案金额13.5亿元。

海关缉私部门还致力于服务自由贸易试验区建设，发起多轮打击走私专项行动，侦办刑事案件601起，涉案金额322.1亿元。同时，针对武器弹药、毒品走私问题，开展"国门勇士2024"和"使命2024"行动，保障人民群众生命安全。

为维护生态环境安全，海关缉私部门严厉打击濒危物种、洋垃圾走私，侦办相关案件231起和53起。此外，对重点渠道、领域和商品走私发起攻势，侦办禁止进出口货物物品案件474起，农产品走私案件1242起，维护了国家经济安全和税收秩序。

资料来源：央视网

请问：海关将如何处理这些被查获的走私物品？

第一节　报关概述

当代社会，随着经济全球化趋势的增强，国家间人员、货物、物品及运输工具的流动也日益频繁。这就需要具备一定知识和技能的专业人员，通过运用报关业务知识，把运输工具、货物及物品从一关境运至另一关境，从而实现国际性的流动。

一、报关的定义

《中华人民共和国海关法》（简称《海关法》）第八条规定："进出境运输工具、货物、物品，必须通过设立海关的地点进境或出境。"因此，从设立海关的地点进出境并办理规定的海关手续是运输工具、货物、物品进出境的基本规则，也是进出境运输工具负责人、进出口货物收发货人、进出境物品的所有人应该履行的一项基本义务。

📚 **知识点滴**

国境与关境

国境是一个国家行使主权的领土范围，关境是世界各国海关通用的概念，是指适用于同一海关法或实行同一关税制度的领域。二者关系如表1-1所示。

表1-1　　　　　　　　　　　　　　　关境与国境的关系

关系	说明
关境＝国境	一般来说，关境与国境范围相同
关境＞国境	一些国家建立关税同盟（如欧盟），其成员之间货物进出国境不征收关税，只对来自和运往非成员的货物在进出共同关境时征收关税，对每个成员来说，关境大于国境
关境＜国境	一国在国内设立自由港、自由贸易区和海关保税仓库等特定区域，对进入这些特定区域的货物免税，此时关境小于国境

我国海关的关境范围是除享有单独关境地位的地区以外的中华人民共和国的全部领域，包括领水、领陆和领空。目前我国的单独关境有香港、澳门，以及台湾、澎湖、金门、马祖单独关税区，它们各自实行单独的海关制度。因此，我国的关境小于国境。

报关是指进出境运输工具负责人、进出口货物收发货人、进出境物品的所有人或者他们的代理人向海关办理运输工具、货物或物品进出境手续及相关海关事务的过程。

需要说明的是，在进出境活动中，我们还经常使用"通关"这一概念。通关和报关有联系又有区别。两者都是相对运输工具、货物、物品的进出境而言的，但报关是从海关行政管理相对人的角度而言，仅指向海关办理进出境及相关手续；而通关不仅包括海关行政管理相对人向海关办理有关手续，还包括海关对进出境运输工具、货物、物品依法进行监督管理，核准其进出境的过程。

📚 **知识点滴**

进出口与进出境

（1）定义

进出口是指货物所有权的转移，即从一个国家（或地区）进入另一个国家（或地区）。进口是指货物从国外运入本国，出口则是指货物从本国运往国外。

进出境是指货物物理上跨越国界的行为，无论是否涉及所有权的转移。进境是指货物从境外进入境内，这个过程可能会涉及海关检查、申报、缴纳关税等步骤；出境则是指货物从境内运往境外，同样需要进行相应的申报和检查程序。

（2）流程

进出口通常需要经过一系列的商务流程，包括签订合同、支付结算、信用证操作、保险安排等。同时，进出口活动需要遵守相关的国际贸易规则，如原产地规则、关税配额、检验检疫要求等。

进出境更侧重于强调货物的实际物理移动及相关的边境管控程序。在货物进境和出境过程中都需要进行申报和接受检查。

（3）实际应用场景

在实际工作中，进出口和进出境通常是交织在一起的。一般来说，货物进出境都会伴随着进出口贸易的发生。但在某些特定情况下，比如加工贸易中的来料加工或进料加工，货物可能会进出境但不涉及进出口。

二、报关的分类

（一）按照报关的对象，报关可分为运输工具报关、货物报关和物品报关

由于海关对进出境运输工具、货物、物品的监管要求各不相同，报关可分为运输工具报关、货物报关和物品报关三类。其中，进出境运输工具作为货物、人员及其携带物品的进出境载体，其报关主要是向海关直接交验随附的，符合国际商业运输惯例，能反映运输工具进出境合法性及其所承运货物、物品情况的合法证件、清单和其他运输单证，其报关手续较为简单。进出境物品由于具有非贸易性质，且应当以自用、合理数量为限，所以其报关手续也很简单。进出境货物的报关就较为复杂，为此，海关根据对进出境货物的监管要求，制定了一系列报关管理规范，并要求必须由具备一定的专业知识和技能且经海关核准的专业人员代表报关单位专门办理报关。

（二）按照报关的目的，报关主要可分为进境报关和出境报关

运输工具、货物、物品根据进境或出境的目的分别形成了进境报关手续和出境报关手续。

进境报关是指货物、物品进入一国关境时向海关申报的手续。出境报关是指货物、物品离开一国关境时向海关申报的手续。

（三）按照报关的行为性质，报关可分为自理报关和代理报关

进出境运输工具、货物、物品的报关是一项专业性较强的工作，尤其是进出境货物的报关工作。一些运输工具负责人、货物收发货人或者物品的所有人，出于经济、时间、地域等方面的原因，不能或者不愿意自行办理报关手续，而委托代理人代为报关。因此，报关可分为自理报关和代理报关两种类型。《海关法》对接受进出境物品所有人的委托，代为办理进出境物品报关手续的代理人没有特殊要求，但对接受进出口货物收发货人的委托，代为办理进出境货物报关手续的代理人则有明确的规定。因此，我们通常所称的自理报关和代理报关主要是对进出境货物的报关而言的。

1. 自理报关

进出口货物收发货人自行办理报关业务称为自理报关。

2. 代理报关

代理报关是指代理人接受进出口货物收发货人的委托，代其办理报关业务的行为。《海关法》把有权接受他人委托办理报关业务的企业称为报关企业。根据代理报关法律行为责任承担者的不同，代理报关又分为直接代理报关和间接代理报关。表1-2所示为代理报关的代理方式及其行为属性与法律责任。

表1-2 代理报关的代理方式及其行为属性与法律责任

代理方式	行为属性	法律责任
直接代理	委托代理行为	以委托人的名义办理报关业务，法律后果直接作用于被代理人（委托人），报关企业也承担相应的法律责任
间接代理	视同报关企业自己报关	以报关企业自身的名义办理报关业务，报关企业承担与委托人自己报关时所应承担的相同的法律责任

目前，我国的报关企业大都采取直接代理报关，间接代理报关只适用于经营快件业务的国际货物运输代理企业。

（四）按照报关地点，报关可分为口岸报关、属地报关、通关一体化

口岸报关是指进出境货物由报关人在货物的进出境地海关办理海关手续的报关方式。

属地报关是指进出境货物由报关人在设有海关的货物指运地或启运地办理海关手续的报关方式。属地报关必须办理相应的转关手续。

通关一体化自2017年7月1日起正式在全国实施。实行通关一体化后，进出口企业可以在全国任意一个海关办理进出口货物的通关业务。

（五）按照报关申报形式，报关可分为有纸报关与无纸报关

有纸报关，也叫纸质报关，是指报关人按海关规定的格式以书面形式向海关进行申报，属于传统报关方式，其基本特点是手工操作。无纸报关是利用现代信息技术，采取联网方式，对进出口货物申报数据和报文进行自动处理的一种先进的报关方式，具有数据处理自动化程度高、通关速度快、成本低等特点。

三、报关的内容

根据《海关法》的规定，进出境运输工具、进出境货物、进出境物品都需要报关，三者报关的基本内容如下。

（一）进出境运输工具报关的基本内容

在进出境活动中，进出境运输工具具有载运人员、货物及物品进出境的作用。根据《海关法》的规定，所有进出我国关境的运输工具必须经由设有海关的港口、车站、机场、国界孔道、国际邮件互换局（站）及其他可办理海关业务的场所申报进出境。

进出境运输工具的申报内容有：

（1）运输工具进出境的时间、航次；

（2）运输工具进出境时所载运货物情况，包括过境货物、转运货物、通运货物、溢短装（卸）货物的基本情况；

（3）运输工具服务人员名单及其自用物品、货币、金银情况；

（4）运输工具所载旅客情况；

（5）运输工具所载邮递物品、行李物品的情况；

（6）其他需要向海关申报清楚的情况，如由于不可抗力，运输工具被迫在未设关地点停泊、降落者或者抛掷、起卸货物、物品等情况。

（二）进出境货物报关的基本内容

进出境货物的报关业务包括按照规定填制报关单，如实申报进出口货物的商品编码、实际成交价格、原产地及相应的优惠贸易协定代码，并办理提交报关单证等与申报有关的事宜；申请办理缴纳税费和退税、补税事宜；申请办理加工贸易合同备案、变更和核销及保税监管等事宜；申请办理进出口货物减税、免税等事宜；办理进出口货物的查验、结关等事宜；办理应当由报关单位办理的其他事宜。

（三）进出境物品报关的基本内容

海关监管的进出境物品包括行李物品、邮递物品和其他物品，三者在报关要求上有所不同。

《海关法》规定，个人携带进出境的行李物品、邮寄进出境的物品，应当以自用、合理数量为限。自用、合理数量是区分进出境货物与进出境物品的主要依据。对于行李物品，"自用"是指进出境旅客本人自用、馈赠亲友而非出售或出租，"合理数量"是指海关根据进出境旅客旅行目的和居留时间所规定的正常数量。对于邮递物品，自用合理数量是指海关对进出境邮递物品规定的征、免税限制。

1. 进出境行李物品的报关

对于行李物品，按照国际惯例，我国海关采用了"红绿通道"制度，即进出境通道中设有以红色和绿色作为标记的两种通道，红色代表申报通道，绿色代表无申报通道。进出境旅客可以在两者间进行选择，如图1-1所示。

图1-1　旅客通过"红绿通道"进出境

自2008年2月1日起，海关在全国各对外开放口岸实行新的进出境旅客申报制度。进出境旅客没有携带应向海关申报物品的，无须填写"中华人民共和国海关进出境旅客行李物品申报单"（简称申报单），选择绿色通道通关。除海关免于监管的人员以及随同成人旅行的16周岁以下旅客以外，进出境旅客携带有应向海关申报物品的，须填写申报单向海关书面申报，并选择红色通道通关。

2. 进出境邮递物品的报关

进出境邮递物品的申报方式由其特殊的邮递运输方式决定。我国是《万国邮政公约》的签约国，根据《万国邮政公约》的规定，进出口邮包必须由寄件人填写报税单（小包邮件填写绿色标签），列明所寄物品的名称、价值、数量，向邮包寄达地的海关申报。进出境邮递物品的报税单和绿色标签随同物品通过邮政企业或快递公司呈递给海关。

3. 进出境其他物品的报关

其他物品主要包括暂时免税进出境物品、享有外交特权和豁免权的外国机构或者人员进出境物品等。

个人携带进出境的暂时免税进出境物品须由物品携带者在进境或出境时向海关做出书面申报，并经海关批准登记，方可免税携带进出境，而且应由本人复带出境或进境。

持有中华人民共和国政府主管部门给予的外交、礼遇签证的进出境旅客，通关时应主动向海关出示本人有效证件，海关予以免验礼遇。

> 📖 **思考与讨论**
>
> 某旅客携带单位委托购买的投影仪零配件进境。
> 该商品应按进出境货物还是进出境物品报关？为什么？

第二节　海关管理概述

一、海关的性质和任务

（一）海关的性质

《海关法》第二条规定："中华人民共和国海关是国家的进出关境（以下简称进出境）监督管理机关。"这一规定明确了海关的性质，其包括了三层含义。

1. 海关是国家行政机关

海关是国家的行政机关之一，从属于国家行政管理体制，是国务院直属机构，海关代表国家依法独立行使行政管理权。

2. 海关是国家进出境监督管理机关

海关实施监督管理的范围是进出关境及与之有关的活动，监督管理的对象是所有进出境的运输工具、货物、物品。

3. 海关的监督管理是国家行政执法活动

海关执法的依据是《海关法》和其他有关法律、行政法规。海关事务属于中央立法事权，立法者为全国人大及其常务委员会和国务院。海关总署也可以根据法律和国务院的法规、决定、命令，制定规章，作为执法依据的补充。省、自治区、直辖市人民代表大会和人民政府不得制定海关法律规范，地方性法规、地方性规章也不是海关执法的依据。

📚 **知识点滴**

海关关徽的含义

关徽（见图1-2）由商神手杖和金色钥匙交叉组成。

商神手杖代表国际贸易，金色钥匙象征海关为祖国把关，钥匙上的三个齿，分别代表海关的监管、征税、缉私三大任务。

关徽寓意着中国海关依法行使国家赋予的权力，监管进出境活动，维护国家主权和利益，促进对外经贸发展和科技文化交流，保障社会主义现代化建设。

图1-2　关徽

（二）海关的任务

《海关法》第二条规定："海关依照本法和其他有关法律、行政法规，监管进出境的运输工具、货物、行李物品、邮递物品和其他物品（以下简称进出境运输工具、货物、物品），征收关税和其他税、费，查缉走私，并编制海关统计和办理其他海关业务。"这实际上表明了海关的四项基本任务：监管、征税、缉私、编制海关统计。

1. 监管

监管是海关的最基本任务。海关监管是指海关运用国家赋予的权力，通过一系列管理制度与管理程序，依法对进出境运输工具、货物、物品的进出境活动实施的备案登记、审核单证、查验放行、后续管理等措施的一种行政管理活动。

海关监管不是海关监督管理的简称，海关监督管理是海关全部行政执法活动的统称，二者有较大区别。

2. 征税

征税是指海关依据《海关法》《中华人民共和国关税法》（简称《关税法》）以及其他有关法律、行政法规规定的税率、计税方法和完税价格，对须征收关税和其他税费的进出口货物、进出境物品，向纳税义务人征收税费的一项行政执法工作。目前，由海关代征的进口环节税包括增值税和消费税。

3. 缉私

缉私是指海关依照法律赋予的权力，在各监管场所和"设关地"附近的沿海沿边规定地区，为发现、制止、打击、综合治理走私活动而进行的一种调查和惩处活动，是海关为保证顺利完成监管和征税等任务而采取的保障措施。

《海关法》规定："国家实行联合缉私、统一处理、综合治理的缉私体制。海关负责组织、协调、管理查缉走私工作。"这一规定从法律上明确了海关打击走私的主导地位。

4. 编制海关统计

编制海关统计是指以实际进出口货物作为调查和统计、分析的对象，通过搜集、整理、加工处理进出口货物报关单或经海关核准的其他申报单证，对进出口货物的品种、数（重）量、价格、国别（地区）、经营单位、境内目的地、境内货源地、贸易方式、运输方式、关别等项目分别进行统计和综合分析的活动。海关统计能全面、准确地反映对外贸易的运行态势，及时提供统计信息，有助于海关实施有效的统计监督，开展国际贸易统计的交流与合作，促进对外贸易的发展。

微课堂

海关的性质和任务

凡能引起我国境内物质资源储备增加或减少的进出口货物，均列入我国海关统计。部分不列入海关统计的货物和物品，实施单项统计。

润心育德

海关是国门第一道防线

党的二十大报告指出：国家安全是民族复兴的根基，社会稳定是国家强盛的前提。我们要贯彻总体国家安全观，以坚定的意志维护国家主权、安全、发展利益。海关作为国家进出境监督管理机关，守国门保安全是最基本、最重要的职责。全国各地海关严格履行出入境卫生检疫、动植物检疫和商品食品检验监管重要职责，加快构建"境外、口岸、境内"三道防线，筑牢国门安全屏障，坚决维护国门安全，确保口岸安全稳定。

专题讨论：怎样理解"海关是国门第一道防线"这句话？

二、海关的权力

（一）海关权力的含义

海关权力是指国家为保证海关依法履行职责和完成法定任务，通过《海关法》和其他法律、行政法规赋予海关对进出境运输工具、货物、物品及相关事务实施监督管理所具有的支配、管理、指挥的权能。海关权力属于公共行政职权，其行使受一定范围和条件的限制，并应当接受执法监督。

（二）海关权力的特点

1. 特定性

根据《海关法》的规定，中华人民共和国海关是国家的进出关境监督管理机关。只有海关才具有进出关境监督管理权，其他任何机关、团体及个人都不具有这种权力。海关的这种权力只适用于进出关境监督管理领域。

2. 独立性

海关行使职权只对法律和上级海关负责，不受地方政府、其他机关、单位或个人的干预。

3. 效力先行性

海关的行政行为一旦做出，就应推定其合法，在没有被国家有权机关宣布其违法和无效之前，即使管理相对人认为海关的行政行为侵犯其合法权益，也必须遵守和服从。

📖 思考与讨论

红星公司对海关征收的税款有异议，认为海关侵犯了其合法权益，红星公司有如下几种选择：

（1）暂缓纳税，向海关提出行政裁定；

（2）暂缓纳税，向海关提出行政复议；

（3）缴纳税款，再向海关提出行政裁定；

（4）缴纳税款，再向海关提出行政复议。

请问：你会选择哪种？为什么？

---

4. 优益性

海关在行使行政职权时，依法享有一定的行政优先权和行政受益权。行政优先权是指国家为保障海关有效地行使职权而赋予海关职务上的优先条件，如海关执行职务受到暴力抗拒时，执行有关任务的公安机关和人民武装警察部队应当予以协助。行政受益权是指海关享受国家所提供的各种物质优益条件，如直属中央的财政经费等。

（三）海关权力的内容

根据《海关法》和其他法律、行政法规，海关的权力主要包括以下几种。

1. 行政许可权

行政许可权包括海关监管货物的仓储审批、转关运输货物的境内运输注册、保税仓库设立审批等许可。

2. 税费征收权

税费征收权包括代表国家依法对进出口货物、进出境物品征收关税和其他税费；根据法律、行政法规及有关规定，依法对特定的进出口货物、进出境物品减征或免征关税；以及对海关放行后的有关进出口货物、进出境物品，发现少征或者漏征税款的，依法补征、追征税款的权力。

3. 行政检查权

行政检查权是海关履行行政监督管理职能的基本权力，主要包括以下权力。

（1）检查权

海关有权检查进出境运输工具；检查有走私嫌疑的运输工具和有藏匿走私货物、物品嫌疑的场所；检查走私犯罪嫌疑人的身体。行使检查权的具体内容如表1-3所示。

表1-3　　　　　　　　　　　　　　行使检查权的具体内容

对象	区域	授权
进出境运输工具	"两区"内	海关有关部门可直接行使
	"两区"外	海关有关部门可直接行使
有走私嫌疑的运输工具	"两区"内	海关有关部门可直接行使
	"两区"外	须经直属海关关长或者其授权的隶属海关关长批准，方可由海关有关部门行使
有藏匿走私货物、物品嫌疑的场所	"两区"内	海关有关部门可直接行使
	"两区"外	A. 不能检查公民住宅 B. 当事人在场；当事人未在场，须有见证人在场 C. 须经直属海关关长或者其授权的隶属海关关长批准，方可由海关有关部门行使
走私犯罪嫌疑人	"两区"内	海关有关部门可直接行使
	"两区"外	无授权，不能行使

注："两区"指海关监管区和海关附近沿海沿边规定地区，下同。

　　　"授权"包括一般性授权和"一事一授权"。

（2）查阅、复制权

此项权力包括查阅进出境人员的证件，查阅、复制与进出境运输工具、货物、物品有关的合同、发票、账册、单据、记录、文件、业务函电、录音录像制品和其他有关资料。

（3）查问权

海关对违反《海关法》或者其他法律、行政法规的嫌疑人进行查问，调查其违法行为。

（4）查验权

海关有权查验进出境货物、物品。海关查验货物认为必要时，可以径行提取货样。

（5）查询权

海关在调查走私违法案件时，经直属海关关长或其授权的隶属海关关长批准，可以查询案件涉嫌单位和涉嫌人员在金融机构、邮政企业的存款、汇款。

（6）稽查权

根据《海关法》《中华人民共和国海关稽查条例》的有关规定，自进出口货物放行之日起3年内或者在保税货物、减免税进出口货物的海关监管年限内及其后的3年内，海关可以对与进出口货物直接有关的企业、单位的会计账簿、会计凭证、报关单证及其他有关资料和有关进出口货物实施稽查，监督。

📖 **思考与讨论**

红星公司进口一台设备，属于减免税进出口货物，海关于2022年3月1日放行。

提示：设备作为减免税进出口货物进口，监管期限5年。

请问：海关的稽查权应于什么时候截止？

4．行政强制权

海关行政强制权是《海关法》及相关法律、行政法规得以贯彻实施的重要保障，具体包括以下内容。

（1）扣留权

海关对违反《海关法》或者其他有关法律、行政法规的进出境运输工具、货物、物品以及有关的合同、发票、账册、单据、记录、文件、业务函电、录音录像制品和其他有关资料，可以扣留，具体内容如表1-4所示。

表1-4　　　　　　　　　　　行使扣留权的具体内容

对象	区域	条件	授权
合同、发票等资料	"两区"内	与违反《海关法》或者其他有关法律、行政法规的进出境运输工具、货物、物品有牵连	海关有关部门可直接行使
	"两区"外		
有走私嫌疑的运输工具、货物、物品	"两区"内	违反《海关法》或者其他有关法律、行政法规	经直属海关关长或者其授权的隶属海关关长批准后，方可由海关有关部门行使
	"两区"外	在实施检查时有证据证明有走私嫌疑	海关有关部门可直接行使
走私犯罪嫌疑人	"两区"内	A．有走私罪嫌疑 B．扣留时间不得超过24小时，在特殊情况下可以延长至48小时	经直属海关关长或者其授权的隶属海关关长批准后，方可由海关有关部门行使
	"两区"外	可移交公安机关	无授权，不能行使

（2）滞报金、滞纳金征收权

海关对超过规定时限向海关申报的货物，征收滞报金；对逾期缴纳进出口税费的纳税人，征收滞纳金。

（3）提取货样权、施加封志权

根据《海关法》规定，海关认为必要时可以提取货样；海关对未办结海关手续、处于海关监管状态的运输工具、货物、物品有权施加封志，任何人不得擅自损毁封志和擅自提取、转移、动用在封的货物、物品和运输工具。

（4）提取货物变卖权、先行变卖权

进口货物的收货人自运输工具申报进境之日起超过3个月未向海关申报的，其进口货物由海关提取依法变卖处理；进口货物收货人或货物、物品的所有人声明放弃的货物、物品，由海关提取依法变卖处理；海关依法扣留的货物、物品不宜长期保存的，经直属海关关长或其授权的隶属海关关长批准，可以先行依法变卖；等等。

（5）强制扣缴和变卖抵缴税款权

海关对超过规定期限未缴纳税款的纳税人或其担保人，经直属海关关长或其授权的隶属海关关长批准，可以书面通知其开户银行或者其他金融机构从其存款中扣缴税款；或者将应税货物依法变卖，以变卖所得抵缴税款；或者扣留并依法变卖其价值相当于应纳税款的货物或其他财产，以变卖所得抵缴税款。

（6）税收保全措施

海关责令纳税义务人提供纳税担保，而纳税义务人不能提供担保的，经直属、海关关长或者其授权的隶属海关关长批准，海关可以采取下列税收保全措施：书面通知纳税义务人的开户银行或其他金融机构暂停支付纳税义务人相当于应纳税款的存款；扣留纳税义务人价值相当于应纳税款的货物或其他财产。

5. 行政处罚权

海关对尚未构成走私罪的走私行为以及尚未构成走私罪的违反海关法规的行为，有权按照《海关法》《中华人民共和国海关行政处罚实施条例》及有关的海关规章进行处罚。

6. 其他权力

（1）佩带和使用武器权

海关为履行职责，可以配备武器。海关工作人员佩带和使用武器的规定，由海关总署会同公安部制定，报国务院批准。

根据海关总署、公安部联合发布的《海关工作人员使用武器和警械的规定》，海关使用的武器包括轻型枪支、电警棍、手铐及其他经批准可使用的武器和警械。武器和警械使用范围为执行缉私任务时，使用对象为走私分子和走私嫌疑人。海关工作人员执行缉私任务时，可以开枪射击的情形：追缉逃跑的走私团伙或遭遇武装掩护走私，非开枪不足以制服时；走私分子或者走私嫌疑人以暴力抗拒检查，抢夺武器或者警械，威胁海关工作人员生命安全，非开枪不能自卫时；走私分子或者走私嫌疑人以暴力劫夺查扣的走私货物、物品和其他证据，非开枪不能制止时。

（2）连续追缉权

进出境运输工具或者个人违抗海关监管逃逸的，海关可以连续追至海关监管区和海关附近沿海沿边规定地区以外，将其带回处理。这里所称的逃逸，既包括进出境运输工具或者个人违抗海关监管，自海关监管区和海关附近沿海沿边规定地区向内（陆地）一侧逃逸，也包括向外（海域）一侧逃逸。海关追缉时需保持连续状态。

（3）行政裁定权

行政裁定权包括根据对外贸易经营者的申请，对进出口商品的归类、进出口货物原产地的确定、禁止进出口措施和许可证件的适用等海关事务的行政裁定权力。

（4）行政奖励权

行政奖励权包括对举报或者协助海关查获违反《海关法》的案件的有功单位和个人给予精神或者物质奖励的权力。

除上述权力外，海关还有行政复议权、行政命令权、对知识产权实施边境保护权等权力。

📖 思考与讨论

1. 海关的权力，有哪些须经直属海关关长或者其授权的隶属海关关长批准后才能行使？
2. 提取货物变卖权与先行变卖权在适用情况上有什么不同？

（四）海关权力行使的基本原则

海关权力作为国家行政权的一部分，一方面，海关权力的行使起到了维护国家利益、维护经济秩序、实现国家职能的积极作用；另一方面，由于客观上海关权力的广泛性、自由裁量权较大等因素，以及海关执法者主观方面的原因，海关权力在行使时任何的随意性或者滥用都必然导致管理相对人的合法权益受到侵害，从而对行政法治构成威胁。因此，海关权力的行使必须遵循一定的原则。一般来说，海关权力行使应遵循的基本原则如下。

1. 合法原则

一是主体资格合法，即行使权力的主体必须有法律授权。例如，涉税走私犯罪案件的侦查权，只有缉私警察才能行使，海关其他人员则无此项权力。又如，《海关法》规定海关行使某些权力时应"经直属海关关长或者其授权的隶属海关关长批准"，如未经批准，海关工作人员不能擅自行使这些权力。

二是必须有法律规范为依据。《海关法》第二条规定了海关的执法依据是《海关法》、其他有关法律和行政法规。无法律规范授权的执法行为，属于越权行为，应属无效。

三是行使权力的方法、手段、步骤、时限等程序应合法。

四是一切行政违法主体（包括海关及管理相对人）都应承担相应的法律责任。

2. 适当原则

适当原则是指权力的行使应该以公平性、合理性为基础，以正义性为目标。因国家管理的需要，海关在验、放、征、减、免、罚的管理活动中拥有很大的自由裁量权，即法律仅规定一定原则和幅度，海关关员可以根据具体情况和自己的意志，自行判断和选择，采取最合适的行为方式来行使职权。因此，适当原则是海关行使行政权力的重要原则之一。为了防止自由裁量权的滥用，目前我国对海关自由裁量权进行监督的法律途径主要有行政监督（行政复议）和司法监督（行政诉讼）。

3. 依法独立行使原则

海关依法独立行使权力，向海关总署负责。各地方、各部门应当支持海关依法行使职权，不得非法干预海关的执法活动。

4. 依法受到保障原则

海关依法执行职务，有关单位和个人应当如实回答询问，并予以配合，任何单位和个人不得阻挠；海关执行职务受到暴力抗拒时，执行有关任务的公安机关和人民武装警察部队应当予以协助。

润心育德

依法行政

1993年，党的十四届三中全会通过了《中共中央关于建立社会主义市场经济体制若干问题的决定》，其中提出："各级政府都要依法行政、依法办事"。这是第一次在党的文件中提出依法行政。依法行政是依法治国基本方略的重要内容，是指行政机关必须根据法律法规的规定设立，并依法取得和行使其行政权力，对其行政行为的后果承担相应责任的原则。依法行政也是市场经济体制条件下对政府活动的要求，是政治、经济及法治建设本身发展到一定阶段的必然要求。为贯彻海关从严治关的方针，加强海关廉政建设，促使海关人员依法行政，贯彻政策，维护国家利益和海关管理相对人的合法权益，依据《海关法》和《国家公务员暂行条例》以及有关法规。海关总署制定了《海关总署关于海关人员行政执法方面违反法律法规和失职追究责任的若干规定》，体现了海关关员依法行使权力的重要性。

专题讨论：海关关员如何依法行使权力？

三、海关的管理体制、设关原则和组织机构

（一）海关的管理体制

《海关法》规定"国务院设立海关总署，统一管理全国海关""海关依法独立行使职权，向海关总署负责"，确定了海关总署作为国务院直属部门的地位，进一步明确海关机构的隶属关系，把集中统一的垂直领导体制以法律的形式予以确立。

（二）海关的设关原则

《海关法》以法律形式明确了海关的设关原则："国家在对外开放的口岸和海关监管业务集中的地点设立海关。海关的隶属关系，不受行政区划的限制。"

这一设关原则为海关管理从口岸向内地，进而向全关境的转化奠定了基础，同时也为海关业务制度的发展预留了空间。

（三）海关的组织机构

海关机构的设置为海关总署、直属海关和隶属海关三级。直属海关由海关总署领导，向海关总署负责，直属海关负责管理一定区域范围内的海关业务。隶属海关由直属海关领导，向直属海关负责，隶属海关负责办理具体海关业务，是海关进出境监督管理职能的基本执行单位。截至 2025 年 1 月，我国直属海关共 42 个，隶属海关共 665 个。

海关缉私警察是专职打击走私犯罪活动的警察队伍，1998 年，根据党中央、国务院决定，由海关总署、公安部联合组建走私犯罪侦查局，设在海关总署。走私犯罪侦查局既是海关总署的一个内设机构，又是公安部的一个序列局，实行海关总署和公安部双重领导，以公安部领导为主的体制。从 2002 年 12 月起，走私犯罪侦查局更名为缉私局。

海关的组织机构如图 1-3 所示。

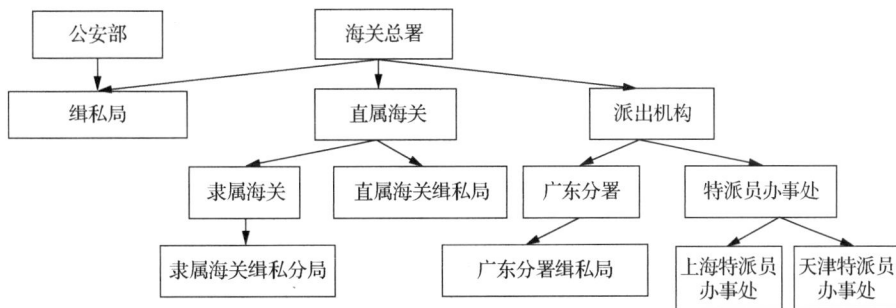

图 1-3 海关的组织机构

思考与讨论

2009 年 7 月 15 日，义乌海关正式开关运行，这也是全国首个在县级市设立的海关。请问：为什么会在义乌设立海关？义乌海关属于什么级别的海关？

第三节 报关单位

一、报关单位的定义

根据《中华人民共和国海关报关单位备案管理规定》，报关单位是指按该规定在海关备

案的进出口货物收发货人、报关企业。

二、报关单位的类型

报关单位分为两种类型，即进出口货物收发货人和报关企业。

（一）进出口货物收发货人

进出口货物收发货人是指依法直接进口或者出口货物的中华人民共和国关境内的法人、其他组织或者个人。

（二）报关企业

报关企业是指按照规定经海关备案登记，接受进出口货物收发货人的委托，以委托人名义或者以自己的名义，向海关办理代理报关业务，从事报关服务的中华人民共和国境内的企业法人。

目前我国从事报关服务的报关企业主要有两种，一种是主营国际货物运输代理等业务，兼营进出口货物代理报关业务的国际货物运输代理公司等，即代理报关企业；另一种是主营代理报关业务的报关公司或报关行，即专业报关企业。

两类报关单位的比较如表 1-5 所示。

表 1-5　　　　　　　　　　　　两类报关单位的比较

单位类别		主营业务	经营审批	报关或代理报关范围
进出口货物收发货人		对外贸易经营	对外贸易主管部门审批	自营进出口货物报关，也可以委托报关企业报关
报关企业	专业报关企业	代理报关	海关总署审批	受进出口货物收发货人的委托报关
	代理报关企业	国际货物运输代理	对外贸易主管部门和交通主管部门审批	在本企业承揽承运范围内受进出口货物收发货人的委托报关

📖 思考与讨论

以下四种企业或单位，哪些属于报关单位，为什么？
（1）经海关批准在海关临时备案登记的境内某大学；
（2）在海关备案登记的经营进出境快件业务的某快递公司；
（3）在海关备案登记的某外商投资企业；
（4）在海关备案登记的经营转关运输货物境内运输业务的某承运人。

三、报关单位的备案登记

（一）备案资质

进出口货物收发货人、报关企业申请备案的，应当取得市场主体资格。

进出口货物收发货人、报关企业已办理报关单位备案的，其符合条件的分支机构也可以申请报关单位备案。

（二）备案材料

（1）报关单位申请备案时，应当向海关提交《报关单位备案信息表》（见表 1-6）。

表 1-6　　　　　　　　　　　　　　　　**报关单位备案信息表**

统一社会信用代码				填表/打印日期	
申请类型		□备案　　　□备案信息变更　　　□注销			
申请报关单位类型		□进出口货物收发货人　　　□报关企业　　　□临时备案单位 □进出口货物收发货人分支机构　　　□报关企业分支机构			
行政区划		所在地海关		统计经济区域	
中文名称					
英文名称					
住所（主要经营场所）				邮政编码	
英文地址					
组织机构类型		市场主体类型		行业种类	
联系人		固定电话		移动电话	
电子邮箱		传真		网址	
所属单位代码			所属单位名称		
经营范围					

管理人员信息

	姓名	证件类型	证件号码	国籍	移动电话
法定代表人（负责人）					
财务负责人					
关务负责人					

出资者信息

序号	出资者名称（姓名）	国籍	出资币制	出资金额
1				
2				
3				

所属报关人员信息

序号	姓名	证件类型	证件号码	移动电话	申请办理类型
1					□到岗 □变更 □离岗
2					□到岗 □变更 □离岗
3					□到岗 □变更 □离岗
4					□到岗 □变更 □离岗
5					□到岗 □变更 □离岗
6					□到岗 □变更 □离岗
7					□到岗 □变更 □离岗
8					□到岗 □变更 □离岗
9					□到岗 □变更 □离岗
10					□到岗 □变更 □离岗

本单位承诺对本表所填报备案信息的真实性、有效性负责并承担相应的法律责任。

（单位印章）

年　月　日

（2）临时备案的办理。

办理临时备案的，应当向所在地海关提交《报关单位备案信息表》，并随附主体资格证明材料、非贸易性进出口活动证明材料。

下列单位按照国家有关规定需要从事非贸易性进出口活动的，应当办理临时备案：

① 境外企业、新闻、经贸机构、文化团体等依法在中国境内设立的常驻代表机构；

② 少量货样进出境的单位；

③ 国家机关、学校、科研院所、红十字会、基金会等组织机构；

④ 接受捐赠、礼品、国际援助或者对外实施捐赠、国际援助的单位；

⑤ 其他可以从事非贸易性进出口活动的单位。

（三）备案的审批

经审核，备案材料齐全，符合报关单位备案要求的，海关应当在 3 个工作日内予以备案。备案信息应当通过"中国海关企业进出口信用信息公示平台"进行公布。

报关单位要求提供纸质备案证明的，海关应当提供。

（四）备案有效期

报关单位备案长期有效。临时备案有效期为 1 年，届满后可以重新申请备案。

（五）备案的变更

报关单位名称、市场主体类型、住所（主要经营场所）、法定代表人（负责人）、报关人员等《报关单位备案信息表》载明的信息发生变更的，报关单位应当自变更之日起 30 日内向所在地海关申请变更。

报关单位因迁址或者其他原因造成所在地海关发生变更的，应当向变更后的海关申请变更。

（六）备案的注销

报关单位有下列情形之一的，应当向所在地海关办理备案注销手续：

（1）因解散、被宣告破产或者其他法定事由终止的；

（2）被市场监督管理部门注销或者撤销登记、吊销营业执照的；

（3）临时备案单位丧失主体资格的；

（4）其他依法应当注销的情形。

报关单位已在海关备案注销的，其所属分支机构应当办理备案注销手续。

报关单位未按照前两款规定办理备案注销手续的，海关发现后应当依法注销。

四、海关对报关单位的管理

根据 2021 年 9 月 13 日公布的《中华人民共和国海关注册登记和备案企业信用管理办法》规定，将企业分为高级认证企业、失信企业和其他企业，分别适用相应的管理措施，自 2021 年 11 月 1 日起实施。

（一）海关对企业的认证标准

1. 高级认证企业

高级认证企业的认证标准分为通用标准和单项标准。

高级认证企业的通用标准包括内部控制、财务状况、守法规范以及贸易安全等内容。单项标准是海关针对不同企业类型和经营范围制定的认证标准。详细标准见海关总署公告 2022 年第 106 号。

企业申请成为高级认证企业的，应当向海关提交书面申请，并按照海关要求提交相关资料。海关依据高级认证企业通用标准和相应的单项标准，对企业提交的申请和有关资料进行审查，并赴企业进行实地认证。海关应当自收到申请及相关资料之日起 90 日内进行认证并作出决定。特殊情形下，海关的认证时限可以延长 30 日。经认证，符合高级认证企业标准的企业，海关制发高级认证企业证书；不符合高级认证企业标准的企业，海关制发未通过认证决定书。

海关对高级认证企业每 5 年复核一次。企业信用状况发生异常情况的，海关可以不定期开展复核。经复核，不再符合高级认证企业标准的，海关应当制发未通过复核决定书，并收回高级认证企业证书。

企业有下列情形之一的，1 年内不得提出高级认证企业认证申请：

（1）未通过高级认证企业认证或者复核的；

（2）放弃高级认证企业管理的；

（3）撤回高级认证企业认证申请的；

（4）高级认证企业被海关下调信用等级的；

（5）失信企业被海关上调信用等级的。

2. 失信企业

企业有下列情形之一的，海关认定为失信企业。

（1）被海关侦查走私犯罪公安机构立案侦查并由司法机关依法追究刑事责任的。

（2）构成走私行为被海关行政处罚的。

（3）非报关企业 1 年内违反海关的监管规定被海关行政处罚的次数超过上年度报关单、进出境备案清单、进出境运输工具舱单等单证（简称相关单证）总票数千分之一且被海关行政处罚金额累计超过 100 万元的；

报关企业 1 年内违反海关的监管规定被海关行政处罚的次数超过上年度相关单证总票数万分之五且被海关行政处罚金额累计超过 30 万元的；

上年度相关单证票数无法计算的，1 年内因违反海关的监管规定被海关行政处罚，非报关企业处罚金额累计超过 100 万元、报关企业处罚金额累计超过 30 万元的。

（4）自缴纳期限届满之日起超过 3 个月仍未缴纳税款的。

（5）自缴纳期限届满之日起超过 6 个月仍未缴纳罚款、没收的违法所得和追缴的走私货物、物品等值价款，并且超过 1 万元的。

（6）抗拒、阻碍海关工作人员依法执行职务，被依法处罚的。

（7）向海关工作人员行贿，被处以罚款或者被依法追究刑事责任的。

（8）法律、行政法规、海关规章规定的其他情形。

（二）海关对各类企业的管理措施与规定

1. 海关对高级认证企业的管理措施

高级认证企业是中国海关经认证的经营者（Authorized Economic Operation，AEO），适用下列管理措施：

（1）进出口货物平均查验率低于实施常规管理措施企业平均查验率的20%，法律、行政法规或者海关总署有特殊规定的除外；

（2）出口货物原产地调查平均抽查比例在企业平均抽查比例的20%以下，法律、行政法规或者海关总署有特殊规定的除外；

（3）优先办理进出口货物通关手续及相关业务手续；

（4）优先向其他国家（地区）推荐农产品、食品等出口企业的注册；

（5）可以向海关申请免除担保；

（6）减少对企业稽查、核查频次；

（7）可以在出口货物运抵海关监管区之前向海关申报；

（8）海关为企业设立协调员；

（9）AEO 互认国家或者地区海关通关便利措施；

（10）国家有关部门实施的守信联合激励措施；

（11）因不可抗力中断国际贸易恢复后优先通关；

（12）海关总署规定的其他管理措施。

2. 海关对失信企业的管理措施

失信企业适用下列管理措施：

（1）进出口货物查验率 80% 以上；

（2）经营加工贸易业务的，全额提供担保；

（3）提高对企业稽查、核查频次；

（4）海关总署规定的其他管理措施。

3. 海关对其他企业的管理措施

海关对高级认证企业和失信企业之外的其他企业实施常规的管理措施。

4. 海关的其他有关管理规定

办理同一海关业务涉及的企业信用等级不一致，导致适用的管理措施相抵触的，海关按照较低信用等级企业适用的管理措施实施管理。

高级认证企业、失信企业有分立合并情形的，海关按照以下原则对企业信用状况进行确定并适用相应管理措施：

（1）企业发生分立，存续的企业承继原企业主要权利义务的，存续的企业适用原企业信用状况的认证或者认定结果，其余新设的企业不适用原企业信用状况的认证或者认定结果；

（2）企业发生分立，原企业解散的，新设企业不适用原企业信用状况的认证或者认定结果；

（3）企业发生吸收合并的，存续企业适用原企业信用状况的认证或者认定结果；

（4）企业发生新设合并的，新设企业不再适用原企业信用状况的认证或者认定结果。

高级认证企业涉嫌违反与海关管理职能相关的法律法规被刑事立案的，海关应当暂停适用高级认证企业管理措施。

高级认证企业涉嫌违反海关的监管规定被立案调查的，海关可以暂停适用高级认证企业管理措施。

高级认证企业存在财务风险，或者有明显的转移、藏匿其应税货物以及其他财产迹象的，或者存在其他无法足额保障税款缴纳风险的，海关可以暂停企业申请免除担保的管理措施。

第四节　报关员

一、报关员的定义

在实际工作中，人们对于报关从业人员有报关员和报关人员两种称呼。

根据 2007 年中华人民共和国劳动和社会保障部（现为"人力资源和社会保障部"）、中华人民共和国海关总署联合制定的《报关员国家职业标准（试行）》规定，报关员是指从事向海关办理进出口货物的申报及相关事宜的人员。

根据 2014 年 3 月实施的《中华人民共和国海关报关单位注册登记管理规定》（现已废止），报关人员是指经报关单位向海关备案，专门负责办理所在单位报关业务的人员。

> **知识点滴**
>
> ### 报关员与报关人员
>
> 报关员和报关人员这两个概念没有本质区别，二者只是从不同角度进行界定。从报关职业角度，报关从业人员统称为报关员；从法律角度，报关从业人员统称为报关人员。

二、报关人员的备案

2022 年 1 月 1 日起施行的《中华人民共和国海关单位备案管理规定》取消了报关人员备案，将报关人员管理权限交给企业。报关单位不再需要向海关进行报关人员备案，只需在《报关单位备案信息表》中自主填报即可，报关单位在申请备案时，无需再到现场打印报关员备案证明。

三、报关员的工作内容

（一）报关单证的准备与管理

（1）报关随附单证及相关信息的获取，包括获取与申报货物相关的成交、包装、运输、结算等单证，与申报货物相关的进出境贸易管理许可证件，与申报货物相关的海关备案、核准、审批单证，以及申报货物的具体信息；

（2）报关随附单证及相关信息的审核，包括确认报关随附单证的有效性、一致性、申报货物价格的合理性，确认申报货物的海关监管方式和征免性质；

（3）报关单的填制。

（二）报关作业实施与管理

（1）现场作业实施与管理，包括递单、打单、缴纳税费、配合查验、结关以及转关运输办理等事宜；

（2）报批、报核作业实施与管理，包括备案申请、报核销案等事项和减免税手续的办理。

（三）税费核算

（1）应税货物完税价格核算和税费计算，包括使用正确的方法计算应税货物的关税，海关代征税税额和出口税款退还、补征和追征金额；

（2）滞报金、滞纳金、保证金和缓税利息的计算。

（四）商品归类与原产地确定

（1）进出口商品归类信息收集；

（2）商品编码确定，包括根据《中华人民共和国进出口税则》《进出口税则商品及品目注释》《中华人民共和国进出口税则本国子目注释》（简称《本国子目注释》）及海关发布的商品归类规定、裁定等确定商品编码；

（3）货物原产地确定。

（五）报关事务管理

（1）报关资格管理，包括办理报关单位海关备案登记、变更、延续、注销手续；

（2）报关事务异常情况处理。

知识点滴

报关人员的权利和义务

（一）权利

（1）根据海关规定，代表所属报关单位办理进出口货物的报关业务；

（2）有权拒绝办理所属单位交办的单证不真实、手续不齐全的报关业务；

（3）根据《海关法》及有关法律规定，对海关的行政处罚决定不服的，有权向海关申请复议，或者向人民法院起诉；

（4）有权根据国家法律法规对海关工作进行监督，并有权对海关工作人员的违法、违纪行为进行检举、揭发和控告；

（5）有权举报报关活动中的走私违法行为。

（二）义务

（1）遵守国家有关法律、法规和海关规章，熟悉所申报货物的基本情况；

（2）提供齐全、正确、有效的单证，准确填制进出口货物报关单，并按有关规定办理进出口货物的报关手续；

（3）海关检查进出口货物时，应按时到场，负责搬移货物、开拆和重封货物的包装；

（4）在规定的时间，负责缴纳所报货物的各项税费、海关罚款和办理销案手续；

（5）配合海关对企业的稽查和对走私、违规案件的调查；

（6）协助本企业完整保存各种原始报关单证、票据、函电等业务资料；

（7）承担海关规定报关员办理的与报关业务有关的工作。

案例 1-1

天津某国际货代公司报关员小杨遇到了这样一件事情：有位客户了解到小杨手中有客户竞争对手的一些资料，于是私下向小杨打听并承诺以重金酬谢。请问，如果你是小杨，你会如何处理这件事情？

答：报关员执业不得利用执业之便谋取不正当利益。报关员执业应当遵守有关法律、行政法规、规章和海关的各项规定，恪守报关员职业道德和执业纪律，遵循执业规范，承担相应责任。所以如果我是小杨，我会恪守职业道德，拒绝客户的要求，不会向客户提供竞争对手的资料。

润心育德

报关人员的良好职业素养

报关行业具有专业性、服务性、涉外性、竞争性、规范性和风险性等特点。报关员是连接报关单位与海关等政府职能部门之间的桥梁，在进出口货物的通关过程中起着重要的作用。报关员应当遵守有关法律、行政法规、规章和海关的各项规定，恪守报关员职业道德和执业纪律，遵循执业规范，承担相应责任。报关员应做到如下几点：第一，守法自律，维护市场秩序。第二，诚信服务，保守秘密。第三，恪尽职守，勤勉尽责。第四，爱岗敬业，团结协作。

作为一名报关员，应该自觉遵守国家相关的法律法规，提高自身专业知识和修养，全心全意为客户服务，在任何时候任何情况下，都不能突破个人职业道德的底线，不能损害国家利益。

专题讨论：怎样才能成为一名报关员？

本章小结

通过本章的学习，我们了解了基础性的报关知识，对报关、报关单位、报关员的相关内容有了进一步的理解。

海关是国家的进出关境监督管理机关，海关主要有四大任务：监管、征税、缉私和编制海关统计。海关的监督管理职能由海关的行政权力作为保障，海关权力的行使要符合其基本原则，同时针对不同的权力有不同的授权限制。

报关单位分为两种类型，即进出口货物收发货人和报关企业（报关企业又分为专业报关企业和代理报关企业），它们的主营业务、经营审批和报关范围等方面存在着差异。

练习题

一、单项选择题

1. 海关是国家的（　　）。
   A. 经济机关　　　B. 行政机关　　　C. 司法机关　　　D. 立法机关

2. 一般来说，海关权力行使应遵循合法原则、适当原则、（　　）、依法受到保障原则。
   A. 依法独立行使原则　　　　　　B. 双赢原则
   C. 相互制约原则　　　　　　　　D. 平衡原则

3. 进出境物品报关的基本原则是（　　）。
   A. 合法原则　　　　　　　　　　B. 合理原则
   C. 数量限制原则　　　　　　　　D. 自用、合理数量原则

4. 报关行为可分为自理报关和代理报关，其中通常情况下不得办理代理报关的主体是（　　）。
   A. 进出口货物收发货人　　　　　B. 专业报关行
   C. 进出口货物代理人　　　　　　D. 国际贸易货物运输代理公司

5. 下列选项属于行政强制执行规定的是（　　）。
   A. 冻结存款　　　B. 扣留货物　　　C. 连续追辑　　　D. 封存账户

二、多项选择题

1. 根据进出境旅客行李物品"红绿通道"制度的通关规定，下列表述中正确的是（　　）。
   A. 携带按规定应征税物品进境的旅客应选择申报通道
   B. 携带物品超出规定免税数量的旅客应选择申报通道
   C. 携带须登记复带进出境物品的旅客应选择无申报通道
   D. 不明海关规定或不知如何选择通道的旅客可选择无申报通道

2. 进出境物品主要包括进出境的（　　）。
   A. 行李物品　　　B. 邮递物品　　　C. 其他物品　　　D. 货物

3. 按照海关法的规定，海关可以采取的税收保全措施有（　　）。
   A. 书面通知其开户银行或者其他金融机构从其存款中扣缴税款

B. 书面通知纳税义务人开户银行或者其他金融机构暂停支付纳税义务人相当于应纳税款的存款

C. 扣留纳税义务人价值相当于应纳税款的货物或者其他财产

D. 扣留并依法变卖其价值相当于应纳税款的货物或者其他财产，以变卖所得抵缴税款

4. 海关的基本任务有（　　　　）。

A. 监管　　　　　B. 征税　　　　　C. 缉私　　　　　D. 编制海关统计

5. 海关在行使检查权时，（　　　　）需经直属海关关长或其授权的隶属海关关长批准。

A. 在海关监管区和海关附近的沿海沿边规定地区以外，检查进出境运输工具

B. 在海关监管区和海关附近的沿海沿边规定地区，检查走私嫌疑人的身体

C. 在海关监管区和海关附近的沿海沿边规定地区以外，检查有走私嫌疑的运输工具

D. 在海关监管区和海关附近的沿海沿边规定地区以外，检查有藏匿走私货物、物品嫌疑的场所

三、判断题

1. 所有进出境运输工具、货物、物品都需要办理报关手续。　　　　　　　　　　　（　　）

2. 海关检查进出口货物时，报关员应按时到场，负责搬移货物、开拆和重封货物的包装。　　　　　　　　　　　　　　　　　　　　　　　　　　　　　　　　　　（　　）

3. 根据我国海关的规定，进出口货物的收发货人有权自行办理报关事宜，同时，也可以接受其他企业的委托，签订委托文件，替其他企业办理报关事宜。　　　　　　（　　）

4. 海关实行集中统一的垂直领导体制。　　　　　　　　　　　　　　　　　　　（　　）

5. 报关员是海关雇佣的工作人员，负责办理报关业务。　　　　　　　　　　　　（　　）

四、简答题

1. 简述报关的基本内容。

2. 简述海关权力行使的基本原则。

3. 简述专业报关企业、代理报关企业和自理报关单位的区别。

4. 如何理解报关员的权利和义务？

5. 简述海关的性质。

实训题

【实训目的】熟悉报关单位备案登记流程。

【实训内容】发达公司是 2022 年 9 月 22 日在天津市高新技术区新建的外商投资企业，主营玩具生产，尚未备案登记为报关单位，现因业务需要，准备拓展国际市场，货物主要从天津新港进出。发达公司安排了小杨去办理相关手续。小杨的工作任务是：

了解货物进出口会涉及哪些部门，如何办理备案。

请问小杨要完成上述工作需要携带哪些材料到哪里办理何种手续？

【实训步骤】①学生阅读题目；②学生根据所学内容作答；③学生分组扮演不同部门角色完成备案、授权任务。

【实训成果】通过实训让学生体验报关单位备案登记流程，做到理论联系实际。

第二章
报关与对外贸易管制

学习目标

【知识目标】理解对外贸易管制的内容及基本构架；掌握货物和技术的进出口许可管理制度；熟悉其他贸易管理制度；了解国家对特殊进出口货物的管制。

【能力目标】正确认识国家对外贸易管制的重要作用，能对需要进行对外贸易管制的进出口货物、进出境物品等依法进行通关处理，具备从事海关管理工作和报关工作的基本素质。

【素养目标】理解国家进行对外贸易管制的目的及重要性；培养爱国热情和主人翁意识；具有团队精神、抗挫折能力；具备良好的职业素养和道德操守。

案例导入

这样的人发禁止进口

2022年，上海海关所属上海浦东国际机场海关在对一批自乌兹别克斯坦进口，申报品名为"人发"的货物开展现场查验时，发现该批货物未经梳理且凌乱、混杂污物，经上海海关工业品中心固体废物属性鉴别实验室鉴别，该批货物属于我国禁止进口的固体废物，相关图片如图2-1所示。上海海关对上述货物实施退运。

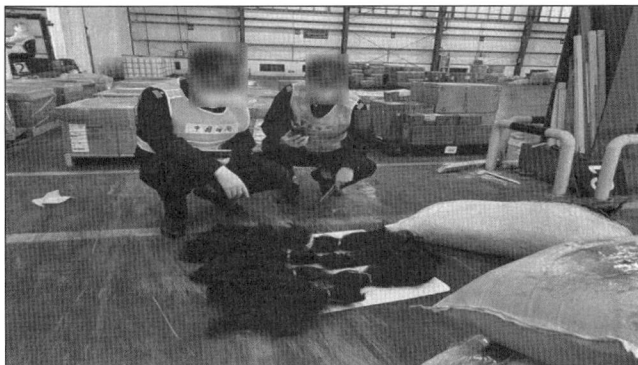

图2-1　上海口岸首次在进口货运渠道查获废人发

进口人发是发制品行业最重要的原材料之一，一般会制成发帘、发套等供消费者使用。近年来，随着消费者对发型装饰需求的不断提升，我国已成为世界上最大的发制品生产国，国内发制品市场对人发的需求持续旺盛。未经梳理、清洁处理的人发属于我国禁止进口的洋垃圾，一旦流入我国，会对人民身体健康、国家卫生环境等造成影响，存在较大安全隐患。根据《中华人民共和国固体废物污染环境防治法》的相关规定，进口属于禁止进口的固体废物的，海关将依法追究其法律责任。

资料来源：中国国门时报，2023-03-16

请问：禁止进口的固体废物都包括哪些？为何要禁止其进入我国境内？

第一节　对外贸易管制概述

一、对外贸易管制的含义及分类

（一）对外贸易管制的含义

对外贸易管制是指一国政府为了国家的宏观经济利益、国内外政策需要以及履行所缔结或加入国际条约的义务，确立实行各种制度、设立相应管理机构和规范对外贸易活动的总称，主要表现为各国政府根据国际国内形势适时采取的禁止、限制或鼓励进出口的措施。

（二）对外贸易管制的分类

目前，国际对外贸易管制通常有三种分类形式：

（1）按管理目的不同，对外贸易管制可分为进口贸易管制和出口贸易管制；

（2）按管制手段的不同，对外贸易管制可分为关税措施和非关税措施；

（3）按管制对象的不同，对外贸易管制可分为货物进出口贸易管制、技术进出口贸易管制、国际服务贸易管制。

二、对外贸易管制的目的及主要内容

（一）对外贸易管制的目的

1. 发展本国经济，保护本国经济利益

对外贸易管制是一种行政管理行为，体现国家意志并以国家强制力为后盾。国家实行对外贸易管制，主要是为了发展本国经济，保护本国民族工业，防止外国产品对本国市场的冲击，影响本国独立经济结构的建立。各个国家的对外贸易管制都重点考虑其经济利益，对外贸易管制措施则是国家经济政策的重要体现。

2. 为了达到国家政治或军事目的

不论是发达国家还是发展中国家，往往出于政治上或者是安全上的考虑，在推行对外贸易管制措施时，在不同时期对不同国家或商品实行不同的政策，以达到其政治或者安全目的。

3. 为了实现国家职能

作为主权国家，对其自然资源和经济行为享有排他的永久主权，为了保护本国环境、保障国民安全、调控本国经济而实行对外贸易管制。

微课堂

对外贸易管制的
含义及目的

案例 2-1

大鹏海关查获禁止出口天然砂石84.3吨

2022年5月6日，大鹏海关在货运渠道查获禁止出口商品天然砂石84.3吨。

南昌某公司委托深圳某报关公司以跨境电子商务B2B直接出口方式，向大鹏海关申报出口人造鹅卵石一批，总货值约662万元。大鹏海关在现场查验时，发现货物有异常，疑似天然砂石。

经鉴定，实际出口货物为天然砂石84.3吨和天然鹅卵石20.6吨。其中，天然砂是一种有限的自然资源，已列入《禁止出口货物目录》。另外，鹅卵石为天然鹅卵石，与该企业所申报的人造鹅卵石不符。

资料来源：中华人民共和国海关总署广东分署，2022-05-06

知识点滴

我国所加入或缔结的涉及贸易管制的国际条约

（1）我国加入世界贸易组织（WTO）所签订的有关双边或多边的各类贸易协定。

（2）《京都公约》——关于简化和协调海关制度的国际公约。

（3）《濒危野生动植物种国际贸易公约》（CITES 公约）。

（4）《蒙特利尔议定书》——关于消耗臭氧层物质的国际公约。

（5）《1971 年精神药物公约》。

（6）《伦敦准则》——关于化学品国际贸易资料交换的国际公约。

（7）《鹿特丹公约》——关于在国际贸易中对某些危险化学品和农药采用事先知情同意程序的国际公约。

（8）《巴塞尔公约》——关于控制危险废物越境转移及其处置的国际公约。

（9）《国际纺织品贸易协议》。

（10）《关于汞的水俣公约》——旨在在全球范围内控制和减少汞排放的国际公约。

（11）《建立世界知识产权组织公约》。

（二）对外贸易管制的主要内容

对外贸易管制是一种国家管制，我国加入 WTO 标志着我国已经全面融入国际经济体系，因此必须遵循 WTO 规则，结合我国国情，实行必要、合理、规范的对外贸易管制。我国对外贸易管制的主要内容可概括为"证""检""核""救"四个字。

（1）"证"——进出口许可证件，即法律法规所规定的具有许可进出性质的证明文件。

（2）"检"——检验检疫，即进出口商品检验、进出境动植物检疫和国境卫生检疫，简称为"三检"。

（3）"核"——核销，即进出口收、付汇核销，以达到国家外汇管制的目的，防止偷逃、偷套外汇。

（4）"救"——救济措施，即对外贸易管制中的救济措施，包括反倾销、反补贴、保障措施。

思考与讨论

"进出口许可证件"等同于"进出口许可证"吗？二者有什么区别？

知识点滴

对外贸易管制与海关监管的关系

报关是海关确认进出口货物合法性的先决条件。海关监管是实现对外贸易管制的重要手段。对外贸易管制是海关监管的重要依据。

润心育德

"引进来"和"走出去"双向投资协同发展

中国坚持"引进来"和"走出去"并重，经过多年发展，成为利用外资和境外投资大国。持续健全外商投资准入前国民待遇加负面清单管理制度，不断加大外商投资管理体制创新力度。2020 年外商投资法及实施条例颁布实施，为保障外商投资合法权益、积极有效利用外资提供了与时俱进的法治保障。2017—2021 年连续 5 年缩减外商投资准入负面清单，限制性措施由 93 项减至 31 项，在金融、汽车等领域推出一批重大开放举措，为外商投资提供广阔发展空间。出台新版《鼓励外商投资产业目录》，大幅增加高新技术、中高端制造、现代服务等领域条目，持续扩大外商投资范围。10 年间，中国利用外资金额总量增长了 55.3%，年均增长 5%，利用外资规模连续多年居发展中国家首位。出台一系列促进高水平投资自由化便利化政策，对外直接投资管理模式由核准制转向备案制，中国投资"走出去"迈出坚实步伐。中国对外投资遍及全球 189 个国家（地区），涵盖国民经济的 18 个行业大类，对外合作渠道不断拓宽。2013—2021 年，对外直接投资流量累计达 1.4 万亿美元，年均增长 8.2%。2021年，中国对外直接投资流量占当期全球总量的 10.5%，排名世界第二。

    ——节选自《深入学习贯彻党的二十大精神 不断开创中国国际经济合作新局面》

专题讨论：请同学们结合上述材料，思考如何充分发挥对外贸易管制措施的作用，推进我国高水平对外开放。

第二节 货物、技术进出口许可管理制度——"证"

进出口许可管理制度是国家对进出口货物、技术采取的一种行政管理制度，一般通过签发进出口许可证件来表示准许货物或技术的进出口，属于非关税措施。其管理范围包括禁止进出口货物和技术、限制进出口货物和技术、自由进出口技术以及自由进出口中部分实行自动许可管理的货物。

一、禁止进出口管理

为维护国家安全和社会公众利益，保护人民的生命健康，履行中华人民共和国所缔结或者参加的国际条约和协定，国务院外经贸主管部门会同国务院有关部门，依照《中华人民共和国对外贸易法》对禁止进出口目录货物、技术实施监督管理。

（一）禁止进出口货物管理

凡列入禁止进出口货物目录的商品和其他法律法规明令禁止或停止进出口的商品，任何企业不得经营进出口。禁止进出口货物如表 2-1 所示。

表 2-1   禁止进出口货物

禁止进口货物	禁止出口货物
《禁止进口货物目录》共九批	《禁止出口货物目录》共八批
1. 第一批、第六批：履行国际条约，保护生态环境和自然资源，如禁止进口四氯化碳、犀牛角、虎骨、二噁英、长纤维青石棉等。	1. 第一批、第三批：保护自然环境、生态资源，履行国际条约，如禁止出口四氯化碳、犀牛角、虎骨、二噁英、长纤维青石棉、发菜和麻黄草等。 *自 2019 年 1 月 1 日起，对麻黄草实施出口配额管理，不再实行禁止出口管理。
2. 第二批：旧机电产品（2018 年有所调整），涉及生产安全（压力容器类）、人身安全（电器、医疗设备类）和环境保护（汽车、工程及车船机械类）。	2. 第二批、第五批：为保护森林，禁止出口木炭、泥炭、森林凋落物。
3. 第三批：对环境有污染的固体废物类，如城市垃圾、医疗废物、含有银或银化合物的灰（主要用于回收银）等。	3. 第四批：为保护矿产资源、防止滥挖滥采，禁止出口各种天然砂。
4.（已废止）第四批、第五批：如矿渣及类似的工业残渣、废机电产品等。	4. 第六批：滴滴涕、氯丹等以及列入目录的含汞类货物。
5. 第七批：列入目录的含汞类货物禁止进口，如滴滴涕、氯丹等。	5. 第七批：如六氯丁二烯、五氯苯酚及其盐类和酯类等。
6. 第八批：如全氟己基磺酸及其盐类和其化合物等。	6. 第八批：如十溴二苯醚、全氟辛基磺酸及其盐类和全氟辛基磺酰氟、短链氯化石蜡、得克隆及其顺式异构体和反式异构体等
7. 第九批：如十溴二苯醚、全氟辛基磺酸及其盐类和全氟辛基磺酰氟等	

禁止进口货物	禁止出口货物
国家有关法律法规明令禁止进口的货物 1. 来自动植物疫情流行的国家和地区的有关动植物及其产品和其他检疫物； 2. 动植物病原及其他有害生物、动物尸体、土壤； 3. 带有违反一个中国原则内容的货物及其包装； 4. 以氯氟烃物质为制冷剂、发泡剂的家用电器产品和以氯氟烃为制冷工质的家用电器产品用压缩机； 5. 莱克多巴胺和盐酸莱克多巴胺； 6. 2021年1月1日起，禁止以任何方式进口固体废物	国家有关法律法规明令禁止出口的货物 1. 未定名的或者新发现并有重要价值的野生植物； 2. 原料血浆； 3. 商业性出口的野生红豆杉及其部分产品； 4. 劳改产品； 5. 以氯氟烃物质为制冷剂、发泡剂的家用电器产品和以氯氟烃为制冷工质的家用电器产品用压缩机； 6. 莱克多巴胺和盐酸莱克多巴胺
因其他各种原因停止进口的货物 1. 以CFC-12为空调制冷工质的汽车及以CFC-12为制冷工质的汽车空调压缩机（含汽车空调器）； 2. 禁止以任何贸易方式和捐赠方式进口右置方向盘汽车（包括使领馆和外商常驻机构公私用车辆）； 3. Ⅷ因子制剂等血液制品； 4. 氯酸钾、硝酸铵； 5. 禁止以任何贸易方式进口仿真枪	

（二）禁止进出口技术管理

1. 禁止进出口技术参考原则

（1）为维护国家安全、社会公共利益或者公共道德，需要禁止进出口的技术。

（2）为保护人的健康或者安全，保护动物、植物的生命或者健康，保护环境，需要禁止进出口的技术。

（3）依照法律、行政法规的规定需要禁止进出口的技术。

（4）根据我国所缔结或参加的国际公约、国际协定的规定需要禁止进出口的技术。

2. 涉及内容

根据《中国禁止进口限制进口技术目录》规定，禁止进口涉及化学原料及化学制品制造业、汽车制造业、非金属矿物制品业、有色金属冶炼和压延加工业、电气机械及器材制造业等领域的技术。

根据《中国禁止出口限制出口技术目录》规定，禁止出口涉及畜牧业，交通运输设备制造业，医药制造业，计算机、通信和其他电子设备制造业、非金属矿物制品业等领域的技术。

润心育德

国家安全体系和能力现代化

当前世界处于百年未有之大变局推进，世界之变、时代之变、历史之变的特征更加明显，我国发展面临新的战略机遇、新的战略任务、新的战略阶段、新的战略要求、新的战略环境，需要应对的风险和挑战、需要解决的矛盾和问题比以往更加错综复杂，推进国家安全体系和能力现代化具有更加重大而深远的意义。

推进国家安全体系和能力现代化，是防范化解风险挑战、为全面建设社会主义现代化国家提供有力保障的必然要求。国家安全是民族复兴的根基，社会稳定是国家强盛的前提。《中共中央关于党的百年奋斗重大成就和历史经验的决议》指出，"今天，我们比历史上任何时期都更接近、更有信心和能力实现中华民族伟大复兴的目标"我国发展进入战略机遇和风险挑战并存、不确定难预料因素增多的时期，各种"黑天鹅""灰犀牛"事件随时可能发生，我们面临的风险考验越来越复杂，必须增强忧患意识，准备经受风高浪急甚至惊涛骇浪的重大考验。只有坚持底线思维、居安思危、未雨绸缪，发扬斗争精神，增强斗争本领，准确把握国家安全形势新变化新趋势，着力推进国家安全体系和能力现代化，才能有效防范化解重大安全风险，为全面建设社会主义现代化国家、全面推进中华民族伟大复兴提供坚强安全保障。

——节选自《推进国家安全体系和能力现代化》，光明网，2022-11-24

专题讨论：禁止进出口货物和技术管理是如何落实"推进国家安全体系和能力现代化"的？

知识点滴

《中国禁止出口限制出口技术目录》调整

商务部、科技部根据《中华人民共和国对外贸易法》和《中华人民共和国技术进出口管理条例》，于2023年12月21日公布《中国禁止出口限制出口技术目录》（以下简称《目录》），自公布之日起实施，商务部、科技部公告2020年第38号（《〈中国禁止出口限制出口技术目录〉调整内容》）同时废止。属于军民两用技术的，纳入出口管制管理。

本次《目录》修订充分征求了相关部门、行业协会、业界学界和社会公众意见，技术条目由164项压缩至134项，共删除34项技术条目、新增4项、修改37项，主要包括以下内容。

一是删除绿色植物生产调节剂制造技术等6项禁止出口的技术条目，以及医用诊断器械及设备制造技术、目标特征提取及识别技术等28项限制出口的技术条目。

二是新增1项禁止类技术条目，即用于人的细胞克隆和基因编辑技术。新增农作物杂交优势利用技术、散料装卸输送技术、激光雷达系统等3项限制出口的技术条目，经营主体可依法按照许可程序进行出口申请。

三是对37项技术条目的控制要点和技术参数进行调整，涉及中药材资源及生产等6项禁止出口的技术条目，以及经济作物栽培繁育技术、有色金属冶金技术、大型高速风洞设计建设技术等31项限制出口的技术条目。

二、限制进出口管理

为维护国家安全和社会公众利益，保护人民的生命健康，履行我国所缔结或者参加的国际条约和协定，国务院外经贸主管部门会同国务院有关部门，依照《中华人民共和国对外贸易法》的规定，制定、调整并公布各类限制进出口货物、技术目录。海关依据国家相关法律、法规对限制进出口目录货物、技术实施监督管理。

（一）限制进出口货物管理

根据《中华人民共和国货物进出口管理条例》的规定，国家规定有数量限制的限制进出口货物，实行配额管理；其他限制进出口货物，实行许可证管理；实行配额管理的限制进出口货物，由国务院外经贸主管部门和国务院有关经济管理部门按照国务院规定的职责划分进行管理。

由此可见，我国对限制进出口货物所采取的管理方式为：配额管理+许可证管理。有数量限制的，要求企业先申领配额证明，再申领许可证；无数量限制的直接申领各类许可证，凭许可证办理通关手续。我国限制进出口货物管理方式如图2-2所示。

配额管理适用于国家规定了数量限制的进出口货物。非配额管理主要涉及对货物品种的限制，对数量不做要求。非配额管理即"许可证管理"。

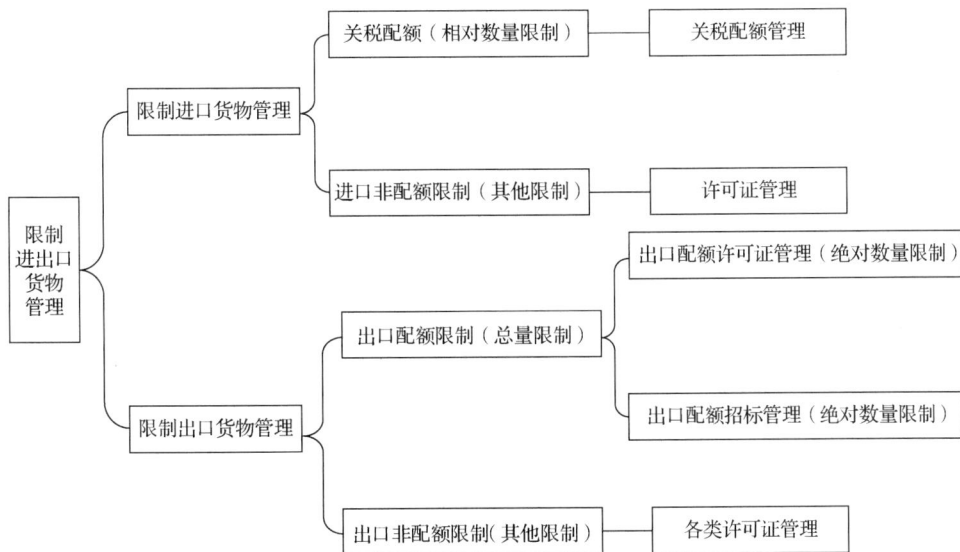

图 2-2　我国限制进出口货物管理方式

1. 限制进口货物管理

目前，我国限制进口货物管理按照限制方式分为许可证管理和关税配额管理。

（1）许可证管理

许可证管理是国家对进出口货物进行宏观调控的一种行政手段，以国家各主管部门签发许可证的方式来实现各类限制进口的措施。

（2）关税配额管理

关税配额管理是指一定时期内（一般是 1 年），国家对部分进口商品制定关税配额税率并规定该商品进口数量总额，在限额内，经国家批准后允许按照关税配额税率征税进口，如超出限额则按照配额外税率征税进口的措施。一般情况下，关税配额税率优惠幅度很大，如小麦的关税配额税率与最惠国税率相差达 65 倍。关税配额管理是一种相对管理限制，即对进口货物的数量不做总数要求，而是根据进口数量制定不同的税率。国家通过这种行政管理手段，实现限制进口的目的。

2. 限制出口货物管理

目前，我国限制出口货物管理按照限制方式分为出口配额限制和出口非配额限制。

（1）出口配额限制

出口配额限制是国家为建立公平机制、增强竞争力、保护我国产品的国际市场利益，对我国部分商品的出口数量直接加以限制的措施。目前有两种管理形式，即出口配额许可证管理和出口配额招标管理。

① 出口配额许可证管理。出口配额许可证管理是指国家对部分商品的出口，在一定时期（一般为 1 年）内规定数量总额，经国家批准获得配额的允许出口，否则不准出口的配额管理措施。对一些重要商品，出口配额许可证管理以规定绝对数量的方式来实现限制出口的目的。其数量分配采取直接分配的方式，由国家主管部门根据申请者的实际能力和条件，按照效益、公正、公开和公平竞争的原则进行分配，发放配额证明，申请者根据配额证明申领出口许可证。

② 出口配额招标管理。出口配额招标管理是国家对部分商品的出口，在一定时期（一般为 1 年）内规定数量总额，采取招标分配的原则，经招标获得配额的允许出口，否则不准出口的配额管理措施。出口配额招标管理同样属于绝对数量限制，中标者凭配额证明申领出口许可证。

（2）出口非配额限制

出口非配额限制指在一定时期内，根据需要，以国家各主管部门签发许可证的方式来实现各类限制出口的措施。

📖 **思考与讨论**

出口配额许可证管理和出口配额招标管理在数量分配上有何不同？

（二）限制进出口技术管理

限制进出口技术实行目录管理。国务院外经贸主管部门会同国务院有关部门，制定、调整并公布限制进出口技术目录，属于目录范围内的技术，实行许可证管理，未经国家许可，不得进出口。

进口属于限制进口的技术，应当向国务院外经贸主管部门提出技术进口申请。国务院外经贸主管部门收到技术进口申请后，应当会同国务院有关部门对申请进行审查。技术进口申请经批准的，由国务院外经贸主管部门发给技术进口许可意向书。进口经营者取得技术进口许可意向书后，可以对外签订技术进口合同。进口经营者签订技术进口合同后，应当向国务院外经贸主管部门申请技术进口许可证。经审核符合发证条件的，由国务院外经贸主管部门颁发技术进口许可证。进口经营者可凭技术进口许可证向海关办理进口通关手续。

出口属于限制出口的技术，应当向国务院外经贸主管部门提出技术出口申请，获得审核批准后取得技术出口许可证，凭技术出口许可证向海关办理通关手续。

📖 **思考与讨论**

进口属于限制进口的技术，其进口流程是：申请—（　　　）—（　　　）—（　　　）—进口通关

只要可能导致技术从我国境内向境外转移，无论是转让专利权、专利申请权、技术秘密，还是通过专利实施许可、技术服务和其他方式从境内向境外转让技术，都受到相关管理条例、办法和目录的管辖。对于违反规定的行为，相关管理条例和办法都规定了严格的法律责任。

三、自由进出口管理

除国家禁止、限制进出口货物、技术外的其他货物、技术均属于自由进出口范围。自由进出口货物、技术的进出口不受限制，但基于检测进出口情况的需要，国家对部分属于自由进口的货物实行自动进口许可管理，对自由进出口的技术实行合同登记管理。

（一）自动进口许可管理

自动进口许可管理旨在统计和监测进口货物，不涉及数量限制或关税优惠，适用于列入《自动进口许可管理货物目录》内的商品。在进口前企业向有关主管部门提交自动进口许可申请，凭相关部门发放的"自动进口许可证"向海关办理报关手续。

（二）合同登记管理

进出口属于自由进出口的技术，应当向国务院外经贸主管部门办理合同备案登记，国务院外经贸主管部门应当自收到规定的文件之日起3个工作日内对技术进口合同进行登记，颁发技术进出口合同登记证，申请人凭技术进出口合同登记证，办理外汇、银行、税务、海关等相关的手续。

第三节　其他对外贸易管制制度

一、对外贸易经营者管理制度

2022 年 12 月 30 日，十三届全国人大常委会第三十八次会议经表决，通过了关于修改对外贸易法的决定，删去《中华人民共和国对外贸易法》第九条关于对外贸易经营者备案登记的规定。根据决定，自 2022 年 12 月 30 日起，各地商务主管部门停止办理对外贸易经营者备案登记。对于申请进出口环节许可证、技术进出口合同登记证书、配额、国营贸易资格等相关证件和资格的市场主体，有关部门不再要求其提供对外贸易经营者备案登记材料。这是我国外贸经营管理领域的重大改革举措，有利于进一步优化营商环境，释放外贸增长潜力，推进我国贸易高质量发展和高水平对外开放。

二、出入境检验检疫制度——"检"

出入境检验检疫制度是指由国家相关部门依据我国有关法律和行政法规以及我国所缔结或者参加的国际条约、协定，对出入境的货物及其包装、物品及其包装、交通运输工具、运输设备和出入境人员实施检验检疫监督管理的法律依据和行政手段的总和。出入境检验检疫的国家主管部门已于 2018 年 4 月 20 日起由原国家质量监督检验检疫总局调整为海关总署。这是贯彻落实 2018 年《深化党和国家机构改革方案》工作部署，落实国务院机构改革方案的重大进展。从 2018 年 4 月 20 日起，中国出入境检验检疫系统统一以海关名义对外开展工作。

知识点滴

"关检合并"

2018 年 4 月 20 日起，原中国出入境检验检疫部门正式并入中国海关。出入境检验检疫系统统一以海关名义对外开展工作，口岸一线旅检、查验和窗口岗位均要实现统一上岗、统一着海关制服、统一佩戴关衔。

入境方面，海关原有申报、现场调研、查验、处置 4 个环节，检验检疫原有卫生检疫、申报、现场调研、查验、处置 5 个环节，共计 9 个环节，合并后保留卫生检疫、申报、现场调研、查验、处置 5 个环节。出境方面，海关原有申报、现场调研、查验、处置 4 个环节，检验检疫原有卫生检疫、现场调研、查验、处置 4 个环节，共计 8 个环节，合并后保留卫生检疫、申报、现场调研、查验、处置 5 个环节。同时海关与检验检疫的原旅客通道合并，监管检查设备统一使用，行李物品只接受一次查验。对外统一使用海关标识，设置统一的政策宣传设施。

（一）出入境检验检疫职责范围

（1）我国出入境检验检疫制度实行目录管理。目录为《出入境检验检疫机构实施检验检疫的进出境商品目录》（简称《法检目录》），列入该目录的商品为法定检验商品，即国家规定实行强制性检验的某些进出境商品。

（2）《法检目录》以外的商品，是否检验由外贸当事人决定。若外贸合同约定或者进出口商品的收发货人申请检验检疫时，海关可以接受委托，实施检验检疫并制发证书。此外，海关对《法检目录》以外的进出口商品，可以以抽查的方式进行监督。

（3）对关系国计民生、价值较高、技术复杂或涉及环境卫生等的重要进出口商品，收货人应当在对外贸易合同中约定，在出口地装运前进行预检、监造或监装，以及保留货到后最终检验和索赔的条款。

（二）出入境检验检疫制度的组成

我国出入境检验检疫制度由进出口商品检验制度、进出境动植物检疫制度和国境卫生监督制度组成。

1. 进出口商品检验制度

进出口商品检验制度是根据《中华人民共和国进出口商品检验法》及其实施条例的规定，由海关对进出口商品所进行的品质、质量检验和监督管理。

进出口商品检验的内容，包括商品的质量、规格、数量、重量、包装，以及商品是否符合安全、卫生的要求。进出口商品检验的种类分为：法定检验、合同检验、公证鉴定、委托检验。

2. 进出境动植物检疫制度

进出境动植物检疫制度是根据《中华人民共和国进出境动植物检疫法》及其实施条例的规定，由口岸海关对进出境动植物、动植物产品的生产、加工、存放过程实行动植物检疫的进出境监督管理制度。

我国实行进出境动植物检疫制度的目的是防止动物传染病、寄生虫病和植物危险性病、虫、杂草及其他有害生物传入、传出国境，保护农、林、牧、渔业生产和人体健康，促进对外经济贸易的发展。

进出境动植物检疫属于法定检疫，管理方式有注册登记、疫情调查、检疫和防疫指导等。其内容主要包括：进境检疫、出境检疫、过境检疫、进出境携带和邮寄检疫，以及出入境运输工具检疫等。

3. 国境卫生监督制度

我国实行国境卫生监督制度是为了防止传染病由国外传入或者由国内传出，保护人体健康，维护国家卫生管理主权。具体内容详见第三章第三节。

三、进出口货物收付汇管理制度——"核"

为完善货物外汇管理制度，大力推进贸易便利化，进一步改进货物贸易外汇服务和管理，我国自2012年8月1日起在全国实施货物贸易外汇管理制度改革。国家外汇管理局对企业的贸易外汇管理方式由现场逐笔核销改变为非现场总量核查。国家外汇管理局通过货物贸易外汇监测系统，全面采集企业货物进出口和贸易外汇收支逐笔数据，定期比对、评估企业货物流与资金流总体匹配情况，便利合规企业贸易外汇收支；对存在异常的企业进行重点监测，必要时实施现场核查。

国家外汇管理局对进出口收付汇的主要监管方式包括企业名录登记管理、非现场核查、现场核查和分类管理。

（一）企业名录登记管理

为推动贸易高质量发展，切实提升服务实体经济能力，国家外汇管理局于2024年4月7日发布了《关于进一步优化贸易外汇业务管理的通知》（汇发〔2024〕11号），优化"贸易外汇收支企业名录登记"的办理方式，取消国家外汇管理局各分局核准办理"贸易外汇收支企业名录"登记的要求，改由在境内银行直接办理名录登记，于2024年6月1日开始实施。

具有真实货物贸易外汇收支业务需求的企业，确有客观需要开展货物贸易外汇收支业务的其他境内机构或个体工商户，应当于办理首笔收支前，在境内银行办理名录登记。登记时，可通过线上或线下方式向银行提交《贸易外汇收支企业名录申请表》（以下简称《申请表》）。银行应根据《申请表》通过国家外汇管理局"数字外管"平台（以下简称"数字外管"平台）银行端填报企业名录信息，填报完成后应告知企业"数字外管"平台互联网端管理员账号及初始密码，企业可通过"数字外管"平台互联网端查询名录登记办理结果。其他境内机构或个体工商户确有客观需要开展货物贸易外汇收支业务的，可参照企业的有关规定办理。小微跨境电商企业（年度货物贸易收汇或付汇累计金额低于等值 20 万美元）凭交易电子信息办理货物贸易外汇收支业务时，可免于办理前述名录登记。

（二）非现场核查

国家外汇管理局利用现代信息技术手段，如互联网、大数据、云计算等通过远程方式对企业的贸易外汇收支和进出口数据进行总量比对，以核查企业贸易外汇的真实性及其与进出口的一致性。

（三）现场核查

国家外汇管理局对企业非现场核查中发现数据偏离度较大或有异常或可疑的贸易收支业务时，其工作人员深入企业或金融机构，调阅相关数据和资料，对企业的货物贸易外汇收支数据进行实地核查、校验。国家外汇管理局实施现场核查时，被核查单位应予以配合。

（四）分类管理

国家外汇管理局根据企业贸易外汇收支的合规性及其与货物进出口的一致性，将企业分为 A、B、C 三类，实行动态监测和分类管理。对 A 类企业给予贸易收支便利，对 B 类企业实施审慎监管和电子数据核查，对 C 类企业实施事前逐笔登记。

四、对外贸易救济措施——"救"

世界贸易组织允许成员方在进口产品倾销、补贴和过激增长等给其产业造成损害的情况下，采用反倾销、反补贴和保障措施手段以保护自身产业不受损害。

反倾销、反补贴和保障措施都属于对外贸易救济措施。反补贴和反倾销措施针对的是价格歧视这种不公平竞争行为，保障措施针对的是进口产品激增的情况。

（一）反倾销措施

倾销是指一国产品以低于其正常价值的价格，出口到另一国市场的行为。

倾销是一种不公平竞争行为，当倾销对进口国国内相关产业造成损害或严重损害威胁时，进口国可以通过征收高额的反倾销税来限制产品的进口。

反倾销措施包括临时反倾销措施和最终反倾销措施。

1. 临时反倾销措施

临时反倾销措施是指进口方主管机关经过调查，初步认定被指控产品存在倾销，并对国内同类产业造成损害，据此可以根据 WTO 所规定的程序进行调查，在全部调查结束之前，采取的临时性反倾销措施。

临时反倾销措施有两种形式：一是征收临时反倾销税；二是要求提供保证金、保函或其他形式的担保。

征收临时反倾销税，由商务部提出建议，国务院关税税则委员会根据其建议作出决定，由商务部予以公告。要求提供保证金、保函或其他形式的担保，由商务部作出决定并公告。临时反倾销措施的期限一般是 4 个月，特殊情况下可以延长至 9 个月。

2. 最终反倾销措施

对终裁决定确定倾销成立并由此对国内产业造成损害的，可以征收反倾销税。征收反倾销税应当符合公共利益。征收反倾销税，由商务部提出建议，国务院关税税则委员会根据其建议作出决定，由商务部予以公告，海关自公告规定实施之日起执行。

案例 2-2

墨西哥发布对华铝制炊具反倾销日落复审调查终裁

2023 年 3 月 31 日，墨西哥经济部在官方日报发布公告，对原产于中国的进口铝制炊具（西班牙语：artículos para cocinar de aluminio；墨西哥海关税号 7615.10.02）作出反倾销日落复审调查终裁，决定维持 2016 年 10 月 13 日原审终裁确定的反倾销措施不变，自 2021 年 10 月 14 日起，继续征税 5 年。具体措施如下：

1. 对进口价格低于 10.6 美元/千克的涉案产品，征收进口价格与 10.6 美元/千克的差额作为反倾销税率；

2. 对自浙江三禾厨具有限公司进口的涉案产品征税税率不超过 5.65 美元/千克，对自中国其他出口商进口的涉案产品征税税率不超过 7.73 美元/千克；

3. 对进口价格不低于 10.6 美元/千克的涉案产品不征税。

资料来源：中华人民共和国商务部贸易救济调查局，2023-04-04

（二）反补贴措施

补贴是指政府或任何公共机构对企业提供财政捐助，以及政府对其收入或者价格的补贴。补贴会提高产品在国外市场上的价格竞争力。

反补贴措施包括临时反补贴措施和最终反补贴措施。

1. 临时反补贴措施

临时反补贴措施采取以保证金或保函作为担保的征收临时反补贴税的形式。采取临时反补贴措施，由商务部提出建议，国务院关税税则委员会根据其建议作出决定，由商务部予以公告。临时反补贴措施的期限一般不超过 4 个月。

2. 最终反补贴措施

在磋商没有取得效果的情况下，终裁决定确定补贴成立并由此对国内产业造成损害的，可以征收反补贴税。

征收反补贴税，由商务部提出建议，国务院关税税则委员会根据其建议作出决定，由商务部予以公告，海关自公告规定实施之日起执行。

知识点滴

征收临时/最终反倾销税或反补贴税的程序均为：由国务院商务主管部门（即商务部）提出建议，国务院关税税则委员会根据其建议作出决定，由国务院商务主管部门予以公告，海关自公告规定实施之日起执行。

（三）保障措施

1. 临时保障措施

在有明确证据表明进口产品数量增加，将对国内产业造成难以补救的损害情形下，进口国可不经与出口国磋商而做出决定，并采取临时保障措施。临时保障措施的实施期限不得超过 200 天，并且此期限计入保障措施总期限。临时保障措施应采取提高关税的形式。如果事后调查不能证实进口激增对国内有关产业已经造成损害或损害威胁，已征收的临时关税应予以退还。

2. 最终保障措施

最终保障措施可以采取提高关税、纯粹的数量限制和关税配额等形式。保障措施的实施期限一般不超过 4 年，如果仍需以保障措施防止损害或救济损害的产业，或有证据表明该产业正在进行调整，则可延长实施期限。但保障措施全部实施期限（包括临时保障措施实施期限）不得超过 10 年。

📖 **思考与讨论**

反倾销、反补贴、保障措施之间的区别是什么？

第四节　我国对外贸易管制主要措施及报关规范

对外贸易管制作为一项综合制度，涉及的管理规定繁多。我国对外贸易管制主要措施及报关规范，是报关从业人员应当具备的专业知识。

一、进出口许可证管理

（一）含义

进出口许可证管理是指由商务部或由商务部会同国务院其他有关部门，依法制定并调整进出口许可证管理目录，以签发进出口许可证的方式对该目录中的商品实行的行政许可管理。其属于国家限制进出口管理范围，可分为进口许可证管理和出口许可证管理。

（二）主管机构

商务部是全国进出口许可证管理的归口单位，商务部配额许可证事务局，商务部驻各地特派员办事处，各省、自治区、直辖市、计划单列市的商务主管部门，以及经商务部授权的其他省会城市的商务主管部门为许可证的发证机构。

（三）适用范围

进出口许可证是我国进出口许可证管理制度中具有法律效力、用来证明对外贸易经营者经营列入国家进出口许可证管理目录商品合法进出口的证明文件，是海关验放该类货物的重要依据。

2024 年实行许可证管理的进口货物被分为 14 类，即消耗臭氧层物质和 13 类旧机电产品，其中，13 类旧机电产品分别为化工设备、金属冶炼设备、工程机械、起重运输设备、造纸设备、电力电气设备、食品加工及包装设备、农业机械、印刷机械、纺织机械、船舶、硒鼓和 X 射线管。

2024 年实行许可证管理的出口货物为 43 种。对外贸易经营者出口目录内所列货物的，应向商务部或者商务部委托的地方商务主管部门申请取得出口许可证，凭出口许可证向海关办理通关验放手续。

（四）报关规范

（1）进口许可证有效期 1 年，当年有效，需跨年度使用时，有效期最长不得超过次年 3 月 31 日。

（2）出口许可证的有效期最长不得超过 6 个月，且有效期截止时间不得超过当年 12 月 31 日。

（3）许可证一经签发，不得擅自更改许可证证面内容。

（4）进出口许可证实行"一证一关"、一般情况下实行"一批一证"制。如要实行"非一批一证"，发证机关在签发许可证时在许可证的备注栏中注明"非一批一证"字样。

（5）对于大宗、散装货物，溢装数量不得超过许可证所列数量的 5%，其中原油、成品油溢装数量不得超过其进出口许可证所列数量的 3%。实行"非一批一证"的大宗、散装货物，每批货物进出口时，按其实际进出口数量进行核扣，最后一批货物进出口时，其溢装数量按该许可证实际剩余数量并在规定溢装上限的 5% 内计算。

知识点滴

"一证一关"指许可证只能在一个海关报关使用。

"一批一证"指许可证在有效期内一次报关使用。

"非一批一证"指许可证在有效期内可以多次报关使用，但最多不超过 12 次，由海关在"海关验放签注栏"内逐批签注出运数。

二、自动进口许可证管理

（一）主管机构

商务部根据监测货物进口情况的需要，对部分自由进口货物实行自动许可管理。商务部配额许可证事务局，商务部驻各地特派员办事处，各省、自治区、直辖市、计划单列市商务主管部门，以及地方机电产品进出口机构负责自动进口许可货物管理和自动进口许可证的签发工作。目前使用的管理目录是商务部、海关总署公布的《自动进口许可管理货物目录》，对应的许可证件为"中华人民共和国自动进口许可证"（简称自动进口许可证）。

（二）适用范围

1. 实施自动进口许可证管理的商品

2024 年实施自动进口许可管理的商品共 45 类，包括"商务部实施自动进口许可的货物"（第一部分）和"受商务部委托的省级地方商务主管部门或地方、部门机电办实施自动进口许可的货物"（第二部分）两部分。

（1）第一部分：牛肉，猪肉，羊肉，鲜奶，奶粉，木薯，大麦，高粱，大豆，油菜籽，食糖，玉米酒糟，豆粕，烟草，原油，成品油，化肥，二醋酸纤维丝束，烟草机械，移动通信产品，卫星、广播、电视设备及关键部件，汽车产品，飞机，船舶等共 24 类货物。

（2）第二部分：肉鸡、植物油、铁矿石、铜精矿、煤、成品油、四氯乙烯、化肥、聚氯乙烯、氯丁橡胶、钢材、工程机械、印刷机械、纺织机械、金属冶炼及加工设备、金属加工机床、电气设备、汽车产品、飞机、船舶、医疗设备等共 21 类货物。

2. 免交情形

进口列入《自动进口许可管理货物目录》的商品，在办理报关手续时须向海关提交自动进口许可证，但在下列情况下可免予交验：

（1）加工贸易项下除原油、成品油外，其他加工贸易货物的进口并复出口的；

（2）除旧机电产品外，外商投资企业作为投资进口或者投资额内生产自用的；

（3）进出口交易中的货样广告品、实验品，每批次价值不超过 5000 元的；

（4）海关监管的暂时进口货物；

（5）国家法律、法规规定其他免领自动进口许可证的货物。

案例 2-3

商务部回应澳煤进口：煤炭自动进口许可证可正常申请

商务部今天（16日）举行例行新闻发布会，新闻发言人在回应澳大利亚煤炭进口问题时表示，中国对煤炭进口实行自动许可管理，煤炭自动进口许可证可正常申请。

商务部新闻发言人束珏婷：中国对煤炭进口实行自动许可管理，煤炭自动进口许可证可正常申请。需要强调的是，中方依据世贸组织规则和中国法律法规管理对外贸易，将相关管理方式误读为限制措施是不合适的。

束珏婷表示，中澳两国在经贸领域开展互利合作，符合两国和两国人民的共同利益。中澳贸易的主体是企业，两国企业根据需求和市场条件，依法开展相关贸易。中方对相关商品采取的检验检疫和贸易救济等措施，严格遵守中国法律法规和世贸组织规则。

商务部新闻发言人束珏婷：中方愿就双方贸易中各自关心的一些技术性问题进行沟通，寻找互利共赢的解决方案。同时我们也希望澳方与中方相向而行，为中国企业对澳开展贸易投资提供公平、开放、非歧视的营商环境，为中澳经贸合作注入更多积极因素。

资料来源：央视新闻客户端，2023-03-16

（三）报关规范

（1）自动进口许可证有效期为 6 个月，但仅限公历年度内有效。

（2）自动进口许可证项下货物原则上实行"一批一证"管理，对部分货物也可实行"非一批一证"管理。对实行"非一批一证"管理的，在有效期内可以分批次累计报关使用，但累计使用不得超过 6 次。每次报关时，海关在自动进口许可证原件"海关验放签注栏"内批注后，留存复印件，最后一次使用后，海关留存正本。同一进口合同项下，收货人可以申请并领取多份自动进口许可证。

（3）对实行"一批一证"的自动进口许可证管理的大宗、散装货物，其溢装数量在货物总量 3%以内的原油、成品油、化肥、钢材等 4 种大宗散装货物予以免证，其他货物溢装数量在货物总量 5%以内的予以免证；对"非一批一证"进口实行自动许可管理的大宗散装货物，每批货物进口时，按其实际进口数量核扣自动进口许可证额度数量，最后一批货物进口时，其溢装数量按该自动进口许可证实际剩余数量并在规定的允许溢装上限内计算。

三、进口关税配额管理

关税配额管理属限制进口，实行关税配额证管理。对外贸易经营者经国家批准取得关税配额证后允许按照关税配额税率征税进口，如超出限额则按配额外税率征税进口。

2024 年我国继续对小麦、玉米、稻谷和大米、糖、羊毛、毛条、棉花、化肥 8 类商品实施关税配额管理，税率不变。其中，对尿素、复合肥、磷酸氢铵 3 种化肥的配额税率继续实施进口暂定税率，税率不变。继续对配额外进口的一定数量棉花实施滑准税，税率不变。

（一）实施关税配额管理的农产品

（1）农产品进口关税配额为全球关税配额，国家主管部门为商务部及国家发展和改革委员会，所有贸易方式进口上述农产品均列入关税配额管理范围。海关凭商务部、国家发展和改革委员会通过各自授权机构向最终用户发放的，并加盖"商务部农产品进口关税配额证专用章"或"国家发展和改革委员会农产品进口关税配额证专用章"的"农产品进口关税配额证"办理验放手续。

（2）加工贸易进口实行关税配额管理的农产品，海关凭企业提交的在"贸易方式"栏目中注明"加工贸易"的农产品进口关税配额证办理通关验放手续。由境外进入保税仓库、保税区、出口加工区的上述农产品，无须提交农产品进口关税配额证，海关按现行规定验放并实施监管。从保税仓库、保税区、出口加工区出库和出区进口的关税配额农产品，海关凭进口关税配额证按规定办理进口手续。

（3）农产品进口关税配额证实行"一证多批"制，即最终用户需分多批进口的，在有效期内，凭农产品进口关税配额证可多次办理通关手续，直至海关核注栏填满为止。

（二）实施关税配额管理的工业品

化肥进口关税配额为全球配额，商务部负责全国化肥关税配额管理工作。商务部的化肥进口关税配额管理机构负责管辖范围内化肥进口关税配额的发证、统计、咨询和其他授权工作。关税配额内化肥进口时，海关凭进口单位提交的"化肥进口关税配额证明"，按配额内税率征税，并验放货物。

知识点滴

2023年1月1日起进口关税配额全面实施联网核查无纸化通关

近日，海关总署、国家发展和改革委员会、商务部发布联合公告，决定自2023年1月1日起对进口关税配额全面实施联网核查、无纸化通关。该措施是海关总署已出台的促进外贸保稳提质十条措施之一，预计初期将为上万家企业带来通关便利。

联网核查全面实施后，发证部门将不再签发纸质配额证，全部改为电子配额证，海关在通关环节自动调用配额证电子数据与报关单数据进行比对核查，实现配额证申领、发放、通关、核销全流程在线无纸化办理，将有效提高通关效率，降低企业经营成本。

资料来源：中华人民共和国海关总署科技发展司，2023-01-01

四、两用物项和技术进出口许可证管理

为维护国家安全和社会公共利益，履行我国在缔结或参加的国际条约、协定中所承担的义务，国家限制两用物项和技术进出口，对两用物项和技术实行进出口许可证管理。

（一）主管机构

商务部是全国两用物项和技术进出口的归口管理部门，负责制定管理办法和规章制度。

商务部配额许可证事务局和受商务部委托的省级商务主管部门为两用物项和技术进出口许可证的发证机构。

（二）适用范围

两用物项和技术是指《中华人民共和国核出口管制条例》《中华人民共和国核两用品及相关技术出口管制条例》《中华人民共和国导弹及相关物项和技术出口管制条例》《中华人民共和国生物两用品及相关设备和技术出口管制条例》《中华人民共和国监控化学品管理条例》《中华人民共和国易制毒化学品管理条例》《中华人民共和国放射性同位素与射线装置安全和防护条例》和国务院批准的《有关化学品及相关设备和技术出口管制办法》等相关行政法规所附清单和名录以及国家依据相关法律、行政法规予以管制、临时管制或特别管制的物项和技术。

为便于对上述物项和技术的进出口管制，商务部和海关总署依据上述法规颁布了《两用物项和技术进出口许可证管理办法》并联合发布《两用物项和技术进出口许可证管理目录》。进口目录包括：监控化学品管理条例监控名录所列物项、易制毒化学品、放射性同位素、商用密码进口许可清单。出口目录包括：核出口管制清单所列物项和技术、核两用品及相关技术出口管制清单所列物项和技术、生物两用品及相关设备和技术出口管制清单所列物项和技

术、监控化学品管理条例名录所列物项、有关化学品及相关设备和技术出口管制清单所列物项和技术、导弹及相关物项和技术出口管制清单所列物项和技术、易制毒化学品（一）、易制毒化学品（二）、部分两用物项和技术、特殊民用物项和技术、商用密码出口管制清单。

（三）报关规范

（1）以任何贸易方式进口或者出口以及过境、转运、通运《两用物项和技术进出口许可证管理目录》的商品，进出口经营者应向海关提交有效的两用物项和技术进出口许可证办理通关验放手续。

（2）海关有权对进出口经营者进出口货物是否属于两用物项和技术提出质疑，进出口经营者应按规定向相关行政主管部门申请进口或出口许可，或向商务主管部门申请办理不属于管制范围的相关证明。省级商务主管部门受理其申请，提出处理意见后报商务部审定。若进出口经营者未能出具相关证明，海关不予办理有关手续。

（3）两用物项和技术进出口许可证一经签发，不得擅自更改证面内容。如需更改，进出口经营者应当在许可证有效期内向相关行政主管部门重新申请进出口许可，并凭原许可证和新的批准文件向发证机构申领两用物项和技术进出口许可证。

（4）两用物项和技术进出口许可证有效期一般不超过 1 年，跨年度使用时，在有效期内只能使用到次年 3 月 31 日，逾期发证机构将根据原许可证有效期换发许可证。

（5）两用物项和技术进出口许可证进口实行"非一批一证"制和"一证一关"制，出口实行"一批一证"制和"一证一关"制。

（6）两用物项和技术进口许可证仅限于申领许可证的进出口经营者使用，不得买卖、转让、涂改、伪造和变造，且应在批准有效期内使用，逾期自动失效，海关不予验放。

知识点滴

办理两用物项和技术进出口许可证相关问题

1. 如何办理两用物项和技术进出口许可证？

答：两用物项进出口经营者在商务部统一业务平台企业端进行网上申请，并向省级商务主管部门提交法定申请材料。省级商务主管部门将申请转报商务部。商务部会同有关部门依法审查，并在法定期限内将审查结果反馈给两用物项进出口经营者。两用物项进出口经营者凭批复单在省级商务主管部门领取两用物项和技术进出口许可证。

2. 如何领取两用物项和技术进出口许可证？

答：经商务部审查许可的两用物项和技术进出口申请，批复数据传输至省级商务主管部门，形成两用物项和技术进出口批复单，企业凭批复单在省级商务主管部门领取两用物项和技术进出口许可证，凭证报关。（参见《商务部、海关总署公告 2020 年第 66 号 公布两用物项和技术进出口许可证申领和通关无纸化有关事项》）

3. 申请两用物项和技术进出口许可证需要进行敏感物项和技术出口经营登记吗？

答：从事核两用品及相关技术出口、生物两用品及相关设备和技术出口、有关化学品及相关设备和技术出口、导弹及相关物项和技术出口、挖泥船出口时，应根据相关条例规定进行敏感物项和技术出口经营登记；从事商用密码产品进出口不需登记。

4. 两用物项和技术进出口许可证申请需要提供什么材料？

答：申请材料一般包括以下方面。

（1）《敏感物项和技术进出口许可申请表》；

（2）申请人的法定代表人、主要经营管理人以及经办人的身份证明；

（3）合同、协议的副本或其他证明文件；

（4）拟出口物项的技术说明；

（5）最终用户证明和最终用途证明（含中文译件）；

（6）最终用户情况介绍（含中文译件）；

（7）国务院商务主管部门要求提交的其他文件。

5.《最终用户和最终用途证明》需要原件吗？

答：必须提供原件，并附出口商确认的翻译件。

6. 申请表和相关材料上的最终用途可以有差别吗？

答：申请表和相关材料上对出口物项或技术的最终用途中英文描述都应保持一致。

7. 商用密码产品进出口许可的适用范围是什么？

答：商务部、国家密码管理局和海关总署 2020 年第 63 号公告发布的《商用密码进口许可清单》和《商用密码出口管制清单》中所列物项。

8. 申请两用物项和技术进出口许可证需要收费吗？

答：不收费。

9. 如果在许可申请中遇到问题，应通过什么渠道进行咨询？

答：可通过电话和网络两种方式进行咨询。

（1）电话咨询：联系各省级商务主管部门（地方商务主管部门）。

（2）网络咨询：商务部网站公众留言。

10. 申请两用物项和技术进出口许可证的常见错误有哪些？

答：常见错误包括以下方面。

（1）申请材料不完整；

（2）最终用户和最终用途证明没有负责人的亲笔签字，承诺要点不完整，未按专用模板出具等；

（3）申请材料的合同号不一致；

（4）申请表数量金额与合同不一致；

（5）对用途的中英文表述不一致。

资料来源：商务部安全与管制局，2022-06-17

五、野生动植物种进出口管理

（一）主管机构

野生动植物种进出口管理是指国家濒危物种进出口管理办公室会同国家其他部门，依法制定或调整《进出口野生动植物种商品目录》并以签发"濒危野生动植物种国际贸易公约允许进出口证明书"（简称公约证明）、"中华人民共和国濒危物种进出口管理办公室野生动植物允许进出口证明书"（简称非公约证明）或"非《进出口野生动植物种商品目录》物种证明"（简称物种证明）的形式，对该目录列明的依法受保护的珍贵、濒危野生动植物及其产品实施的进出口限制管理。

其主管机构为中华人民共和国濒危物种进出口管理办公室；签发文件为：公约证明、非公约证明、非物种证明。

自 2018 年 6 月 1 日起，在全国范围内对现行的"两类三种"野生动植物进出口证书（即《濒危野生动植物种国际贸易公约》允许进出口证明书、中华人民共和国野生动植物进出口证明书和非《进出口野生动植物种商品目录》物种证明）全面实行通关作业联网无纸化。

（二）适用范围

1. 公约证明

公约证明是我国进出口许可管理制度中具有法律效力，用来证明对外贸易经营者经营列入《进出口野生动植物种商品目录》中属于《濒危野生动植物种国际贸易公约》成员国（地区）应履行保护义务的物种合法进出口的证明文件，是海关验放该类货物的重要依据。

公约证明的适用范围是：对列入《进出口野生动植物种商品目录》中属于《濒危野生植物种国际贸易公约》成员国（地区）应履行保护义务的物种，不论以何种方式进出口，均须事先申领公约证明。

2. 非公约证明

非公约证明是我国进出口许可管理制度中具有法律效力，用来证明对外贸易经营者经营列入《进出口野生动植物种商品目录》中属于我国自主规定管理的野生动植物及其产品合法进出口的证明文件，是海关验放该类货物的重要依据。

非公约证明的适用范围是：对列入《进出口野生动植物种商品目录》中属于我国自主规定管理的野生动植物及其产品，不论以何种方式进出口，均须事先申领非公约证明。

3. 物种证明

由于受濒危物种进出口管理的动植物种很多，认定工作的专业性很强，为使濒危物种进出口监管工作做到既准确又严密，海关总署和国家濒危物种进出口管理办公室共同商定启用物种证明，由国家濒危物种进出口管理办公室指定机构进行认定并出具物种证明，报关单位凭以办理报关手续。

物种证明的适用范围是：对于进出口列入《进出口野生动植物种商品目录》中适用公约证明、非公约证明管理的《濒危野生动植物种国际贸易公约》附录及国家重点保护野生动植物以外的其他列入商品目录的野生动植物及相关货物或物品和含野生动植物成分的纺织品，均须事先申领物种证明。

📎 案例 2-4

7件濒危东非黑黄檀木雕在广州被查获

人民网广州 4 月 10 日电（周睿）近日，广州海关在广州白云机场空港口岸进境寄递渠道查获 7 件濒危东非黑黄檀制品（见图 2-3）。"此前，广州海关所属广州白云机场海关关员根据风险布控指令对一票申报品名为'动物木雕'的进境快件进行监管时，发现 X 光机过机图像异常——图像显示快件中有数件动物形状的木雕，密度较一般木材大，疑似为濒危植物制品。"据广州海关相关负责人介绍，海关关员随即将该快件拦

图 2-3　广州海关关员查获违规寄递进境的濒危东非黑黄檀木雕

截下线并开箱查验，发现快件中有7件紫褐色木雕，为犀牛、羚羊、大象等动物造型摆件，表面有黑色条纹，纹理均匀细密。经送专业机构鉴定，确认为豆科黄檀属东非黑黄檀制品。

据了解，东非黑黄檀，别名紫光檀、非洲黑檀、莫桑比克黑檀等，分布在非洲东部，属于热带雨林落叶小乔木，材质重，硬度很高，但生长极为缓慢，是全球最名贵、最稀少的木种之一，已被列入《濒危野生动植物种国际贸易公约》进行保护。

广州海关提醒，我国是《濒危野生动植物种国际贸易公约》缔约方，对列入该公约附录中的濒危野生植物及其产品的进出口贸易实施管制。未合法取得国家相关管理部门核发

的允许进出口证明书等材料，任何单位或个人不得擅自通过货运、邮递、快件和旅客携带等方式进口濒危野生植物及其制品，违法情节严重构成犯罪的将依法追究刑事责任。

资料来源：人民网-广东频道，2023-04-10

（三）报关规范

1. 公约证明

向海关申报进出口列入《进出口野生动植物种商品目录》中属于《濒危野生动植物种国际贸易公约》成员方应履行保护义务的物种，报关单位应主动向海关提交有效的公约证明及其他有关单据；公约证明实行"一批一证"制度。

2. 非公约证明

向海关申报进出口列入《进出口野生动植物种商品目录》中属于我国自主规定管理的野生动植物及其产品，报关单位应主动向海关提交有效的非公约证明及其他有关单据；非公约证明实行"一批一证"制度。

3. 物种证明

物种证明由国家濒危物种进出口管理办公室统一按确定的格式制作，不得转让或倒卖。证面不得涂改、伪造；物种证明按时效分为"一次使用"和"多次使用"。

（1）一次使用的物种证明有效期自签发之日起不得超过6个月。

（2）多次使用的物种证明只适用于同一物种、同一货物类型、在同一报关口岸多次进出口的野生动植物。多次使用的物种证明有效期截至发证当年12月31日。持证者须于1月31日之前将上一年度使用多次物种证明进出口有关野生动植物标本的情况汇总上报发证机关。

（3）进出口企业必须按照物种证明规定的口岸、方式、时限、物种、数量和货物类型等进出口野生动植物。对于超越物种证明中任何一项许可范围的申报行为，海关均不受理。

（4）海关对经营者进出口列入《进出口野生动植物种商品目录》的商品以及含野生动植物成分的纺织品是否为濒危野生动植物种提出质疑的，经营者应按海关的要求，向国家濒危物种进出口管理办公室或其办事处申领物种证明；属于公约证明或非公约证明管理范围的，应申领公约证明或非公约证明。经营者未能出具证明书或物种证明的，海关不予办理有关手续。

（5）对进出境货物或物品包装或说明书中标注含有商品目录所列野生动植物成分的，经营者应主动如实向海关申报，海关对实际含有野生动植物成分的商品进行监管。

六、进出口药品管理

进出口药品管理是指为加强对药品的监督管理，保证药品质量，保障人体用药安全，维护人民身体健康和用药合法权益，国家市场监督管理总局依照《中华人民共和国药品管理法》、有关国际公约及国家法规，对进出口药品实施监督管理的行政行为。

进出口药品管理是我国进出口许可管理制度的重要组成部分，属于国家限制进出口管理范畴，实行分类和目录管理。

（一）主管机构

国家市场监督管理总局是进出口药品管理的主管部门。

目前我国公布的药品进出口管理目录有：《进口药品目录》《生物制品目录》《精神药品管制品种目录》《麻醉药品管制品种目录》《兴奋剂目录》。

药品必须经由国务院批准的允许药品进口的口岸进口。目前允许进口药品的口岸有北京、天津、上海、大连、青岛、成都、武汉、重庆、厦门、南京、杭州、宁波、福州、广州、深圳、珠海、海口、西安、南宁、长沙、无锡、济南、郑州、沈阳、江阴、长春、中山、石家庄、泰州、合肥 30 个城市所在地直属海关所辖关区口岸。

（二）适用范围

1. 精神药品

精神药品进出口准许证是我国进出口精神药品管理批准文件，国家市场监督管理总局依据《中华人民共和国药品管理法》和《精神药品管理办法》，以及有关国际条约，对进出口直接作用于中枢神经系统，使之兴奋或抑制，连续使用能产生依赖性的药品，制定和调整《精神药品管制品种目录》，并以签发"精神药品进口准许证"或"精神药品出口准许证"的形式对列入《精神药品管制品种目录》的商品实行进出口限制管理。

精神药品进出口准许证是我国进出口许可管理制度中具有法律效力，用来证明对外贸易经营者经营列入《精神药品管制品种目录》的管理药品合法进出口的证明文件，是海关验放该类货物的重要依据。

（1）进出口列入《精神药品管制品种目录》的药品，包含精神药品标准品及对照品。

（2）对于列入《精神药品管制品种目录》的药品可能存在的盐、酯、醚，虽未列入该目录，但仍属于精神药品管制范围。

（3）任何单位以任何贸易方式进出口列入上述范围的药品，不论用于何种用途，均须事先申领精神药品进出口准许证，凭以向海关办理报关手续。

2. 麻醉药品

麻醉药品进出口准许证是我国进出口麻醉药品管理批准文件，国家市场监督管理总局依据《中华人民共和国药品管理法》和《麻醉药品管理办法》，以及有关国际条约，对进出口连续使用后易使身体产生依赖性、能成瘾癖的药品，制定和调整《麻醉药品管制品种目录》，并以签发"麻醉药品进口准许证"或"麻醉药品出口准许证"的形式对该目录商品实行进出口限制管理。

麻醉药品进出口准许证是我国进出口许可管理制度中具有法律效力，用来证明对外贸易经营者经营列入《麻醉药品管制品种目录》的管理药品合法进出口的证明文件，是海关验放该类货物的重要依据。

（1）进出口列入《麻醉药品管制品种目录》的药品，包含鸦片、可卡因、大麻、海洛因及合成麻醉药类和其他易成瘾癖的药品、药用原植物及其制剂。

（2）对于列入《麻醉药品管制品种目录》的药品可能存在的盐、酯、醚，虽未列入该目录，但仍属于麻醉药品管制范围。

（3）任何单位以任何贸易方式进出口列入上述范围的药品，不论用于何种用途，均须事先申领麻醉药品进出口准许证，凭以向海关办理报关手续。

3. 兴奋剂药品

为了防止在体育运动中使用兴奋剂，保护体育运动参加者的身心健康，维护体育竞赛的公平竞争，根据《中华人民共和国体育法》和其他有关法律，我国制定颁布了《反兴奋剂条例》。依据该条例及有关法律法规的规定，国家体育总局会同商务部、国家卫生健康委员会、海关总署、国家市场监督管理总局制定颁布了《兴奋剂目录》。

列入《兴奋剂目录》的药品，包括蛋白同化制剂品种、肽类激素品种、麻醉药品品种、刺激剂（含精神药品）品种、药品类易制毒化学品种、医疗用毒性药品品种、其他品种等共 7 类。

4．一般药品

国家对一般药品进口的管理实行目录管理。国家市场监督管理总局依据《中华人民共和国药品管理法》《中华人民共和国药品管理法实施条例》制定和调整《进口药品目录》《生物制品目录》，授权口岸药品检验所以签发进口药品通关单的形式对列入管理目录的商品实行进口限制管理。

进口药品通关单是我国进出口许可管理制度中具有法律效力，用来证明对外贸易经营者经营列入管理目录的商品合法进口的证明文件，是海关验放的重要依据。

（1）进口列入《进口药品目录》的药品，包括用于预防、治疗、诊断人的疾病，有目的地调节人的生理机能并规定有适应症、用法和用量的物质，包括中药材、中药饮品、中成药、化学原料药及其制剂、抗生素、生化药品、血清疫苗、血液制品和诊断药品等。

（2）进口列入《生物制品目录》的商品，包括疫苗类、血液制品类及血源筛查用诊断试剂等。

（3）首次在我国境内销售的药品。

（4）进口暂未列入《进口药品目录》的原料药的单位，应当遵守《药品进口管理办法》中的各项有关规定，主动到各口岸药品检验所报验。

（三）报关规范

1．精神药品

向海关申报进出口精神药品管理范围内的药品，报关单位应主动向海关提交有效的精神药品进出口准许证及其他有关单据。

精神药品的进出口准许证仅限在该证注明的口岸海关使用，并实行"一批一证"制度，证面内容不得自行更改，如需更改，应到国家市场监督管理总局办理换证手续。

2．麻醉药品

向海关申报进出口麻醉药品管理范围内的药品，报关单位应主动向海关提交有效的麻醉药品进出口准许证及其他有关单据。

麻醉药品的进出口准许证仅限在该证注明的口岸海关使用，并实行"一批一证"制度，证面内容不得自行更改，如需更改，应到国家市场监督管理总局办理换证手续。

3．兴奋剂药品

进出口列入《兴奋剂目录》的精神药品、麻醉药品、易制毒化学品、医疗用毒性药品，应按照现行规定向海关办理通关验放手续。对《兴奋剂目录》中的"其他品种"，海关暂不按照兴奋剂实行管理。

根据《蛋白同化制剂和肽类激素进出口管理办法》的相关规定，国家对进出口蛋白同化制剂和肽类激素分别实行进口准许证和出口准许证管理。

（1）进出口蛋白同化制剂、肽类激素，进出口单位应当事先向国家市场监督管理总局申领进口准许证或出口准许证。

（2）进口准许证有效期1年。出口准许证有效期不超过3个月（有效期时限不跨年度）。取得药品进出口准许证后未进行相关进出口贸易的，进出口单位应当于准许证有效期满后1个月内将原准许证退回发证机关。

（3）进口准许证、出口准许证实行"一证一关"制度，证面内容不得更改。因故延期进出口的，可以持原进出口准许证办理一次延期换证手续。

（4）个人因医疗需要携带或邮寄进出境自用合理数量范围内的蛋白同化制剂和肽类激素药品，凭医疗机构处方予以验放。无法出具处方，或超出处方剂量的，均不准进出境。

4. 一般药品

向海关申报进口列入管理目录中的药品，报关单位应主动向海关提交有效的进口药品通关单及其他有关单据。

进口药品通关单仅限在该单注明的口岸海关使用，并实行"一批一证"制度，证面内容不得更改。

七、民用爆炸物品进出口管理

为了加强对民用爆炸物品进出口的管理，维护国家经济秩序，保障社会公共安全，根据《民用爆炸物品安全管理条例》，国家对民用爆炸物品实施进出口限制管理。

（一）主管机构

工业和信息化部为国家进出口民用爆炸物品主管部门。

在进出口民用爆炸物品前，进出口企业应当向工业和信息化部申领"民用爆炸物品进/出口审批单"，在取得民用爆炸物品进/出口审批单后，进出口企业应当将获准进出口的民用爆炸物品的品种和数量等信息向收货地或者出境口岸所在地县级人民政府公安机关备案，并同时向所在地省级民用爆炸物品行业主管部门备案，在依法取得公安机关核发的"民用爆炸物品运输许可证"后，方可运输民用爆炸物品。

（二）适用范围

民用爆炸物品是指用于非军事目的、列入民用爆炸物品品名表的各类火药、炸药及其制品和雷管、导火索等点火、起爆器材。

（三）报关规范

向海关申报进出口民用爆炸物品，报关单位应主动向海关提交有效的民用爆炸物品进/出口审批单及其他有关单据。民用爆炸物品进/出口审批单实行"一批一单"和"一单一关"管理。

八、其他货物进出口管理

（一）黄金及黄金制品进出口管理

黄金及黄金制品进出口管理属于我国进出口许可管理制度中限制进出口管理范畴。黄金及黄金制品进出口准许证是用来证明对外贸易经营者经营黄金及黄金制品合法进出口的证明文件，是海关验放该类货物的重要依据。

中国人民银行是黄金及黄金制品进出口的管理机关。根据《中华人民共和国中国人民银行法》《中华人民共和国海关法》和《国务院对确需保留的行政审批项目设定行政许可的决定》，中国人民银行、海关总署制定了《黄金及黄金制品进出口管理办法》，列入《黄金及黄金制品进出口管理目录》的黄金及黄金制品进口或出口通关时，应当向海关提交中国人民银行及其分支机构签发的"中国人民银行黄金及黄金制品进出口准许证"，海关凭中国人民银行或其授权的中国人民银行分支机构签发的黄金及黄金制品进出口准许证办理验放手续。

列入《黄金及黄金制品进出口管理目录》的黄金及黄金制品，主要包括：氰化金、其他金化合物、非货币用未锻造金、非货币用半制成金等。

（二）音像制品进口管理

音像制品是指录有内容的录音带、录像带、唱片、激光唱盘、激光视盘等。音像制品进口时，海关根据有关规定检验，凭有关证明放行。

国家广播电视总局负责全国音像制品进口的监督管理和内容审查工作。音像制品应在进口前报国家广播电视总局进行内容审查，审查批准取得"进口音像制品批准单"后方可进口。

国家对设立音像制品成品进口单位实行许可制度，音像制品成品进口业务由国家广播电视总局批准的音像制品进口单位经营；未经批准，任何单位或者个人不得从事音像制品成品进口业务。

（三）有毒化学品管理

有毒化学品是指进入环境后通过环境蓄积、生物累积、生物转化或化学反应等方式损害健康和环境，或者通过接触对人体具有严重危害和具有潜在危险的化学品。

为了保护人体健康和生态环境，加强有毒化学品进出口的环境管理，生态环境部、商务部和海关总署联合发布《中国严格限制的有毒化学品名录》。凡进口或出口上述名录所列有毒化学品的，应按规定向生态环境部申请办理有毒化学品进（出）口环境管理放行通知单。进出口经营者应交验有毒化学品进（出）口环境管理放行通知单，向海关办理进出口手续。

生态环境部在审批有毒化学品进出口申请时，对符合规定准予进出口的，签发"有毒化学品进（出）口环境管理放行通知单"。

有毒化学品进（出）口环境管理放行通知单是我国进出口许可管理制度中具有法律效力，用来证明对外贸易经营者经营列入《中国严格限制的有毒化学品名录》的化学品合法出口的证明文件，是海关验放该类货物的重要依据。

（四）美术品进出口管理

为加强对美术品进出口经营活动、商业性美术品展览活动的管理，促进中外文化交流，丰富人民群众文化生活，国家对美术品进出口实施监督管理。文化和旅游部负责对美术品进出口经营活动的审批管理，海关负责对美术品进出境环节进行监管。

1. 主管机构

美术品进出口管理是我国进出口许可管理制度的重要组成部分，属于国家限制进出口管理范畴。文化和旅游部委托美术品进出口口岸所在地省、自治区、直辖市文化行政部门负责本辖区美术品的进出口审批。文化和旅游部对各省、自治区、直辖市文化行政部门的审批行为进行监督、指导，并依法承担审批行为的法律责任。

我国对美术品进出口实行专营。美术品进出口单位应当在美术品进出口前，向美术品进出口口岸所在地省、自治区、直辖市文化行政部门申领进出口批准文件，凭以向海关办理通关手续。

2. 适用范围

纳入我国进出口管理的美术品是指艺术创作者以线条、色彩或者其他方式，经艺术创作者以原创方式创作的具有审美意义的造型艺术作品，包括绘画、书法、雕塑、摄影等作品，以及艺术创作者许可并签名的，数量在200件以内的复制品。

批量临摹的作品、工业化批量生产的美术品、手工艺品、工艺美术产品、木雕、石雕、根雕、文物等均不纳入美术品进行管理。

我国禁止进出口含有下列内容的美术品：违反宪法确定的基本原则的；危害国家统一、主权和领土完整的；泄漏国家秘密、危害国家安全或者损害国家荣誉和利益的；煽动民族仇恨、民族歧视，破坏民族团结，或者侵害民族风俗习惯的；宣扬或者传播邪教迷信的；扰乱社会秩序，破坏社会稳定的；宣扬或者传播淫秽、色情、赌博、暴力、恐怖或者教唆犯罪的；侮辱或者诽谤他人、侵害他人合法权益的；蓄意篡改历史、严重歪曲历史的；危害社会公德或者有损民族优秀文化传统的；我国法律、行政法规和国家规定禁止的其他内容的。

（五）农药进出口管理

我国对进出口农药实行目录管理，由农业农村部会同海关总署制定《中华人民共和国进出口农药登记证明管理名录》，进出口列入上述名录的农药，应事先向农业农村部农药检定所申领"农药进出口登记管理放行通知单"，凭以向海关办理进出口报关手续。农药进出口登记管理放行通知单实行"一批一证"制。

（六）兽药进口管理

我国对进口兽药实行目录管理，由农业农村部会同海关总署制定《进口兽药管理目录》，进出口列入上述目录的农药，应事先向进口口岸所在地省级人民政府兽医主管部门申请办理"进口兽药通关单"，凭以向海关办理进出口报关手续。进口兽药通关单实行"一单一关"制，在 30 日有效期内只能够一次性使用。

（七）水产品捕捞进口管理

我国已加入养护大西洋金枪鱼国际委员会、印度洋金枪鱼委员会和南极海洋生物资源养护委员会。为遏制非法捕鱼活动和有效养护有关渔业资源，上述政府间渔业管理组织已对部分水产品实施合法捕捞证明制度。根据合法捕捞证明制度的规定，国际组织成员进口部分水产品时，有义务验核船旗国政府主管机构签署的合法捕捞证明，没有合法捕捞证明的水产品被视为非法捕捞产品，各成员不得进口。

为有效履行我国政府相关义务，树立我国负责任的国际形象，农业农村部会同海关总署对部分水产品捕捞进口实施进口限制管理，并调整公布了《实施合法捕捞证明的水产品清单》。对进口列入《实施合法捕捞证明的水产品清单》的水产品（包括进境样品，暂时进口、加工贸易进口以及进入海关特殊监管区域和海关保税监管区域和海关监管场所等的水产品），有关单位应向农业农村部申请"合法捕捞通关证明"，凭以向海关办理相关手续。

申请"合法捕捞通关证明"应提交由船旗国政府主管机构签发的合法捕捞证明原件。如在船旗国以外的国家或地区加工的上述清单所列产品进入我国，申请单位应提交由船旗国政府主管机构签发的合法捕捞证明副本和加工国（地区）授权机构签发的再出口证明原件。

表 2-2 所示为对外贸易管制措施。

表 2-2　　　　　　　　　　　　　　　　对外贸易管制措施

管制范围	主管机构	通关凭证	备注
进出口许可证管理	商务部	进口许可证/出口许可证	实行"一证一关"，一般实行"一批一证"。对不实行"一批一证"的商品，备注栏中注明"非一批一证"字样，在有效期内最多可使用 12 次
自动进口许可证管理	商务部	自动进口许可证	原则上实行"一批一证"，对实行"非一批一证"的，累计使用不超过 6 次。有效期为 6 个月
野生动植物种进出口管理	濒危物种进出口管理办公室	公约证明、非公约证明、物种证明	公约、非公约证明实行"一批一证"制，物种证明分为"一次使用"和"多次使用"两种
进出口药品管理	国家食品药品监督管理局	精神药品、麻醉药品进出口准许证，进口药品通关单	精神药品、麻醉药品、一般药品实行"一批一证"制，仅限在注明的口岸海关使用

续表

管制范围	主管机构	通关凭证	备注
黄金及黄金制品进出口管理	中国人民银行	黄金及黄金制品进出口准许证	实行"一批一证"制
两用物项和技术进出口许可证管理	商务部	两用物项和技术进出口许可证	两用物项和技术进口实行"非一批一证"制、"一证一关"制；出口实行"一证一关"制、"一批一证"制
民用爆炸物品进出口管理	工业和信息化部	民用爆炸物品进/出口审批单	实行"一批一单"和"一单一关"管理
美术品进出口管理	文化和旅游部	美术品进出口批准文件	实行"一批一证"制
音像制品进口管理	国家新闻出版总署	进口音像制品批准单	实行"一批一证"制
有毒化学品管理	生态环境部	有毒化学品进（出）口环境管理放行通知单	实行"一批一证"制
农药进出口管理	农业农村部	农药进出口登记管理放行通知单	实行"一批一证"制
兽药进口管理	农业农村部	进口兽药通关单	实行"一单一关"制
水产品捕捞进口管理	农业农村部	合法捕捞通关证明	

本章小结

通过本章的学习，我们了解了对外贸易管制基础知识，理解了对外贸易管制的基本框架和要求。

我国对外贸易管制的主要内容可概括为"证""备""检""核""救"五个字。其中，进出口许可证件管理又分为禁止进出口、限制进出口和自动进出口三种管理情况。我国对外贸易管制的主要管理措施及报关规范要求严谨，尤其是进出口许可证管理、两用物项和技术进出口许可证管理、野生动植物种进出口管理的适用范围和报关规范方面，是本章内容的一个重点。

练习题

一、单项选择题

1. 按管理目的分，对外贸易管制可以分为（　　）。

    A. 关税措施和非关税措施

B．进口贸易管制和出口贸易管制

C．货物进出口贸易管制、技术进出口贸易管制

D．技术进出口贸易管制、国际服务贸易管制

2．我国对对外贸易经营者的管理实行（　　）。

A．自由进出制　　　　　　　　　B．审批制

C．备案登记制　　　　　　　　　D．核准制

3．进口货物许可证的有效期是（　　）。

A．6个月　　　　B．1年　　　　C．3个月　　　　D．9个月

4．我国对限制进出口货物所采取的管理方式为（　　）。

A．配额管理　　　　　　　　　　B．关税配额管理

C．许可证管理　　　　　　　　　D．配额管理和许可证管理

5．我国进出口许可证与归口管理部门是（　　）。

A．海关　　　　B．工商总局　　　　C．商务部　　　　D．国务院

二、多项选择题

1．对外贸易管制是为了（　　）。

A．发展本国经济，保护本国经济利益　　B．达到国家政治或军事目的

C．实现国家职能　　　　　　　　D．避免全球经济一体化

2．国家有关法律法规明令禁止出口的商品有（　　）。

A．原料血浆　　　　　　　　　　B．麻黄草

C．劳改产品　　　　　　　　　　D．商业性出口的野生红豆杉

3．我国出入境检验检疫制度由（　　）组成。

A．进出口服务监督　　　　　　　B．进出口商品检验制度

C．进出境动植物检疫制度　　　　D．国境卫生监督制度

4．（　　）措施针对的是价格歧视这种不公平贸易行为。

A．反补贴　　B．征税　　　　C．反倾销　　　　D．保障措施

5．进出口许可证可以实行（　　）。

A．一证一关　　B．非一证一关　　C．一批一证　　D．非一批一证

三、判断题

1．野生动植物种进出口主管机构为中华人民共和国濒危物种进出口管理办公室。（　　）

2．对于大宗、散装货物，溢装数量不超过许可证所列数量的3%。　　　　（　　）

3．进出口交易中的货样广告品、实验品，每批次价值不超过5000元的，免交自动进口许可证。　　　　　　　　　　　　　　　　　　　　　　　　　　　　　　（　　）

4．自动进口许可证有效期为12个月，但仅限公历年度内有效。　　　　（　　）

5．两用物项和技术许可证进口实行"非一批一证"制和"一证一关"制，出口实行"一批一证"制和"一证一关"制。　　　　　　　　　　　　　　　　　　　　　　（　　）

四、简答题

1．简述对外贸易管制的基本含义。

2．简述我国货物、技术进出口许可管理制度。

3．阐述我国对外贸易管制中的救济措施。

4．如何理解我国野生动植物种进出口管理？

5．举例说明什么是"一证一关""一批一证""非一批一证"。

实训题

【**实训目的**】掌握我国对外贸易管制相关内容。

【**实训内容**】一名中国籍女子庄某从法国抵达上海浦东国际机场，海关从她行李中查获大量象牙制品。上海市第一中级人民法院开庭审理了此案，该女子被判处有期徒刑六年并处罚金 15 万元，象牙及象牙制品均被没收。案件经过如下。2008 年 5 月 13 日，被告人庄某乘坐国际航班从巴黎抵达上海浦东国际机场，由海关绿色通道通行（入境时未向海关申报任何物品），海关从其携带的行李中查获象牙 8 根、象牙手镯 16 只、象牙手链 2 根。经鉴定，上述物品均系非洲象牙及象牙制品，属珍贵动物制品，价值人民币 205 万余元。随后，检察机关以走私珍贵动物制品罪对其提起公诉。庄某认为象牙在国外市场上可以随意买卖，出境时也未受限制，也就以为我国允许入境，且自己带回国内的目的是收藏、馈赠，并非以此牟利，所以不认为自己的行为犯法。请利用所学知识帮助庄某解决她的疑惑。

【**实训步骤**】①学生阅读题目。②学生根据所学内容作答。

【**实训成果**】通过实训让学生了解我国对外贸易管制的意义、目的，以及《濒危野生动植物种国际公约》中对象牙贸易的相关规定。

第三章

出入境检验检疫制度

❖✦✦✦✦❖

➡ 学习目标

【知识目标】熟悉出入境检验检疫制度的内容，包括进出口商品检验制度、进出境动植物检疫制度、国境卫生监督制度和进出口食品检验检疫制度；掌握 IPPC 标识所代表的含义。

【能力目标】正确认识出入境检验检疫在进出口贸易实务中的地位和作用，能依法进行口岸报检申报，按法律与法规要求办理进出境检验检疫有关程序与事项，具备从事海关通关管理工作和报关工作的基本素质。

【素养目标】培养人文社科素养、社会责任感和较高的报关职业素养，能够在经贸活动中理解并遵守经贸职业道德和规范，守法经营，履行责任，养成良好的职业操守。

➡ 案例导入

印度枯茗子农药残留超标

根据海关总署发布信息统计：宁波海关 2021 年度共检出不合格进口食品 253 批次。宁波口岸不合格食品产地方面，涉及 33 个国家或地区，日本、印度、泰国尤甚，分别以 70 次、57 次、22 次的高票数成为不合格进口食品来源的"三大巨头"。不合格原因主要包括食品添加剂使用问题、未按要求提供证书或合格证明、标签不合格、菌群超标等方面。其中，因食品添加剂使用问题检出不合格食品数量最多，有 74 批次，涉及苯甲酸钠、二氧化硅、二氧化硫、磷酸及磷酸盐等指标。

2021 年 8 月，一批来自印度的枯茗子（俗称孜然）被宁波海关成功布控，海关关员根据指令对该批货物实施现场查验并抽样送技术中心进行检测。结果显示，该批枯茗子农药丙溴磷残留超标（见表 3-1），不符合《食品安全国家标准 食品中农药最大残留限量》（GB 2763—2019）[1]要求。

表 3-1　　　　　　　　　　　　样品检测一览表

样品名称	项目名称	检测结果	单位	检测方法
枯茗子	丙溴磷	4.58	mg/kg	GB23200.113—2018

丙溴磷是一种杀虫剂，常用于防治棉铃虫、棉蚜和红铃虫，尤其对抗性棉铃虫防治效果极佳。如过量摄入轻度会出现头痛、头昏、恶心、呕吐等症状，重者还会出现昏迷、抽搐、呼吸困难等。

资料来源：中华人民共和国宁波海关

请问：海关应如何处理这些枯茗子？

---

1 本标准被 GB 2763—2021《食品安全国家标准 食品中农药最大残留限量》代替。

第一节　进出口商品检验制度

我国实行进出口商品检验制度的目的是保证进出口商品的质量，维护对外贸易相关各方的合法权益，促进对外经济贸易关系的顺利发展。

知识点滴

商品检验的四种类型

我国商品检验的种类分为四种，即法定检验、合同检验、公证鉴定和委托检验。

法定检验是指根据国家规定，对进出口商品实施强制性的检验。凡列入《出入境检验检疫机构实施检验检疫的进出境商品目录》的商品必须经过检验，凭出入境检验检疫证明办理通关手续，未经检验或者检验不合格，一律不准进出口。

合同检验是根据双方合同约定，应由商品检验机构对货物进行检验并出具证明。

公证鉴定是指国家商检机构或其他检验鉴定机构对进出口商品进行的各种鉴别和认定工作。根据国际贸易关系人（买方、卖方、承运人、保险人等）的申请、外国检验机构的委托或仲裁、司法机关的指定，办理公证鉴定业务并签发各种鉴定证书。鉴定业务的范围包括：包装鉴定、海损鉴定、集装箱鉴定、进口商品的残损鉴定、出口商品的装运技术条件鉴定、货载衡量、产地证明、价值证明以及其他业务。公证鉴定的目的是为办理进出口商品交换、结算、计费、理算、报关、纳税和处理索赔提供有效凭证。

委托检验是指企业为了对其生产、销售的产品质量进行监督和判定，委托具有法定检验资格的检验机构进行检验。检验机构依据标准或合同约定对产品检验，出具检验报告给委托人，检验结果一般仅对来样负责。

除了法定检验属于强制性检验外，其他三种类型均属于非强制性检验。

一、进出口商品检验制度含义

2021年新修订的《中华人民共和国进出口商品检验法》第六条规定："必须实施的进出口商品检验，是指确定列入目录的进出口商品是否符合国家技术规范的强制性要求的合格评定活动。"

二、进出口商品检验合格评定程序、方式、重点与内容

（一）进出口商品检验合格评定程序

进出口商品检验合格评定程序包括：抽样、检验和检查；评估、验证和合格保证；注册、认可和批准以及各项的组合。列入目录的进口商品未经检验的，不准销售、使用；列入目录的出口商品未经检验合格的，不准出口。

（二）进出口商品检验合格评定方式

进出口商品法定检验是确定进出口商品是否符合我国技术规范的强制性要求的合格评定活动。海关可以采取许可、注册、登记、备案、装运前预检验、符合性验证、符合性评估、合格保证、成套项目管理、产品抽样检验和专项检测等检验监管模式对进出口商品实施合格评定。

（三）进出口商品检验合格评定重点

进出口商品检验合格评定的重点是对进出口战略资源性商品、危险品、消费品等重点商品的检验监管，是对各类进口大宗资源性商品（煤炭、铁矿、进口棉花等）的检验监管。

（四）进出口商品检验合格评定内容

进出口商品检验合格评定内容包括抽查检验制度、出口商品出厂前的质量监督管理和检验制度、报关管理制度、检验机构监督管理制度。海关总署和各地海关依法对经海关许可的检验机构的进出口商品检验鉴定业务活动进行监督，可以对其检验的商品抽查检验。商品检验合格评定还包括认证制度、验证制度（含强制性认证产品入境验证、能效标识产品入境验证）、商检标志及封识管理制度、风险预警制度、复验制度、注册登记制度、样品管理制度、指定检测制度以及进出口特殊区域和边境小额贸易商品的检验监管制度。

第二节　进出境动植物检疫制度

进出境动植物及动植物产品的检疫是国家主权的象征，是通过对外行使国家主权、履行国际规则及义务，执行动植物检疫法律法规，防止动物疫病、有害生物和危险性植物传入传出国境，保护农林牧渔业生产安全、生态安全、人和动物生命健康安全，所采取的强制性检查和处理措施。实施强制性的动植物检疫已成为世界各国的普遍制度。

海关根据《中华人民共和国进出境动植物检疫法》及其实施条例等法律法规规定，对进出境的动植物、动植物产品和其他检疫物，装载动植物、动植物产品和其他检疫物的装载容器、包装物，以及来自动植物疫区的运输工具实施检疫。

一、动植物检疫的主要制度

（一）检疫准入制度

检疫准入制度是指海关总署根据中国法律法规，以及国内外动植物疫情疫病和安全卫生风险评估结果，结合对拟向中国出口农产品的国家或地区的官方监管体系的有效性评估，做出是否准许某个国家和地区某类产品进入中国市场决定的制度。检疫准入制度主要包括准入评估、确定检疫卫生要求、境外企业注册等内容。首次向中国出口的动植物及动植物产品一般须履行市场准入手续。

（二）检疫注册登记制度

根据《中华人民共和国进出境动植物检疫法实施条例》规定，国家对向中国输出动植物产品的国外生产、加工、存放单位，实行注册登记制度。

（三）检疫审批制度

检疫审批制度是国家为防止境外动植物传染病、有毒有害生物的传入，对进境（过境）动物及动物产品、植物及植物产品采取的一种行政管理程序。

根据《中华人民共和国进出境动植物检疫法》及其实施条例和国家有关规定，需要审批的产品主要包括输入动物、动物产品、植物种子、种苗及其他繁殖材料和需要特许审批的禁止进境物，以及《农业转基因生物安全管理条例》规定的过境转基因产品等。在风险评估的基础上，海关总署制定、调整并发布需要办理检疫审批的动植物及动植物产品名录。海关总署及直属海关负责进出境动植物检疫审批，农业农村部和国家林业和草原局负责《中华人民共和国进境植物检疫禁止进境物名录》以外的种子、苗木及其他繁殖材料的审批工作。

（四）境外预检制度

根据风险评估结果和海关总署与输出国官方主管部门签署的双边动植物检疫协议，对高风险的进境动植物及动植物产品实行境外预检。所有进境大、中动物尤其是种用动物，须由海关总署派遣动物检疫人员赴产地实施境外预检。对进境烟叶、苗木、水果、粮食、肉类、水产品等，视情况实施境外预检。

（五）指定入境口岸制度

海关总署根据动植物及动植物产品携带传入动植物疫情疫病风险情况和贸易需求，指定某类动植物及动植物产品须从具备相应设施设备、检疫专业人员和实验室检测技术能力的特定口岸入境。需从指定口岸入境的产品包括粮食、水果、罗汉松、水生动物、植物种子（种苗）及其他繁殖材料。海关规定了指定入境口岸建设及验收的条件、验收程序及公布程序。

（六）检疫报检制度

1. 进口申报

进口申报时间根据进口种类不同而不同。进出口种畜禽动物，入境前 30 日报检，其他动物入境前 15 日报检，实验动物和繁殖材料入境前 7 日报检。根据不同进口种类的要求，应向入境口岸和隔离场所在地或目的地海关申报。申报时要提交"检疫许可证"（或"引进种子、苗木检疫审批单"等许可类证明）、输出国家（地区）官方出具的动植物检疫证书正本、产地证书等官方证明类文件及有关贸易与运输类单证。

2. 出口申报

输出动物的货主或其代理人应在动物出口前，向启运地海关说明输入国规定的动物检验检疫要求，提交与所输出动物有关的资料。在隔离检疫前一周填写"出口货物申报单"，并持有关许可证明、贸易合同、信用证、货运单、发票等资料向启运地海关正式申报。输出植物及植物产品和动物产品，有注册登记要求的在注册登记地的产地海关申报，无注册登记要求的在组货地海关申报。

（七）口岸检疫制度

海关依据风险评估结果，对不同风险的法定检疫物采取不同的检疫查验抽批比例，并依据国外疫情情况以及截获情况实施动态调整。对高风险的产品实施逐批查验，查验抽批频次依产品风险水平降低而降低。查验的依据包括我国的检验检疫法律、法规及部门规章以及多、双边协议。查验措施主要包括核对单证、检查货证、抽样送检和实验室检测等。检疫合格的，出具"入境货物检验检疫证明"。检疫不合格的，如有有效处理方法或可监管加工的，出具检验处理通知书。需隔离检疫的，进入隔离场进行隔离检疫。

（八）检疫处理制度

检疫处理是指海关对违规入境或经检疫不合格的进出境动植物及动植物产品和其他检疫物，采取的除害、扑杀、销毁、不准入境、出境或过境等强制性措施。海关通过单证审核、现场查验、实验室检测，根据动物疫病和植物疫情情况，以及我国国家检疫法律法规、我国与输出国签订的双边检疫议定书或协议和贸易合同条款中的检疫要求，参考国际标准和国家标准，做出是否进行检疫处理的决定，并出具检疫处理通知单。

（九）隔离检疫制度

隔离检疫是指将进境动植物限定在指定的隔离场圈内、不少于限定的时间饲养或种植，在饲养或种植期间进行检疫、观察、检测和处理的强制性措施，是法定的检疫行政行为。

（十）检疫监督制度

海关根据风险评估结果，对不同动植物、动植物产品及其他检疫物的运输、储藏、加工及除害处理单位，实施指定或资质管理，并实施监督。根据产品风险等级水平，海关对进境储藏、运输、加工、使用单位，采取海关指定进境口岸、定点加工、备案管理等监督管理措施。

二、IPPC标识

（一）IPPC标识概述

IPPC 标识，即国际木质包装检疫措施标准。IPPC 标识用以识别符合 IPPC 标准的木质包装，表示该木质包装已经经过 IPPC 检疫标准处理并且合格，不携带有害生物。

国际植物保护公约（International Plant Protection Convention，IPPC）组织于 2002 年 3 月发布了国际植物检疫措施标准第 15 号《国际贸易中的木质包装材料管理准则》（ISPM15），即为国际木质包装检疫措施标准。该标准实施后经过多次文字和内容修改，包括增加除害处理方式、更新除害处理指标等，最新版本于 2019 年出台。该标准规定，国际贸易中的货物木质包装需要按照标准规定的方式和指标进行除害处理，并加施具有 IPPC 图样的标识。

2005 年，我国加入该公约，成为该公约的第 141 个缔约方。

（二）IPPC标识样式及说明

以我国出境木质包装 IPPC 标识为例，见图 3-1。

IPPC 符号代表国际植物保护公约；

CN 代表中国（两个字母的国家代码）；

00000 代表海关批准的处理企业编码，以"2 位关区代码+3 位流水号"表示；

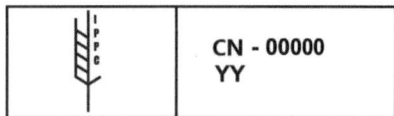

图 3-1　我国出境木质包装 IPPC 标识

YY 代表规定的木质包装 4 种除害处理方式：HT 代表（蒸气或窖干）热处理，DH 代表介电加热处理，MB 代表溴甲烷熏蒸处理，SF 代表硫酰氟熏蒸处理。

（三）需要除害处理并施加IPPC标识木质包装的范围

用于搬运、包装、铺设、支撑和加固货物的木质材料，如木板箱、木条箱、木托盘、木框架、木桶（盛装酒精的橡木桶除外）、木轴、木楔、垫木、枕木、衬木等。因有携带有害生物的可能，出境前需要经过除害处理并加施 IPPC 标识。

包装用木质材料，如胶合板、刨花板、纤维板等，薄板旋切芯、木屑、木丝、刨花等，以及厚度等于或小于 6 毫米的木质材料，不太可能携带有害生物，因此不再需要进行除害处理。

木质包装应由去皮木材制成，但允许宽度小于 3 厘米（不考虑长度）或宽度大于 3 厘米但单块树皮总表面积小于 50 平方厘米的树皮。

（四）海关对进出境木质包装检疫的相关规定

对出境货物使用木质包装的，须由海关总署认可的出境货物木质包装标识加施企业实施检疫处理，合格加施 IPPC 专用标识。海关对出境货物使用的木质包装实施抽查检疫。出境货物木质包装检疫不合格的，不准出境。

对进境木质包装检疫的规定如下。对已加施 IPPC 专用标识的木质包装，按规定抽查检疫，未发现活的有害生物的，立即予以放行；发现活的有害生物的，监督货主或者其代理人对木质包装进行除害处理；对未加施 IPPC 专用标识的木质包装，在海关监督下对木质包装进行除害处理或者销毁处理；对申报时不能确定木质包装是否加施 IPPC 专用标识的，海关按规定抽查检疫；对未申报但经抽查发现使用木质包装的，按照有关规定处理，并依照有关规定予以行政处罚。对违规情况严重的，可连同货物一起作退运处理。

知识点滴

国门生物安全相关法规

《中华人民共和国禁止携带、寄递进境的动植物及其产品和其他检疫物目录》规定，除了具有官方动物检疫证书和疫苗接种证书的犬、猫外，活动物禁止携带或邮寄进境。

《中华人民共和国进出境动植物检疫法》第五条规定，国家禁止下列各物进境：动植物病原体（包括菌种、毒种等）、害虫及其他有害生物；动植物疫情流行的国家和地区的有关动植物、动植物产品和其他检疫物；动物尸体；土壤。

《中华人民共和国野生动物保护法》第四十一条规定，任何组织和个人将野生动物放生至野外环境，应当选择适合放生地野外生存的当地物种，不得干扰当地居民的正常生活、生产，避免对生态系统造成危害。随意放生野生动物，造成他人人身、财产损害或者危害生态系统的，依法承担法律责任。

《中华人民共和国野生动物保护法》第五十八条规定，违反本法第四十条第一款规定，从境外引进野生动物物种的，由县级以上人民政府野生动物保护主管部门没收所引进的野生动物，并处五万元以上五十万元以下的罚款；未依法实施进境检疫的，依照《中华人民共和国进出境动植物检疫法》的规定处罚；构成犯罪的，依法追究刑事责任。

《中华人民共和国生物安全法》第六十条规定，任何单位和个人未经批准，不得擅自引进、释放或者丢弃外来物种。

《中华人民共和国刑法》第三百四十四条之一规定，违反国家规定，非法引进、释放或者丢弃外来入侵物种，情节严重的，处三年以下有期徒刑或者拘役，并处或者单处罚金。

根据《中华人民共和国刑法》《中华人民共和国海关法》以及《最高人民法院、最高人民检察院关于办理走私刑事案件适用法律若干问题的解释》的相关规定，逃避海关监管，非法携带、运输、邮寄珍贵动物、珍贵动物制品进出国（边）境的行为，构成走私珍贵动物、珍贵动物制品罪。

根据《中华人民共和国刑法》规定，走私珍贵动物、珍贵动物制品的，处5年以上10年以下有期徒刑，并处罚金；情节较轻的，处5年以下有期徒刑，并处罚金；情节特别严重的，处10年以上有期徒刑或者无期徒刑，并处没收财产。

润心育德

加强口岸检疫，筑牢生物安全屏障

生物安全是国家安全的重要组成部分。"十四五"规划和2035年远景目标纲要提出，建立健全生物安全风险防控和治理体系，全面提高国家生物安全治理能力。党的二十大报告明确提出，加强生物安全管理，防治外来物种侵害。国门是维护国家安全的第一道屏障，筑牢国门生物安全防线是维护国家安全的重要环节。

由动植物疫情引发的生物安全问题已经成为全世界、全人类面临的重大生存与发展威胁。海关总署贯彻落实总体国家安全观，构建完善的法律法规体系和进出境动植物检疫监管体系，实施严格的检疫准入和评估制度，积极推进国际贸易便利化，防范和化解重大动植物疫病跨境传播风险，有力保障了我国国门生物安全和畜牧业生产安全，维护了国家经济发展和社会稳定大局。

专题讨论：公民个人应如何为维护国家生物安全做出贡献？

第三节　国境卫生监督制度

一、国境卫生检疫的含义

国境卫生监督制度又称国境卫生检疫制度。国境卫生检疫是指海关根据《中华人民共和国国境卫生检疫法》及其实施细则，以及其他卫生法律、法规，在国境口岸、关口对出入境人员、交通工具、运输设备以及可能传播传染病的行李、货物、邮包等物品实施卫生检疫查验、疾病监测、卫生监督和卫生处理的卫生行政执法行为。

二、国境卫生检疫的内容

（一）国境卫生检疫的范围与措施

国境卫生检疫的范围包括出入境人员、交通工具、运输设备以及可能传播传染病的行李、货物、邮包等。

国境卫生检疫的措施包括对发现患有检疫传染病、监测传染病、疑似检疫传染病的出入境人员实施隔离、留验和就地诊验等医学措施。

（二）卫生处理

对来自疫区、被传染病污染、发现传染病媒介的出入境交通工具、集装箱、行李、货物、邮包等物品进行消毒、除鼠、除虫等卫生处理。

对未染有检疫传染病或者已实施卫生处理的交通工具，签发入境或者出境检疫证。

微课堂

进出口食品、化妆品监管业务

（三）传染病监测

对出入境人员实施传染病监测，有权要求出入境人员填写健康申明卡、出示预防接种证书、健康证书或其他有关证件。对患有鼠疫、霍乱、黄热病的出入境人员，应实施隔离留验。对患有艾滋病、性病、麻风病、精神病、开放性肺结核的外国人应阻止其入境。对患有监测传染病的出入境人员，视情况分别采取留验、发就诊方便卡等措施。

知识点滴

健康申明卡

健康申报制度是我国国境卫生检疫的重要制度，小小的健康申明卡作为这一制度的载体，担负着记录旅客基本健康信息、记载其简明流行病学情况的重要任务，通过对申报异常旅客的现场检疫排查，达到防止疫情跨境传播的目的。健康申明卡制度实施已有 10 余年，根据口岸疫情防控形势的不断变化，使用版本不断优化更新，现在使用的是 2023 年 9 月 16 日启用的第十一版健康申明卡，且自 2023 年 11 月 1 日起，出入境人员免于填报。

（四）国境卫生监督

对国境口岸和停留在国境口岸的出入境交通工具的卫生状况实施卫生监督，主要包括监督和指导对啮齿动物、病媒昆虫的防除；检查和检验食品、饮用水及其储存、供应、运输设施；监督从事食品、饮用水供应的从业人员的健康状况；监督和检查垃圾、废物、污水、粪便、压舱水的处理。可对卫生状况不良和可能引起传染病传播的因素采取必要措施。海关依法实施国境卫生监督，防止传染病由国外传入或者由国内传出，保护人体健康，维护国家卫生管理主权。

第四节　进出口食品检验检疫制度

《中华人民共和国进出口食品安全管理办法》第五条规定："海关总署主管全国进出口食品安全监督管理工作。各级海关负责所辖区域进出口食品安全监督管理工作。"进出口食品安全监管，是指海关为保证进出口食品安全，保障公众身体健康和生命安全，根据法律法规的规定，对进出口食品生产经营活动、进出口食品生产经营者和输华食品出口国家（地区）食品安全管理体系等实施的行政监督管理，并对其违法行为进行约束的过程。

一、进口食品安全检验检疫

进口食品安全检验检疫的程序环节如下。

（一）进口前的合格评定

1. 出口国（地区）食品安全管理体系评估

海关总署按照风险管理原则对拟向中国境内出口食品的境外国家（地区）食品安全管理体系的完整性和有效性开展评估，以此判定该国家（地区）的食品安全管理体系和食品安全状况能否达到中国所要求的水平，以及在该体系下生产的输华食品能否符合中国法律法规要求和食品安全国家标准要求。

2. 境外食品生产企业注册、食品进出口商备案

海关总署对向中国境内出口食品的境外生产、加工、贮存企业实施注册管理，并公布注册的企业名单。对输华食品国家（地区）主管部门推荐申请注册和企业申请注册的食品生产企业进行审查，符合注册条件的，准予注册。

向中国境内出口食品的境外出口商或者代理商应当向海关总署备案。食品进口商应当向其住所地海关备案。境外出口商或者代理商、食品进口商备案名单由海关总署公布。

3. 合格保证

合格保证是输华食品进口商或代理商履行食品安全主体责任的重要内容，是指输华食品进口商或代理商向海关提交表明其进口的食品符合中国法律法规和食品安全国家标准等相关规定的证明材料或者书面承诺。

（二）进口食品检验检疫实施

1. 进境动植物检疫审批

为防止动物传染病、寄生虫病和植物危险性病虫杂草以及其他有害生物的传入，海关对《中华人民共和国进出境动植物检疫法》及其实施条例，以及国家有关规定明确需要审批的进口动植物源性食品实施检疫审批。

2. 随附合格证明检查

针对风险较高或有特殊要求的进口食品，进口商在进口食品申报时，按要求提交该批产品随附的合格证明材料，海关对相关证明材料进行核验检查。合格证明材料是境外生产企业、出口商或国内进口商根据中国法律法规、国际条约、协定和海关总署相关规定提供的证明材料，如出口国（地区）主管机关出具的官方证书、产品检测报告或者自我合格声明等。

3. 单证审核

进口商根据海关规定，在进口食品申报时应提交必要的凭证、相关批准文件等材料，海关依法对以上资料的完整性、真实性及有效性进行审核。对单证审核不符合要求的进口食品，不予受理申报。

4. 现场查验

海关对进口食品是否符合食品安全法律法规和食品安全国家标准等要求实施现场检查。

5. 监督抽检

海关按照进口食品安全监督抽检计划和专项进口食品安全监督抽检计划，对进口食品实施抽样、检验、处置等管理行为。

（三）进口后的监督

进口商按照《中华人民共和国食品安全法》第九十八条规定应建立食品、食品添加剂进口和销售记录制度，如实记录食品、食品添加剂的名称、规格、数量、生产日期、生产或者进口批号、保质期、境外出口商和购货者名称、地址及联系方式、交货日期等内容，并保存相关凭证。记录和凭证保存期限不得少于产品保质期满后 6 个月；没有明确保质期的，保存期限不得少于 2 年。这是进口食品事后监管的重要手段。

进口食品经海关评定合格的，准予进口。进口食品经海关评定不合格的，由海关出具不合格证明；涉及安全、健康、环境保护项目不合格的，由海关书面通知食品进口商，责令其销毁或者退运；其他项目不合格的，经技术处理符合合格评定要求的，方准进口。相关进口食品不能在规定时间内完成技术处理或者经技术处理仍不合格的，由海关责令食品进口商销毁或者退运。

二、出口食品安全检验检疫

《中华人民共和国进出口食品安全管理办法》第三十八条规定："出口食品生产企业应当保证其出口食品符合进口国家（地区）的标准或者合同要求；中国缔结或者参加的国际条约、协定有特殊要求的，还应当符合国际条约、协定的要求。"

出口食品监督管理措施如下。

（一）出口前备案

1. 出口食品原料种植养殖场备案

出口食品生产加工企业、种植场、养殖场、农民专业合作组织等具有独立法人资格的组织均可作为备案主体，在种植、养殖场所在地海关办理告知性备案手续。

实施备案管理的出口食品原料品种目录包括：蔬菜（含栽培食用菌）、茶叶、大米、禽肉、禽蛋、猪肉、兔肉、蜂产品、水产品。

2. 出口食品生产企业备案

申请备案的出口食品生产企业应当建立完善可追溯的食品安全卫生控制体系，保证食品安全卫生控制体系有效运行，确保出口食品生产、加工、贮存过程持续符合中国相关法律法规、出口食品生产企业安全卫生要求。

出口食品生产企业应当建立供应商评估制度、进货查验记录制度、生产记录档案制度、出厂检验记录制度、出口食品追溯制度和不合格食品处置制度。

（二）出口检验检疫实施

1. 检验检疫申报

出口食品应当依法由产地海关实施检验检疫。出口食品检验检疫属地管理的一般原则是由出口食品生产地海关实施检验检疫。考虑到促进贸易发展，对以市场采购贸易方式出口食品等新贸易形态可在组货地对出口食品实施检验检疫。

2. 检验检疫实施

（1）现场检验检疫

出口食品现场检验检疫是海关按照规范、规程及检验检疫类别，在海关总署规定的期限内，对出口食品的外观及内在品质通过感官、物理的方法进行检验检疫，以判断所检对象的各项指标是否符合合同及买方所在国（地区）官方机构的有关规定。

（2）抽样送检

凡需检验检疫并出具结果的出口食品，均需海关到现场抽取样品。

（3）运输工具适载检验

对装运出口易腐烂变质的食品和冷冻品的集装箱、船舶、飞机、车辆等运载工具，应进行装运前清洁、卫生、冷藏、密固等适载检验，未经检验或检验不合格的，不准装运。

（4）口岸查验

出口食品产地和出口口岸不在同一地区的，口岸隶属海关对出口食品实施口岸查验。查验不合格的，不准出口。

（5）出口食品实验室检测

海关根据有关标准、海关总署风险预警措施及有关规定，综合相关情况确定实验室检测项目。出口季节性食品，海关还应根据相应季节性食品的卫生安全风险评估增加相应的检测项目。

（三）检验检疫处置

海关根据现场检验检疫、口岸查验、实验室检测结果，对照有关检验检疫依据做出评定。符合检验检疫要求的，签发证单，予以放行出口；不符合检验检疫要求的，不予出口，并通过风险预警信息网络上报海关总署。

润心育德

恪尽职守，爱国敬业

一直以来，海关关员坚守岗位，对出入境的人员、货物、物品及运输工具进行严格的检验检疫，不落死角、恪尽职守、无私奉献，体现了爱国、敬业的社会主义核心价值观。

关检融合——简政放权改革让企业受益

2018年8月1日起，我国实施进出口货物的整合申报，结束了报关、报检分别申报的历史，大大节约了资源，提高了申报效率。关检融合改革是党中央国务院简政放权的一种体现，也是转变政府职能的一种体现。关检融合也促进了海关监管模式与时俱进改革的发展。

专题讨论：报关人员如何恪尽职守？报关人员要适应关检融合需要提升自身哪些业务能力？

本章小结

通过本章的学习，我们了解了出入境检验检疫制度的目的和主要构成等内容。

出入境检验检疫制度是我国对外贸易管制制度的重要组成部分，涉及人类和动植物的生命、健康和对外贸易的健康发展。

出入境检验检疫制度主要包括进出口商品检验制度、进出境动植物检疫制度、国境卫生监督制度和进出口食品检验检疫制度。对国际贸易中的木质包装实施检疫、进行除害处理并添加IPPC标识是各国较为普遍的做法。进出口食品检验检疫在出入境检验检疫中占有重要的地位，对进口食品的检验检疫工作要求涵盖了进口前的合格评定、进口食品检验检疫实施和进口后的监督。对出口食品的检验检疫要求涵盖了原料环节、生产加工环节和出口检验检疫环节三个环节。掌握不同种类的商品出入境检验检疫通关及海关监督管理的要求，是学习本章内容时的一个重点。

练习题

一、单项选择题

1. 法定检验是一种（　　　）检验。
   A. 自愿性　　　　B. 强制性　　　　C. 公平性　　　　D. 国际性
2. 合同检验应由（　　　）对货物进行检验并出具证明。
   A. 海关　　　　B. 工商局　　　　C. 国务院　　　　D. 商检机构
3. （　　　）不属于进出口商品检验合格评定程序的内容。
   A. 评估、验证和合格保证　　　　B. 免予检验和抽查检验
   C. 抽样、检验和检查　　　　　　D. 注册、认可和批准
4. 国家对向我国境内出口食品的境外食品生产企业实施（　　　）管理。
   A. 注册　　　　B. 备案　　　　C. 认证　　　　D. 认可
5. IPPC 指下列哪个公约：
   A. 国家植物保护公约　　　　　　B. 濒危野生动植物国际贸易公约
   C. 保护工业产权巴黎公约　　　　D. 保护野生动物迁徙物种公约

二、多项选择题

1. 我国出入境检验检疫制度内容包括（　　　）。
   A. 进出口商品检验制度　　　　　B. 进出境动植物检疫制度
   C. 国境卫生监督制度　　　　　　D. 口岸检验检疫制度
2. IPPC 标识内容包括（　　　）。
   A. IPPC 符号　　　　　　　　　B. 国家代码
   C. 处理企业编码　　　　　　　　D. 处理方式代码
3. 根据国境卫生检疫对传染病的监测管理，对下列患有（　　　）的出入境人员，应实施隔离留验。
   A. 鼠疫　　　　B. 霍乱　　　　C. 黄热病　　　　D. 艾滋病
4. 某公司进口一批大理石（检验检疫类别为 M），下列表述正确的是（　　　）。
   A. 进口前办理备案手续
   B. 应在货物入境前向口岸检验检疫机构报检
   C. 如无法提供石材说明书，检验检疫机构不受理报检
   D. 检验检疫机构对该货物实施放射性检测
5. 出入境检验检疫的对象包括（　　　）。
   A. 国境卫生　　　B. 交通运输工具　　　C. 出入境货物　　　D. 人员及其事项

三、判断题

1. 所有进口大、中动物尤其是种用动物，须由国家卫生健康委员会派遣动物检疫人员赴产地实施境外预检。　　　　　　　　　　　　　　　　　　　　　　　　　　　（　　　）
2. 葡萄酒进口通关放行后海关不再进行监管，企业可自行销售。　　　　　　（　　　）

3. 我国出入境检验检疫制度实施目录管理，对列入《法检目录》的商品，实施强制性检验检疫。 （　　）

4. 未列入《法检目录》的商品，检验检疫机构凭货主或其代理人的申请进行检验。 （　　）

5. 检验检疫机构对检验检疫不合格的入境货物签发入境货物检验检疫证明。 （　　）

四、简答题

1. 我国出入境检验检疫制度主要由哪几部分构成？

2. 进出口商品检验合格评定的重点是什么？

3. 什么是 IPPC 标识？IPPC 标识通常包括哪些信息？

4. 国境卫生检疫的主要内容包括什么？

5. 简述我国进口食品安全检验检疫的程序环节。

实训题

【实训目的】遵纪守法，保护濒危野生动植物。

【实训内容】2020 年 11 月，新疆乌鲁木齐海关隶属的伊宁海关在进境邮件包裹检查中发现，有一批寄自日本、物品申报名为"项链（无宝石）"的邮件包裹图像显示异常，经开包检查鉴定，确定该物品为红珊瑚制品。根据资料回答以下问题。

（1）红珊瑚及其制品如何报关？

（2）我国海关为什么要对红珊瑚及其制品实施进出境动植物检疫？

【实训步骤】①学生阅读题目。②学生查阅红珊瑚相关资料、红珊瑚制品报关需要的证明材料、海关关于濒危野生动植物非法进出口或走私等的处罚规定。③依据查阅的资料回答问题。

【实训成果】通过实训，学生树立遵纪守法、保护濒危野生动植物的意识，熟悉进出境动植物检疫管理的相关法规与政策。

第四章
海关监管货物及报关程序

学习目标

【知识目标】掌握一般进出口货物的报关程序；掌握保税货物（保税加工货物和保税物流货物）的特征和报关程序；熟悉保税仓库、出口监管仓库、保税物流中心、保税物流园区、保税区、保税港区等海关特殊监管区域的功能；掌握暂时进出境货物ATA单证册报关的管理与程序；掌握海关对跨境电子商务货物的监管方式；了解特定减免税货物和其他进出境货物的含义；掌握转关申报等特殊申报程序；了解中国自由贸易试验区的分布情况。

【能力目标】熟悉不同海关监管货物的报关程序，并针对一般进出口货物、保税货物、特定减免税货物、暂时进出境货物进行正常的报关操作；了解和熟悉报关操作中的中国国际贸易单一窗口操作。

【素养目标】能够在经贸活动中理解并遵守经贸职业道德和规范，守法经营，履行责任，养成良好的职业操守。

案例导入

2023年促进跨境贸易便利化专项行动启动

4月27日，海关总署组织召开2023年促进跨境贸易便利化专项行动部署动员会，分析当前形势任务，部署动员在北京、天津、上海、重庆等17个城市集中开展促进跨境贸易便利化专项行动，进一步培树打造优化口岸营商环境示范高地，促进全国口岸营商环境整体提升。

会议指出，各口岸有关部门单位要自觉用党的二十大精神统一思想行动，坚定不移、一以贯之，全力营造市场化、法治化、国际化一流口岸营商环境。要增强改革定力，充分认识持续优化口岸营商环境是推进高水平开放高质量发展的重要抓手。要增强斗争本领，充分认识持续优化口岸营商环境是应对外部风险挑战、加快贸易强国建设的战略支点。面对严峻复杂的国际形势，要坚定信心，守正创新，集中开展好2023年促进跨境贸易便利化专项行动，实施好稳外贸政策"组合拳"。鼓励各地因地制宜出台配套支持政策，增强政策协同效应。

会议强调，2023年是全面深入贯彻落实党的二十大精神的开局之年，优化口岸营商环境、促进跨境贸易便利化工作，要坚持目标导向、问题导向、效果导向，进一步做好促畅通、降费用、强智慧、优服务、保安全、迎评估等工作。着力抓好国家层面出台的专项行动各项改革创新措施，要进一步深化"智慧口岸"建设和口岸数字化转型，支持各地加强"智慧口岸"建设和通关模式改革试点，完善优化海关与港口线上办事功能，扩大中国国际贸易单一窗口航空物流服务平台功效，依托单一窗口推进通关物流相关信息共享，深化单一窗口对外合作交流和跨境信息交换，支持重点城市口岸数字化转型先行先试。要进一步支持外贸产业升级和新业态健康持续发展，推动加工贸易提档升级，进一步支持跨境电商等新业态发展，优化完善跨境电商等出口货物拼箱作业模式，支持试点口岸建立进口药品"白名单"制度。要进一步提高跨境通关物流链供应链安全畅通水平，促进中欧班列、中老铁路和西部陆海新通道等跨境班列发展，持续推进港航物流类作业环节单证无纸化和交接便利，助力内外贸货物同船运输发展，深化区域物流一体化。要进一步规范和降低进出口环节合规费用，持续落实《清理规范海运口岸收费行动方案》，加强进出口环节收费价格监督检查。要进一步提升外贸经营主体获得感和满意度，增加高级认证企业（AEO）获得感，协同推进企业"问题清零"，完善政府部门与商界沟通机制，多渠道加强涉企政策宣传培训。会议要求，要加强组织领导，密切协同配合，全力推进2023年促进跨境贸易便利化专项行动取得务实成效。

资料来源：中国海关总署

请问：结合上述案例，分析促进跨境贸易便利化的重要性。

第一节　海关监管货物概述

一、海关监管货物的含义

海关监管货物是指自向海关申报起到出境止的出口货物，自进境起到办结海关手续止的进口货物以及自进境起到出境止的过境、转运、通运货物等应当接受海关监管的货物。

实际工作中，"海关监管货物"主要处于以下两种状态：一是进境货物尚未办理海关进口手续或出口货物虽已办理海关出口手续但尚未装运出口，仍存放于海关监管场所；二是进境货物已办理海关进口放行手续，但仍处于海关监管之下，需要纳入海关后续管理范畴，处于这一状态的海关监管货物主要包括保税进口货物、暂时进口货物和特定减免税进口货物等。

无论处于上述哪一种状态的货物都必须接受海关监管，未经海关许可，以任何方式处置这些货物，或者未按照规定办理相关手续，都将中断和破坏海关监管活动，甚至会影响国家进出口贸易管制和税费征收，是一种比较严重的违反海关监管规定的行为。

二、海关监管货物的分类

根据货物进出境的目的不同，海关监管货物可以分成六大类。

（一）一般进出口货物

一般进出口货物包括一般进口货物和一般出口货物。一般进口货物是指从境外进口，办结海关手续直接进入境内生产或流通领域的进口货物；一般出口货物是指办结海关手续直接进入境外生产、流通领域的出口货物。

（二）保税进出口货物

保税进出口货物（简称保税货物）是指经海关批准未办理纳税手续而进境，在境内储存、加工、装配后复运出境的货物。此类货物又分为保税加工货物和保税物流货物两类。

（三）特定减免税货物

特定减免税货物是指海关依据有关法律准予免税进口的用于特定地区、特定企业，有特定用途的货物。

（四）暂时进出境货物

暂时进出境货物包括暂时进境货物和暂时出境货物。暂时进境货物是指经海关批准，凭担保进境，在境内使用后原状复运出境的货物；暂时出境货物是指经海关批准，凭担保出境，在境外使用后原状复运进境的货物。

（五）过境、转运、通运货物

过境、转运、通运货物（简称过转通货物）是指从境外启运，通过中国境内继续运往境外的货物。

（六）其他进出境货物

其他进出境货物是指除上述货物以外尚未办结海关手续的其他进出境货物，如溢卸货物、误卸货物、退运货物等。

三、报关程序

（一）含义

报关程序是指进出口货物收发货人、运输工具负责人、物品的所有人或其代理人按照海关的规定，办理货物、物品、运输工具进出境及相关海关事务的手续及步骤。

进出境货物须经过四个海关作业环节：海关审单、查验、征税、放行。与之相适应，进出口收发货人或其代理人应当按程序办理相对应的进出口申报、配合查验、缴纳税费、提取或装运货物等手续。但是这些程序还不能满足海关对所有进出境货物的实际监管要求。比如加工贸易原材料进口，海关要求事先备案，因此不能在申报和审单环节完成上述工作，必须有一个前期办理手续的阶段；如果上述进口原材料加工为成品出口，在放行和装运货物的环节也不能完成所有的海关手续，必须有一个后期办理核销结案的阶段。因此，从海关对进出境货物进行监管的全过程来看，报关程序按时间先后可以分为三个阶段：前期阶段、进出口阶段、后续阶段。

（二）基本程序

1. 前期阶段

前期阶段是指进出口货物收发货人或其代理人根据海关对进出境货物的监管要求，在货物进出口之前，向海关办理备案手续的过程，主要包括以下内容。

（1）保税加工货物进口之前，进口货物收货人或其代理人办理加工贸易备案手续，申请建立电子账册、电子化手册或者申领纸质手册。

（2）特定减免税货物进口之前，进口货物收货人或其代理人办理货物的减免税备案和审批手续，申领减免税证明。

（3）暂时进出境货物进出口之前，进出口货物收发货人或其代理人办理货物暂时进出境备案申请手续。

（4）其他进出境货物中的加工贸易不作价设备进口之前，进口货物收货人或其代理人办理加工贸易不作价设备的备案手续；出料加工货物出口之前，出口货物发货人或其代理人办理出料加工的备案手续。

2. 进出口阶段

进出口阶段是指进出口货物收发货人或其代理人根据海关对进出境货物的监管要求，在货物进出境时，向海关办理进出口申报、配合查验、缴纳税费、提取或装运货物的阶段。

在进出口阶段中，进出口货物收发货人或其代理人需要完成以下四个环节的工作。

（1）进出口申报

进出口申报是指进出口货物收发货人或其代理人在海关规定的期限内，按照海关规定的形式，向海关报告进出口货物的情况，提请海关按其申报的内容放行进出口货物的工作环节。

（2）配合查验

配合查验是指申报进出口的货物经海关决定查验时，进口货物的收货人、出口货物的发货人或者办理进出口申报具体手续的报关员应到达查验现场，配合海关查验货物，并负责按照海关的要求搬移、开拆和重封被查验货物的工作环节。

（3）缴纳税费

缴纳税费即进出口货物收发货人或其代理人接到海关发出的税费缴纳通知书后，向海关指定的银行办理税费款项的缴纳手续，由银行将税费款项缴入海关专门账户的工作环节。

（4）提取或装运货物

提取货物即提取进口货物，是指进口货物收货人或其代理人，在办理了进口申报、配合查验、缴纳税费等手续，海关决定放行后，凭海关加盖放行章的进口提货凭证或海关通过计算机系统发送的放行通知书，提取进口货物的工作环节。

装运货物即装运出口货物，是指出口货物发货人或其代理人，在办理了出口申报、配合查验、缴纳税费等手续，海关决定放行后，凭海关加盖放行章的出口装货凭证或海关通过计算机系统发送的放行通知书，通知港区、机场、车间及其他有关单位装运出口货物的工作环节。

3. 后续阶段

后续阶段是指进出口货物收发货人或其代理人根据海关对进出境货物的监管要求，在货物进出境储存、加工、装配、使用、维修后，在规定的期限内，按照规定的要求，向海关办理上述进出口货物核销、销案、申请解除监管等手续的过程。后续阶段的工作主要包括以下内容。

（1）保税加工货物，进口货物收货人或其代理人应当在规定期限内办理核销手续。

（2）特定减免税货物，进口货物收货人或其代理人应当在海关监管期满后或者在海关监管期内，经海关批准出售、转让、退运、放弃并办妥有关手续后，向海关申请办理解除海关监管的手续。

（3）暂时进出境货物，收发货人或其代理人应当在暂时进出境规定期限内，或者在经海关批准的延期暂时进出境期限到期前，办理复运出境或复运进境或正式进出口手续，然后申请办理销案手续。

（4）其他进出境货物中的出料加工货物、修理货物、部分租赁货物等，进出口货物收发货人或其代理人应当在规定的期限内办理销案手续。

表 4-1 所示为五类货物报关程序的比较。

表 4-1   五类货物报关程序的比较

货物类别	前期阶段 （进出境前办理）	进出境阶段 （进出境时办理）	后续阶段 （进出境后办理）
一般进出口货物	无	收发货人 海关 申报 ———— 接受申报 ↓ 配合查验———查验 ↓ 缴纳税费———征税 （适用一般进出口货物） ↓ 提取/装运货物———放行	无
保税进出口货物	备案，申请登记手册		核销手续
特定减免税货物	特定减免税申请和申领征免税证明		解除海关监管手续
暂时进出境货物	展览品备案申请/ATA		销案手续
其他进出境货物	出料加工货物的备案		销案手续

📖 **思考与讨论**

以下哪种货物不适用海关后续管理？为什么？

（1）外商在经贸活动中赠送的进口货物；

（2）进料加工进口料件；

（3）进境展览品。

四、电子报关和通关

（一）电子报关

电子报关是指进出口货物收发货人或其代理人通过计算机系统，按照《中华人民共和国海关进出口货物报关单填制规范》的有关要求，向海关传送报关单电子数据，并备齐随附单证的申报方式。

《海关法》规定："办理进出口货物的海关申报手续，应当采用纸质报关单和电子数据报关单的形式。"这一规定确定了电子报关的法律地位，使电子数据报关单和纸质报关单具有同等的法律效力。

在一般情况下，进出口货物收发货人或其代理人应当采用纸质报关单形式和电子数据报关单形式向海关申报，即进出口货物收发货人或其代理人先向海关计算机系统发送电子数据报关单，接收到海关计算机系统发送的"接受申报"电子报文后，凭以打印纸质报关单，并随附有关单证，提交给海关。

特殊情况下经海关同意，允许先采用纸质报关单形式申报，事后补报电子数据报关单。在向尚未使用海关信息化管理系统作业的海关申报时，可以采用纸质报关单申报形式。在特定条件下，进出口货物收发货人或其代理人可以单独使用电子数据报关单向海关申报，保存纸质报关单。

（二）电子通关管理系统

我国海关已经在进出境货物通关作业中全面使用计算机，进行信息化管理，成功地开发运用了多个电子通关管理系统。

1. H883/EDI通关管理系统

H883/EDI 通关管理系统是中国海关报关自动化系统的简称，是我国海关利用计算机对进出口货物进行全面信息化管理，实现监管、征税、统计三大海关业务一体化管理的综合性信息利用项目。

2. H2000通关管理系统

H2000 通关管理系统是对 H883/EDI 通关管理系统进行全面更新换代的项目。H2000 通关管理系统在集中式数据库的基础上建立了全国统一的海关信息作业平台，不但提高了海关管理的整体效能，而且使进出口企业真正享受到简化报关手续的便利。进出口企业可以在其办公场所办理加工贸易登记备案、特定减免税证明申领、进出境报关等各种海关手续。

3. H2010通关管理系统

H2010 通关管理系统是对 H2000 通关管理系统的全面更新换代项目，如图 4-1 所示。它将大通关与大监控有机地结合起来，既提高了海关的通关效率，又加强了对企业的风险管理。

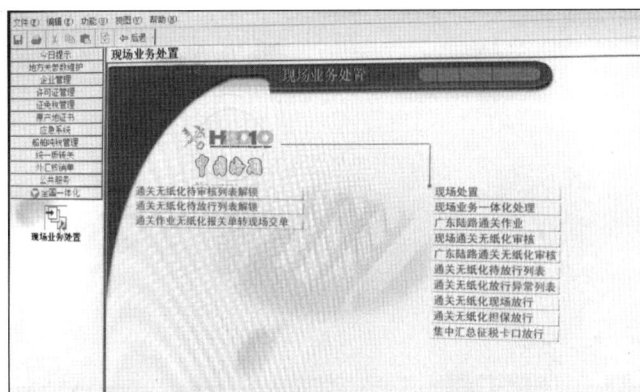

图 4-1　H2010 通关管理系统

4．中国电子口岸系统

中国电子口岸系统又称口岸电子执法系统，简称电子口岸，是与进出口贸易管理有关的国家 12 个部委利用现代计算机信息技术，将各部委分别管理的进出口业务信息电子底账数据集中存入公共数据中心，向政府管理机关提供跨部门、跨行业联网数据核查服务，向企业提供网上办理各种进出口业务服务的国家信息系统。

中国电子口岸系统是一个公众数据中心和数据交换平台，依托国家电信公网，实现市场监督、税务、海关、外汇、外贸、质检、银行等部门以及进出口企业、加工贸易企业、外贸中介服务企业、外贸货主单位的联网，将进出口管理流信息、资金流信息、货物流信息集中存放在一个集中式的数据库中，向国家各行政管理部门提供随时进行跨部门、跨行业、跨地区的数据交换和联网核查服务，并向企业提供应用互联网办理报关、结付汇核销、出口退税、网上支付等实时在线服务。

5．国际贸易单一窗口

国际上一般采用联合国对国际贸易单一窗口（简称单一窗口）的定义。根据联合国贸易便利化和电子业务中心第 33 号建议书中所述，单一窗口是使国际贸易和运输相关各方在单一登记点递交满足全部进口、出口和转口相关监管规定的标准资料和单证的一项措施。如果为电子报文，则只需一次性提交各项数据。单一窗口一般需要具备四要素：一是一次申报，即贸易经营企业只需要一次性向贸易管理部门提交相应的信息和单证；二是通过一个设施申报，该设施拥有统一的平台，对企业提交的信息数据进行一次性处理；三是使用标准化的数据元，贸易经营企业提交的信息应为标准化的数据；四是能够满足政府部门和企业的需要。

单一窗口的核心功能就是通过一个统一的平台，允许贸易或运输企业直接向多个相关政府机构提交货物进口、出口、转运所需的各种单证或电子数据。这种窗口不仅有助于提高监管效率并降低通关成本，而且通常遵循国际规范，确保信息的标准化和单证的规范化，从而满足相关法律法规和管理要求。中国国际贸易单一窗口网页如图 4-2 所示。

图 4-2　中国国际贸易单一窗口网页

在中国，单一窗口的建设是为了与国际规则接轨，优化营商环境，提升跨境贸易的便利性。它是根据世界贸易组织的定义，作为一项重要的任务来建设的。单一窗口通过整合信息和技术资源，实现了从传统的纸质文件向电子化、标准化的转变，将大通关流程由"串联"改为"并联"，实现一点接入、一次提交、一次查验、一键跟踪、一站办理的"五个一"功能特色，有效促进了"减优提降"（减环节、优流程、提效率、降成本），持续改善口岸环境，大大提高了申报效率，缩短了通关时间，降低了企业成本，促进了贸易便利，因此受到了贸易或运输企业的欢迎。

目前国际上比较流行的单一窗口主要分为三种模式。

一是单一机构模式，就是由一个机构来处理所有的进出口业务，该机构系统在收到企业进出口贸易申报数据后直接进行各项业务处理。

二是单一系统模式，是指由一个信息系统处理所有的业务。

三是公共平台模式，是指通过大家建立的共同平台实现申报数据的收集和反馈，企业仅需要填制一张电子表格就可以向不同的政府部门申报，申报内容经各政府部门业务系统处理后自动反馈结果到企业的计算机中。

知识点滴

单一窗口和电子口岸的区别

从单一窗口的概念以及基本要素来看，它和我国的电子口岸十分相似。中国的电子口岸具有中国特色，分为中央层级和地方层级两个平台，相互协作，互为补充，它要达到的目标和国际上提倡的单一窗口目标是一致的。所以我国的电子口岸是具有中国特色的单一窗口工程。

第二节　一般进出口货物及其报关程序

一、一般进出口货物概述

（一）含义

一般进出口货物是一般进口货物和一般出口货物的合称，是指在进出境环节缴纳了应征的税费并办结了所有必要海关手续，海关放行后不再进行监管，可以直接进入生产和流通领域的进出口货物。

知识点滴

一般进出口货物与一般贸易货物的区别

一般进出口货物与一般贸易货物有很大的区别。

一般进出口货物是按监管制度来分的，是指按照海关一般进出口监管制度监管的进出口货物。在监管制度方面关心的是征税，一般进出口货物的一个显著特征就是海关在进出境环节征税。一般贸易货物是按照贸易方式来分的，在贸易方式方面关心的不是税，而是汇，即外汇的结算，不管征不征税都要结汇。

一般贸易货物是指中国境内有进出口经营权的企业单边进口或出口的货物。一般贸易货物在进口时可按照一般进出口监管制度办理海关手续；也可享受特定减免税优惠，按特定减免税监管制度办理海关手续；还可经海关批准保税，按保税监管制度办理海关手续。但只有按一般进出口监管制度办理海关手续的一般贸易货物才是一般进出口货物。

（二）特征

1. 进出口时缴纳进出口税费

一般进出口货物的收发货人应当按照《海关法》和其他有关法律、行政法规的规定，在货物进出口时向海关缴纳应当缴纳的税费。

2. 进出口时提交相关的许可证件

货物进出口应受国家法律、行政法规管制，进出口货物收发货人或其代理人应当向海关提交相关的进出口许可证件。

3. 海关放行即办结了海关手续

海关征收了全额的税费，审核了相关的进出口许可证件，并对货物进行实际查验（或做出不予查验的决定）以后，按规定签章放行。这时，进出口货物收发货人或其代理人才能办理提取进口货物或者装运出口货物的手续。

对一般进出口货物来说，海关放行就意味着海关手续已经全部办结，海关不再监管，可以直接进入生产和流通领域。

（三）范围

一般进出口货物主要包括：

（1）不批准保税的一般贸易进口货物；

（2）转为实际进口的保税货物；

（3）转为实际进口的暂时进境货物或转为实际出口的暂时出境货物；

（4）易货贸易、补偿贸易进出口货物；

（5）不批准保税的寄售代销贸易货物；

（6）承包工程项目实际进出口货物；

（7）外国驻华商业机构进出口陈列用的样品；

（8）外国旅游者小批量订货出口的商品；

（9）随展览品进境的小卖品；

（10）实际进出口货样广告品；

（11）免费提供的进口货物，如外商在经济贸易活动中赠送的进口货物，外商在经济贸易活动中免费提供的试车材料，我国在境外的企业、机构向国内单位赠送的进口货物。

> **📖 思考与讨论**
>
> 以下哪几种货物属于一般进出口货物？为什么？
>
> （1）某加工贸易企业经批准从英国进口机器设备一套用于加工贸易出口。
>
> （2）某公司经批准以易货贸易方式进口货物一批用于在境内出售。
>
> （3）天津保税区批准出售橡胶一批给上海汽车轮胎厂。
>
> （4）某境外商人免费提供机器设备一套给境内某企业用以来料加工。

二、报关程序

一般进出口货物报关程序没有前期阶段和后续阶段，只有进出口阶段，包括四个环节：进出口申报、配合查验、缴纳税费、提取或装运货物。

（一）进出口申报

1. 概述

（1）申报的含义

申报是指进出口货物收发货人或其代理人，依照《海关法》及有关法律、行政法规的要求，在规定的期限、地点，采用电子数据报关单和纸质报关单形式，向海关报告实际进出口货物的情况，并接受海关审核的行为。

（2）申报地点

自实行全国通关一体化改革起，进出口企业可以在全国任意一个海关办理进出口货物的通关业务。

知识点滴

全国通关一体化

2016 年 6 月，海关总署启动全国海关通关一体化改革，该项改革是海关全面深化改革的核心任务，其结构支撑是"两中心、三制度"。

"两中心"即风险防控中心与税收征管中心，是全国通关一体化主体架构的重要组成部分，通过建设通关管理的实体中心，实现全国海关关键业务统一执法、集中指挥，把安全准入、税收征管等方面的风险防控要求以具体指令形式直接下达到一线。

"三制度"即"一次申报、分步处置"、税收征管方式改革、隶属海关功能化改造，推进协同监管制度。

全国通关一体化改革，体现了"上收、统一、集中、分离、智能"管理理念，破除各部门、关区、业务条线之间的藩篱，优化三级事权，真正实现"全国海关一盘棋"，做到"全国是一关"。

（3）申报期限

① 进口货物的申报期限为自装载货物的运输工具申报进境之日起 14 天内（从运输工具申报进境之日的第二天起算，下同）。超期 3 个月仍未向海关申报的，货物由海关提取并依法变卖。对于不宜长期保存的货物，海关可以根据实际情况提前处理。

② 出口货物的申报期限为货物运抵海关监管区后、装货的 24 小时以前。

③ 经电缆、管道或其他特殊方式进出境的货物，按照海关规定定期申报。

（4）申报日期

申报日期是指申报数据被海关接受的日期。无论是以电子数据报关单方式申报，还是以纸质报关单申报，海关接受申报数据的日期即为申报日期。

（5）申报形式

申报采用电子数据报关单和纸质报关单形式，二者均具有法律效力。目前，全国海关的全部通关业务都已经采用通关作业无纸化申报。

润心育德

中国式现代化海关建设

党的二十大报告强调，以中国式现代化全面推进中华民族伟大复兴。这为全面建设社会主义现代化国家，实现中华民族伟大复兴指明了前进方向，提供了根本遵循。海关围绕中国式现代化这个大局定位，利用中国电子口岸及现代海关业务信息化系统功能，改变海关验核进出口企业递交书面报关单及随附单证办理通关手续的做法，通过"互联网+海关"网上办理模式，直接对企业联网申报的进出口货物报关单电子数据进行无纸审核、验放处理，实现通关全流程无纸化，提高通关效率。

专题讨论：回顾海关通关作业无纸化改革历程。

（6）申报单证

申报单证分为报关单和随附单证两类，其中随附单证包括基本单证和特殊单证。

报关单是由报关员按照海关规定格式填制的申报单，是指进出口货物报关单或者带有进出口货物报关单性质的单证，比如特殊监管区域进出境备案清单、进出口货物集中申报清单等。一般来说，任何货物的申报，都必须有报关单。

基本单证是指进出口货物的货运单据和商业单据，主要有进口提货单据、出口装货单据、商业发票、装箱单等。一般来说，任何货物的申报，都必须有基本单证。

特殊单证主要有进出口许可证、原产地证明、出口收汇核销单、进出口货物征免税证明等。不是每一种进口货物都有特殊单证，只有某些货物的申报才需要特殊单证。比如租赁贸易货物进口申报，必须提交租赁合同等。

2. 步骤

（1）准备申报单证

准备申报单证是报关员开始进行申报工作的第一步，是整个报关工作能否顺利进行的关键一步。准备申报单证主要包括报关随附单证及相关信息的收集、整理、审核，以及报关单的填制和复核等内容。

准备申报单证的原则是：基本单证、特殊单证必须齐全、有效、合法；报关单的内容必须真实、准确、完整；报关单与随附单证数据必须一致。

（2）申报前看货取样

进口货物收货人在向海关申报前，为了确定货物的品名、规格、型号等，可以向海关提交查看货物或者提取货样的书面申请。海关审核同意的，派员到场监管。

涉及动植物及动植物产品和其他须依法提供检疫证明的货物，如需提取货样，应当按照国家的有关法律规定，事先取得主管部门签发的书面批准证明。提取货样后，到场监管的海关工作人员与进口货物的收货人在海关开具的取样记录和取样清单上签字确认。

（3）申报

在全国通关一体化模式下，海关全面推广企业"自主申报、自行缴税"（简称自报自缴）。企业自报自缴是指进出口企业自主向海关申报报关单及随附单证、税费电子数据，并自行缴纳税费。

自报自缴是全国通关一体化三项制度中的一项，是海关总署为了优化营商环境，提高通关时效，降低企业贸易成本，使企业更好地享受改革红利推出的通关便利化改革措施。企业在申报环节选择自报自缴模式后，可一次性完成报关、计税和缴税，从而享受高效通关。

知识点滴

特殊申报

（1）提前申报。在进出口货物品名、规格、数量等已确定无误的情况下，经批准的报关人员可以在进口货物启运后、抵港前或出口货物运入海关监管场所前 3 日内，提前向海关办理报关手续。

（2）集中申报。特殊情况下，经海关批准，报关人员可以自装载货物的运输工具申报进境之日起1个月内向指定海关办理集中申报手续。采取集中申报时，报关人员应当向海关提供有效担保，并在每次货物进出口时，按要求向海关报告货物的相关信息，经海关准许先予查验和提取货物。提货后，报关人员应当自装载货物的运输工具申报进境之日起1个月内向海关办理集中申报及纳税、放行等海关手续。

（3）补充申报。进出口货物收发货人或其代理人依照海关有关行政法规和规章的要求，在进出口货物报关单之外采用补充申报单的形式，向海关进一步申报以确定货物完税价格、商品归类、原产地等信息。

（4）向指定海关申报。以下货物需向指定海关申报：经电缆、管道、输送带或者其他特殊运输方式输送进出口的货物；以一般贸易方式进出口钻石的；进口汽车整车；进口药品、麻醉药品、精神药品、蛋白同化制剂、肽类激素；出口麻黄素类产品。

（二）配合查验

1. 海关查验

（1）含义

海关查验是指海关为确定进出口货物收发货人或其代理人向海关申报的内容是否与进出口货物的真实情况相符，或者为确定商品的归类、价格、原产地等，依法对进出口货物进行实际核查的执法行为。

海关通过查验，检查报关单位是否伪报、瞒报等，同时也为海关的征税、统计、后续管理提供可靠的资料。

（2）地点

查验应当在海关监管区内实施。特殊情况下，经进出口货物收发货人或其代理人书面申请，海关可以派员到监管区外实施查验。

（3）查验时间

当海关决定查验时，即将查验的决定以书面通知的形式通知进出口货物收发货人或其代理人，约定查验的时间。查验时间一般约定在海关正常工作时间内，特殊情况下，海关接受进出口货物收发货人或其代理人的请求，可以在工作时间外实施查验。

对于危险品或者鲜活、易腐、易烂、易失效、易变质等不宜长期保存的货物，以及因其他特殊情况需要紧急验放的货物，经进出口货物收发货人或其代理人申请，海关可以优先实施查验。

（4）查验方法

海关实施查验时可以彻底查验，也可以抽查。彻底查验是指对一票货物逐件开拆包装，验核货物实际状况；抽查是指按照一定比例有选择地对一票货物中的部分货物验核实际状况。

海关查验操作可以分为人工查验和设备查验。

① 人工查验。人工查验包括外形查验和开箱查验。外形查验是指对外部特征直观、易于判断基本属性的货物的包装、运输标志和外观等状况进行验核；开箱查验是指将货物从集装箱、货柜等箱体中取出并拆除外包装后对货物实际状况进行验核。

海关关员可运用移动单兵查验系统进行查验：手持平板电脑，在接入海关监管作业场所的 Wi-Fi 后，对着货物拍照上传并在线录入查验记录（见图 4-3）。当海关总署审核通过后，该票货物即可实现放行。知识产权查询、税则查询、商品信息查询等都可以通过此系统完成，全程实现查验作业无纸化，既节省了海关关员往返办公室和查验现场的时间，也节省了企业等候查验的时间，避免因错过船期增加企业交货风险及码头存储费用等。

图 4-3　宁波海关关员运用移动单兵查验系统进行查验

②　设备查验。设备查验是指以技术检查设备为主对货物实际状况进行验核。

（5）复验

复验是指海关认为必要时，依法对已经完成查验的货物进行第二次查验。有下列情形之一的，海关可以进行复验：

①　经初次查验未能查明货物的真实属性，需要对已查验货物的某些性状做进一步确认的；

②　货物涉嫌走私违规，需要重新查验的；

③　进出口货物收发货人对海关查验结论有异议，提出复验要求并经海关同意的；

④　其他海关认为必要的情形。

已经参加过查验的查验人员不得参加对同一票货物的复验。

（6）径行开验

径行开验是指海关在进出口货物收发货人或其代理人不在场的情况下，对进出口货物进行开拆包装查验。有下列情形之一的，海关可以径行开验：

①　进出口货物有违法嫌疑的；

②　经海关通知查验，进出口货物收发货人或其代理人届时未到场的。

海关径行开验时，存放货物的海关监管场所经营人、运输工具负责人应当到场协助，并在查验记录上签名确认。

2．配合查验的步骤

海关查验货物时，进出口货物收发货人或其代理人应当到场，配合海关查验。

进出口货物收发货人或其代理人，在配合海关查验过程中应当做好以下工作：

①　负责按海关要求搬运货物，开拆包装以及重新封装货物；

②　预先了解和熟悉所申报货物的情况，如实回答查验人员的询问及提供必要的资料；

③　协助海关提取需要做进一步检验、化验或鉴定的货样，收取海关开具的取样清单；

④　查验结束后，认真阅读查验人员填写的海关进出境货物查验记录单，并签字。

具体步骤如图 4-4 所示。

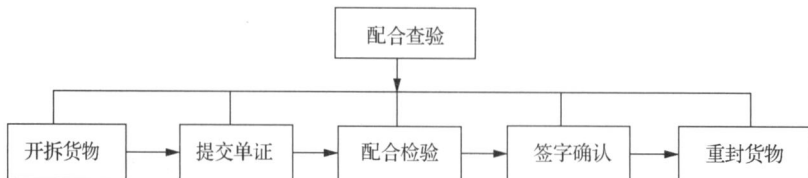

```
                              ┌──────────┐
                              │  配合查验  │
                              └──────────┘
    ┌──────────┬──────────┬────┴─────┬──────────┬──────────┐
┌────────┐ ┌────────┐ ┌────────┐ ┌────────┐ ┌────────┐
│ 开拆货物 │→│ 提交单证 │→│ 配合检验 │→│ 签字确认 │→│ 重封货物 │
└────────┘ └────────┘ └────────┘ └────────┘ └────────┘
```

图 4-4　配合查验步骤

3．货物损坏及赔偿

在查验过程中，或者证实海关在径行开验过程中，因为海关查验人员的责任造成被查验货物损坏的，进出口货物收发货人或其代理人可以要求海关赔偿。

（1）海关的赔偿范围

海关的赔偿范围仅限于实施查验过程中，由于海关关员的责任造成被查验货物损坏的直接经济损失。

（2）不属于海关赔偿范围的情况

① 进出口货物收发货人或其代理人搬运货物、开拆、封装货物或保管不善造成的损失；

② 易腐、易失效货物在海关正常工作时间内（含扣留或代管期间）所发生的变质或失效的损失；

③ 海关正常查验时产生的不可避免的磨损；

④ 在海关查验之前已经发生的损坏和海关查验之后发生的损坏；

⑤ 不可抗力造成的货物损坏、损失。

进出口货物收发货人或其代理人在海关查验时对货物是否发生损坏，未提出异议，事后发现损坏的，海关不负责赔偿。

> ### 📖 思考与讨论
>
> 某中外合资企业从英国购进生产设备一批，在海关依法查验该批进口设备时，陪同查验人员开拆包装不慎，将其中一台设备的某一部件损坏。请问该例中进口设备的损坏应由谁负责？

（三）缴纳税费

缴纳税费是指进出口货物收发货人或其代理人在规定的时间内，持海关出具的关税和代征税缴款书或收费专用票据向指定银行办理税费缴付手续的行为。

1. 中国国际贸易单一窗口操作

（1）税费单查询

使用浏览器进入标准版税费支付系统，使用 IC 卡或 IKEY 等卡介质登录，单击"税费单查询"按钮，显示尚未支付的税费单，查询税费单货物信息。

（2）税费单支付

选择一个尚未支付的税费单，并选择缴款单位，单击"下一步"按钮，选择支付协议，完成支付。

（3）交易历史查询

选中一个税费单，可以看到支付交易记录及支付状态详情。

2. 支付方式

（1）电子支付或电子支付担保模式。进出口企业（单位）登录电子支付平台，查阅电子税费信息，并确认支付，申报地海关现场按相关规定办理后续手续。

（2）柜台支付模式。进出口企业（单位）在收到申报地海关现场打印的纸质税款缴款书后，到银行柜台办理税费缴纳手续。

（3）汇总征税模式。汇总征税就是海关对符合条件的进出口纳税义务人在一定时期内多次进出口货物应纳税款实施汇总计征。海关通关系统自动扣减相应担保额度后，进出口企业（单位）按汇总征税相关规定办理后续手续。

3. 缴费凭证

进出口关税、进口环节税、滞纳金以及补税的缴纳凭证都为"海关税款专用缴款书"。进口环节的海关税款专用缴款书如图 4-5 所示。

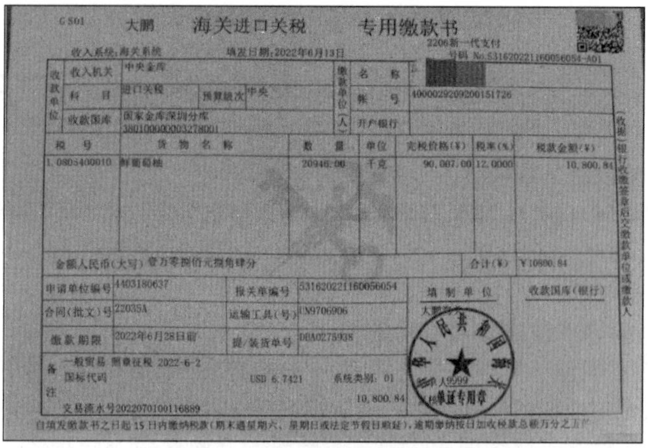

图 4-5　进口环节的海关专用缴款书

海关税款专用缴款书一式六联，具体说明如表 4-2 所示。

表 4-2　　　　　　　　　　　　海关税款专用缴款书说明

第一联	为"收据"，由国库收款签章后交缴款单位或纳税人
第二联	为"付款凭证"，由缴库单位开户银行作付出凭证
第三联	为"收款凭证"，由收款国库作收入凭证
第四联	为"回执"，由国库盖章后返回海关财务部门
第五联	为"报查"，关税由国库收款后退回海关，进口环节税送当地税务机关
第六联	为"存根"，由填发单位存查

4. 缴纳地点

纳税义务人应在货物进出境地海关缴纳税款，也有部分企业经海关批准，在纳税义务人所在地向其主管海关缴纳税款。

5. 延期纳税

根据《中华人民共和国海关进出口货物征税管理办法》，纳税义务人因不可抗力或者国家税收政策调整不能按期缴纳税款的，依法提供税款担保后，可以向海关办理延期缴纳税款手续。

（四）提取或装运货物

1. 海关进出境现场放行和货物结关

（1）海关进出境现场放行是指海关接受进出口货物的申报，审核电子数据报关单和纸质报关单及随附单证，查验货物，征收税费或接受担保以后，对进出口货物作出结束海关进出境现场监管的决定，允许进出口货物离开海关监管场所的工作环节。

（2）货物结关是进出口货物办结海关手续的简称。进出口货物由进出口货物收发货人或其代理人向海关办理完所有的海关手续，履行了法律规定的与进出口有关的一切义务，就办结了海关手续，海关不再进行监管。

海关进出境现场放行包括两种情况：一是放行即结关，对于一般进出口货物放行时，进出口货物收发货人或其代理人已经办理了所有海关手续，所以放行就是结关；二是放行不等于结关，对于保税货物、暂时进境货物、特定减免税货物、部分其他进出口货物，放行时进出口货物收发货人或其代理人并未办理完所有的海关手续，海关在一定时期内还需进行监管，所以该类货物放行并不等于结关。

2. 提取货物、装运货物

提取货物是指进口货物收货人或其代理人打印出通关无纸化进口货物放行通知书，到货物进境地的港区、机场、车站、邮局等地的海关监管仓库办理提取进口货物的手续。

装运货物是指出口货物发货人或其代理人打印出通关无纸化出口货物放行通知书，到货物出境地的港区、机场、车站、邮局等地的海关监管仓库办理货物装运离境的手续。

3. 申请签发证明联

进出口货物收发货人或其代理人办理完提取进口货物或装运出口货物的手续后，如需要海关签发证明的，可以向海关提出申请。常见证明如下。

（1）入境货物检验检疫证明

进口货物经合格评定符合要求的，由主管海关出具入境货物检验检疫证明，准予进口。

（2）进口货物证明书

对进口汽车、摩托车等，进口货物收货人应当向海关申请签发进口货物证明书，进口货物收货人凭以向国家交通管理部门办理汽车、摩托车的牌照申领手续。

第三节　保税货物及其报关程序

一、保税货物概述

（一）含义

保税货物是指经海关批准未办理纳税手续进境，在境内储存、加工、装配后复运出境的货物。

（二）分类及监管模式

保税货物分为保税加工货物和保税物流货物，其监管模式如图4-6所示。

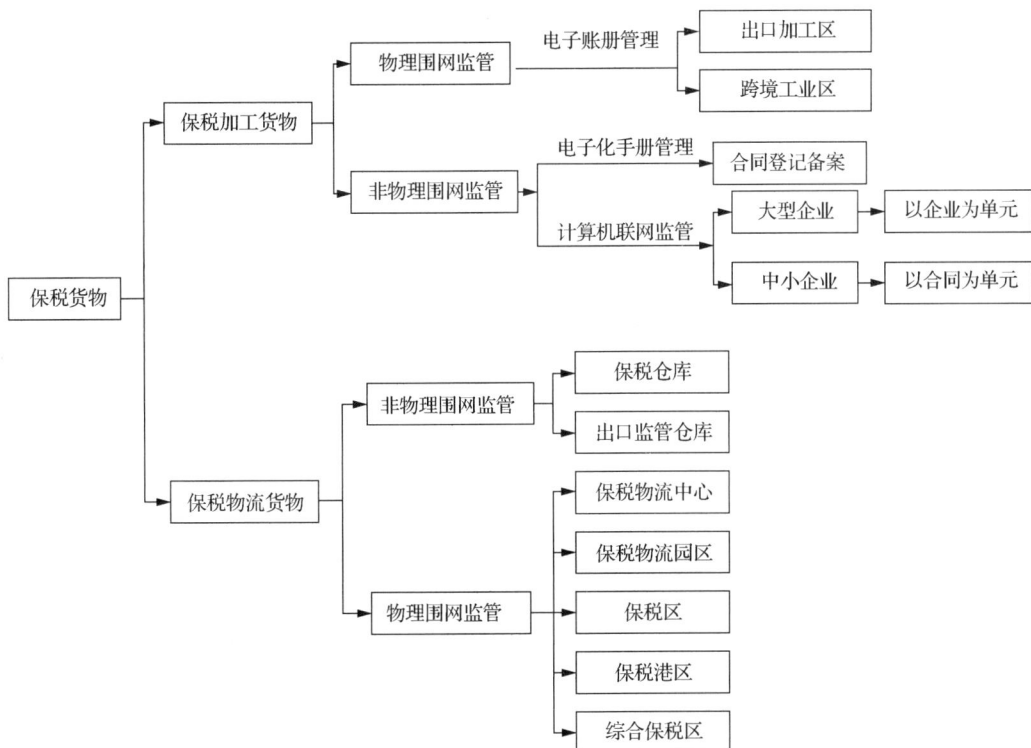

图4-6　保税货物监管模式

二、保税加工货物

（一）含义

保税加工货物也称为加工贸易保税货物，是指经海关批准未办理纳税手续进境，在境内加工、装配后复运出境的货物。

（二）特征

（1）料件进口时暂缓纳税，成品出口时除另有规定外无须缴纳关税。

（2）料件进口时除国家另有规定外免交进口许可证件，成品出口时涉及许可证件管理的，必须交验出口许可证件。

（3）进出境海关放行时并未结关。

（三）范围

保税加工货物包括专为加工、装配出口产品而从国外进口且海关准予保税的原材料、零部件、元器件、包装物料、辅助材料（简称料件）以及用上述料件生产的成品、半成品，还包括在保税加工生产过程中产生的副产品、残次品、边角料和剩余料件。

（四）形式

1. 来料加工

来料加工是指由境外企业提供料件，经营企业不需要付汇进口，按照境外企业要求进行加工或装配，只收取加工费，制成品由境外企业销售的经营活动。

2. 进料加工

进料加工是指经营企业用外汇购买料件进口，制成成品后外销出口的经营活动。

（五）监督管理

1. 监管模式

海关对保税加工货物的监管模式有两大类。一类是物理围网监管模式，包括出口加工区和跨境工业区，采用电子账册管理；另一类是非物理围网监管模式，采用电子化手册管理或计算机联网监管。

（1）物理围网监管

物理围网监管是指经国家批准，在关境内或关境线上划出一块地方，让企业在围网内专门从事保税加工业务，由海关进行封闭的监管。在境内实行保税加工封闭式监管模式的区域为出口加工区，该模式已经施行了多年，有一套完整的监管制度；在关境线上实行保税加工封闭式监管模式的区域为跨境工业区，如珠澳跨境工业区，分澳门园区和珠海园区两部分。

（2）非物理围网监管

非物理围网监管是指海关通过电子数据与加工区的保税工厂进行联网，对保税工厂的货物进行管理，包括以下两种模式。

① 电子化手册管理。电子化手册管理是一种传统的监管模式，主要用加工贸易手册进行加工贸易合同内容的备案，凭以进出口，并记录进口料件出口成品的实际情况，最终凭以办理核销结案手续。

② 计算机联网监管。计算机联网监管是一种高科技的监管模式，主要应用计算机手段实现海关对加工贸易企业的联网监管。计算机联网监管科学严密，有助于企业便捷高效通关，是海关对保税加工货物监管的主要模式。这种监管模式又分为两种：一种是针对大型企业的，

以建立电子账册为主要标志，以企业为单元进行管理；另一种是针对中小企业的，以合同为单元进行管理。

2. 海关对各种监管模式下的保税加工货物的管理

海关对各种监管模式下的保税加工货物的管理主要包括五个方面。

（1）商务审批

加工贸易业务必须经过商务主管部门的审批才能进入海关备案程序，可分为两种情况。

① 审批加工贸易合同。加工贸易企业在向海关办理加工贸易合同备案手续或者申请设立电子化手册之前，要到商务主管部门办理加工贸易合同审批手续。经审批后，凭加工贸易业务批准证和加工贸易企业经营状况和生产能力证明及商务主管部门审批同意的加工贸易合同到海关办理备案。

② 审批加工贸易经营范围。加工贸易企业在向海关申请计算机联网监管和电子账册、电子化手册之前，要到商务主管部门办理审批加工贸易经营范围的手续，凭商务主管部门出具的经营范围批准证和加工贸易企业经营状况和生产能力证明到海关申请计算机联网监管并建立电子账册、电子化手册。

（2）备案保税

加工贸易料件经海关批准才能保税进口。海关批准保税是通过受理备案来实现的，凡是准予备案的加工贸易料件一律可以不办理纳税手续，即保税进口。

（3）纳税暂缓

国家规定专为加工出口产品而进口的料件，按实际加工复出口产品所耗用料件的数量准予免缴进口关税和进口环节增值税、消费税。但在料件进口时无法确定用于出口产品上料件的实际数量，因此无法免税，海关只有先准予保税，在产品实际出口并最终确定使用在出口产品上的料件数量后，再确定征免税的范围，即用于出口的不予征税，不出口的征税。

① 保税加工货物经批准不复运出境，在征收进口关税和进口环节海关代征税时要征收缓税利息（边角料和特殊监管区域的保税加工货物除外）。

② 料件进境时未办理纳税手续，适用海关事务担保。

知识点滴

加工贸易银行保证金台账制度的变迁

加工贸易银行保证金台账制度是指经营加工贸易的单位或企业凭海关核准的手续按合同备案金额向指定银行申请设立保证金台账，加工成品在规定的期限内全部出口，经海关核销合同后，由银行核销保证金台账的制度。

加工贸易银行保证金台账制度于 1995 年由国务院设立。制度规定，在海关总署公告 2017 年第 62 号出台前，每个加工贸易单位首次办理加工贸易业务时，必须事先到银行开设保证金台账账户，以后办理加工贸易手册时，再到银行设立（变更）保证金台账，银行每次收取 100 元手续费。

根据《关于全面取消加工贸易台账保证金制度过渡期结束后有关业务办理事宜的公告》（海关总署公告 2017 年第 62 号），加工贸易银行保证金台账制度取消后，实行"空转"管理的企业无须再到银行办理任何台账保证金手续；涉及"东部地区一般信用企业保税进口加工贸易限制类商品目录中的 81 种商品""失信企业开展加工贸易"这两种情形而实施"实转"管理的企业，2018 年 2 月 1 日后转为海关事务担保管理，不再办理任何保证金台账手续。

> 加工贸易银行保证金台账制度取消后，可为加工贸易企业节省大量手续费，也可免去企业到银行办理保证金台账手续的时间，让企业实实在在"少跑一次"。

（4）监管延伸

保税加工货物的海关监管在地点和时间上都必须延伸。

从地点上看，保税加工的料件离开进境地口岸海关监管场所后进行加工、装配的地方都是海关监管的场所。

从时间上看，保税加工的料件在进境地被提取，不是海关监管的结束，而是海关保税监管的开始，海关一直要监管到加工、装配后复运出境或者办结正式进口手续，最终核销结案为止。

这里涉及两个期限的概念。

① 准予保税的期限。准予保税的期限是指由海关批准保税后在境内加工、装配复运出境的时间限制。

② 申请核销的期限。申请核销的期限是指加工贸易企业向海关申请核销的最后日期。

保税加工货物的海关监管期限如表 4-3 所示。

表 4-3　　　　　　　　　　　　　　保税加工货物的海关监管期限

监管模式	准予保税的期限	申请核销的期限
电子化手册管理	原则上为 1 年，经批准可以延长 1 年	手册到期之日或最后一批成品出运后 30 天内核销
计算机联网监管（建立电子账册）	企业电子账册记录第一批料件进口之日起到该电子账册被核销止	6 个月为 1 个报核周期：首次报核从海关批准电子账册建立之日起算，满 6 个月后的 30 天内报核；以后则从上一次的报核日期算，满 6 个月后的 30 天内报核
出口加工区	从加工贸易料件进区到加工贸易成品出区办结海关手续止	每 6 个月向海关申报 1 次保税加工货物的进出境、进出区的实际情况
跨境工业区（珠海园区）		自开展有关业务之日起，每年向海关办理 1 次报核

（5）核销结关

保税加工货物经过海关核销后才能结关。

（六）报关程序

1. 电子化手册管理下的保税加工货物报关程序

这种监管模式的特征是以合同为单元进行监管，其基本程序主要包括手册设立、进出口报关、核销三个步骤。

（1）手册设立

经营企业应当向加工企业所在地主管海关办理加工贸易货物的手册设立手续。

经营企业办理加工贸易货物的手册设立手续，应当向海关如实申报贸易方式、单耗、进出口口岸以及进口料件和出口成品的商品名称、编码、规格型号、价格和原产地等信息，并提交加工贸易企业生产能力证明，加工贸易合同和海关认为需要提交的其他证明文件和材料。

与手册设立相关的事宜如下。

① 加工贸易外发加工。根据《关于精简和规范作业手续　促进加工贸易便利化的公告》（海关总署公告 2019 年第 218 号），简化外发加工业务申报手续，企业通过金关二期加贸管理

系统办理加工贸易外发加工业务时，应在规定的时间内向海关申报《外发加工申报表》，不再向海关申报外发加工收发货登记，实现企业外发加工一次申报、收发货记录自行留存备查。企业应如实填写并向海关申报《外发加工申报表》，对全工序外发的，应在申报表中勾选"全工序外发"标志，并按规定提供担保后开展外发加工业务。

② 加工贸易单耗申报。"单耗"是指加工贸易企业在正常生产条件下加工单位成品所耗用的料件量。单耗包括净耗和工艺损耗。

净耗是指加工后料件通过物理变化或化学反应存在或转化到单位成品中的量。

工艺损耗是指因加工工艺，料件在正常加工过程中除净耗外所必须耗用，但不能存在或转化到成品中的量，包括有形损耗和无形损耗。

工艺损耗率是指工艺损耗占所耗用料件的百分比。

单耗的计算公式：单耗=净耗/（1-工艺损耗率）。

单耗申报的具体内容包括：加工贸易项下料件和成品的商品名称、商品编号、计量单位、规格型号和品质；加工贸易项下成品的单耗；加工贸易同一料件有保税和非保税料件的，应当申报非保税料件的比例、商品名称、计量单位、规格型号和品质。

（2）进出口报关

① 进出境货物报关。保税加工货物进出境由加工贸易企业或其代理人向海关申报。

加工贸易企业在主管海关备案时已生成电子底账，因此，企业在口岸海关报关时提供的有关单证内容必须与电子底账的数据一致。

保税加工货物进出境报关的许可证件管理和税收征管要求如表4-4所示。

表 4-4　　　　　　　　　　　许可证件管理和税收征管要求

货物类型	许可证件管理	税收征管要求
进口料件	（1）一般免交许可证件； （2）易制毒及监控化学品、消耗臭氧层物质、原油、成品油不能免交	暂缓纳税
出口成品	若国家规定需要交的，不能免交	（1）全部用进口料件加工的，免缴税； （2）有国产料件的，涉及出口关税则须缴税； （3）部分使用进口料件，部分使用国产料件，海关按核定的比例征收出口关税

② 深加工结转申报。深加工结转是指加工贸易企业将保税进口料件加工的产品转至另一加工贸易企业进一步加工后复出口的经营活动。其报关业务具体分为结转计划备案、收发货登记和结转报关三个环节。

• 结转计划备案。

加工贸易企业开展深加工结转，转入、转出企业应向各自主管海关提交保税加工货物深加工结转申请表，申报结转计划。先由转出企业凭申请表向转出地海关申报；再由转入企业向转入地海关申报，待转出地海关审核通过后，转入地海关审核申请表，双方主管海关审核通过后，转入、转出企业即可办理结转收发货登记及报关手续。

• 收发货登记。

转入、转出企业办理结转计划申报手续后，应当按照经双方海关核准后的申请表进行实际收发货登记。

转入、转出企业的每批次收发货记录应当在保税货物实际结转情况登记表上进行如实登记，并加盖企业结转专用名章。

结转货物退货的，转入、转出企业应当将实际退货情况在登记表中进行登记，同时注明"退货"字样，并各自加盖企业结转专用名章。

· 结转报关。

转出、转入企业分别在转出地、转入地海关办理结转报关手续。转出、转入企业可以凭一份申请表分批或者集中办理报关手续。转出（入）企业每批实际发（收）货后，在90日内办结该批货物的报关手续。

转入企业凭申请表、登记表等单证向转入地海关办理结转进口报关手续，并在结转进口报关后的第二个工作日内将报关情况通知转出企业。

转出企业自接到转入企业通知之日起 10 日内，凭申请表、登记表等单证向转出地海关办理结转出口报关手续。

结转进口、出口报关的申报价格为结转货物的实际成交价格。

一份结转进口报关单对应一份结转出口报关单，两份报关单之间对应的申报序号、商品编码、数量、价格和手册号应当一致。

结转货物分批报关的，企业应当同时提供申请表和登记表的原件和复印件。

（3）核销

① 核销的含义。核销是指加工贸易企业加工复出口并对未出口部分货物办妥有关海关手续后，凭规定单证向海关申请解除监管，海关按规定审核予以办理解除监管的海关行政许可事项。

② 报核时间。企业应当在规定的期限内将进口料件加工复出口，并自加工贸易手册项下最后一批成品出口或者加工贸易手册到期之日起30日内向海关报核。

企业对外签订的合同因故提前终止的，应当自合同终止日期之日起30日内向海关报核。

③ 报核单证。企业报核时所需的单证有企业合同核销申报表、加工贸易手册、进出口报关单、核销核算表和其他海关需要的资料。

④ 报核步骤。报核步骤如图4-7所示。

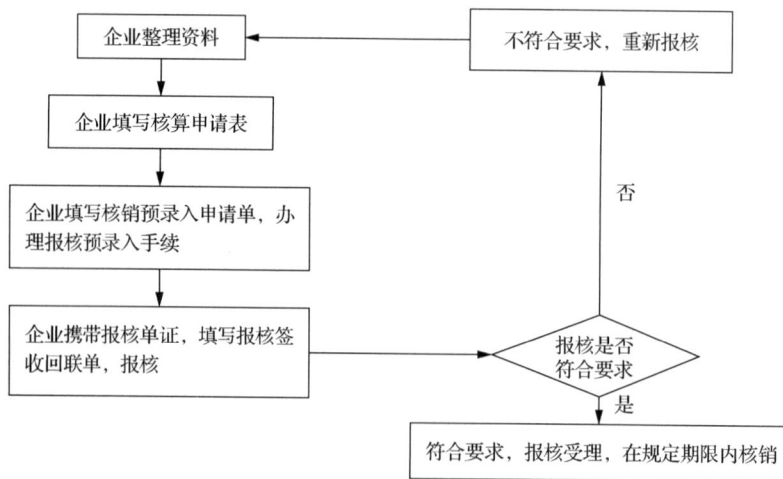

图 4-7　报核步骤

企业可以在单一窗口的加工贸易手册报核功能模块进行报核和核销操作。海关核销采取电子数据核销的方式，必要时可以下厂核查，企业应当予以配合。对经核销结案的加工贸易手册，海关向企业签发核销结案通知书，企业可以在单一窗口输入查询条件查询并进行核销结案通知书的打印操作。企业已经办理担保的，海关在核销结案后按照规定解除担保。

2. 电子账册管理下的保税加工货物报关程序

（1）电子账册管理的定义

电子账册管理是加工贸易联网监管中，海关以加工贸易企业整体的加工贸易业务为单元进行监管的一种管理模式。海关为联网企业建立电子底账，联网企业只设立一个电子账册。根据联网企业的生产情况和海关的监管需要确定核销周期，并按照该核销周期对企业进行核销。

电子账册管理的适用对象是加工贸易进出口较为频繁、规模较大、原料和产品较为复杂、管理信息化程度较高的大型加工贸易企业。

电子账册管理的基本监管原则是"一次审批、分段备案、滚动核销、控制周转、联网核查"。

（2）电子账册管理的特点

① 对经营资格、经营范围、加工生产能力一次性审批。不再对加工贸易合同进行逐票审批。

② 先备案进口料件，在成品出口前，再备案成品以及申报实际的单耗情况。

③ 建立以企业为单元的电子账册，实行滚动核销制度，取代以合同为单元的电子化手册。

④ 对进出口保税货物的总价值按照企业生产能力进行周转量控制，取消对进出口保税货物备案数量的控制。

⑤ 企业通过计算机网络向商务部门和海关申请办理审批、备案及变更等手续。

⑥ 纳入电子账册的加工贸易货物全额保税。

⑦ 凭电子身份认证卡实现全国口岸的通关。

（3）电子账册的建立

① 企业资质申请。企业通过中国国际贸易单一窗口中的加工贸易账册系统可自行录入或者委托预录入机构完成企业资质申请数据录入，录入完成后向海关发送申报信息。海关收到企业资质申请信息后，由关员进行审核，审核后将审核结果发送到电子口岸，企业可通过电子口岸查询审核结果。企业资质申请界面信息分为表头信息、表体信息、成品信息、随附单据。表头信息为必填，表体信息可以根据实际情况选择填写，成品信息根据实际情况填写，填写随附单据表头信息后上传随附单据。

企业通过金关二期加贸管理系统办理加工贸易账册设立（变更）时，不再向海关申报归并关系，由企业根据自身管理实际，在满足海关规范申报和有关监管要求的前提下，自主向海关申报有关商品信息。企业内部管理商品与电子底账之间不是一一对应的，归并关系由企业自行留存备查。

② 生产能力证明数据查询。企业进入生产能力证明数据查询界面，可以用企业海关编码、统一社会信用代码、企业名称作为查询条件查询、查看海关回执。

（4）报关程序

① 备案。加工贸易账册信息录入界面包括表头信息、料件信息、成品信息、单损耗信息和随附单据信息，表头信息为必填项，表体信息根据实际情况选择填写。企业可以查看账册明细以及账册回执。

② 进出口报关。

• 保税核注清单进口。在两步申报模式下，企业在报关单系统中进行概要申报后，概要申报状态为"提货放行"时，录入核注清单表头信息，核注清单申报成功后，系统在备注处返填成功信息，用户可根据生成的报关单草稿进行申报。录入表头信息后，可新增表体信息。随附单据信息与加工贸易账册一致。

• 保税核注清单出口，与保税核注清单进口的录入方法一致，核注清单预审批通过，可以自动生成一份暂存的报关单草稿，用户可以登录货物申报系统调出报关单草稿并进行申报。

深加工结转货物报关参照加工贸易手册的相关内容。

经主管海关批准，可按月度集中办理内销征税手续。每个核销周期结束前，必须办结本期所有的内销征税手续。

③ 核销。海关对电子账册实行滚动核销的方式，180天为一个报核周期。首次报核需在从电子账册设立之日起180天后的30天内进行，之后报核期限为从上次报核之日起180天后的30天内。特殊情况可以延期，但延长期限不得超过60天。

- 企业报核。单一窗口加工贸易账册报核功能模块按照报核周期，对本核销周期内核注清单、库存情况提供账册的滚动核销。单击"数据录入"—"加工贸易账册报核"按钮，进行加工贸易账册报核信息录入。先录入表头信息，暂存后方可进行清单信息录入。再录入料件信息，录入料件备案编号进行确认，系统自动返填料号、商品编码和商品名称及申报计量单位，可录入实际剩余数量和备注等信息。保存后上传随附单据。用户可进行加工贸易账册报核数据的查询。

- 海关核销。海关通过查询加工贸易账册报核数据，可以对报核数据进行差异处置（选择"企业处置"或"海关处置"）。

海关核销的目的是掌握企业在某个时段所进口的各项保税加工料件的使用、流转、损耗的情况，确认是否符合以下的平衡关系。

$$进口保税料件（含深加工结转进口）=出口成品折料（含深加工结转出口）+内销料件$$
$$+内销成品折料+剩余料件+损耗-退运成品折料$$

海关除了对书面数据进行必要的核算外，还会根据实际情况盘库。经核对，企业报核数据与海关底账数据及盘点数据相符的，海关通过正式审核，打印核算结果，系统自动将本期的结余数作为下一期期初数；企业实际库存多于电子底账核算结果的，海关按实际库存量调整电子底账的当期结余数量；企业实际库存少于电子底账核算结果且可以提供正当理由的，按内销处理，不能提供正当理由的，对短缺部分，移交缉私部门处理。

3. 出口加工区保税加工货物报关程序

（1）出口加工区简介

① 含义。出口加工区是指经国务院批准在中华人民共和国境内设立的、由海关对保税加工进出口货物进行封闭式监管的特定区域。

② 功能。出口加工区的功能是保税加工。出口加工区内设置出口加工区管理委员会，出口加工企业、专为出口加工企业生产提供服务的仓储企业以及经海关核准专门从事出口加工区内货物运输的运输企业。

③ 管理。出口加工区是海关监管的特定区域，采用封闭式管理，出口加工区与境内其他地区之间有隔离设施及闭路电视监控系统，进出区通道有卡口。海关对货物及区内相关场所实行24小时监管。区内企业建立符合海关监管要求的电子计算机管理数据库并与海关实行电子计算机联网，进行电子数据交换。区内不得经营商业零售业务，不得建立营业性的生活消费设施。除安全人员和企业值班人员外，其他人员不得在出口加工区内居住。

出口加工区与境外之间进出的货物一般不实行进出口许可证件管理。境内区外进入出口加工区货物视同出口，办理出口报关手续。从境外运入出口加工区的加工贸易货物全额保税。出口加工区内企业开展加工贸易，适用电子账册管理，实行备案电子账册的流动累扣、扣减，每6个月核销一次。区内从境外进口自用的生产、管理所需设备、物资，除交通车辆和生活用品外，予以免税。

（2）报关程序

出口加工区内企业在进出口货物之前，应向出口加工区主管海关申请建立电子账册，包括加工贸易账册（H账册）和企业设备账册。出口加工区进出境货物和进出区货物通过电子账册办理报关手续。

① 与境外之间。从境外运进或运至境外的货物，由收发货人或其代理人填写进出境货物备案清单，向出口加工区海关报关。

对于跨关区进出境的出口加工区货物，除邮递物品、个人随身携带物品、跨越关区进口车辆和出区在异地口岸拼箱出口货物外，可按转关运输中的直转转关方式办理转关；同一直属海关关区内的出口加工区进出境货物，可直通式报关。

② 与境内区外其他地区之间。出口加工区货物运往境内区外——区外企业报进口，区内企业报出口。由区外企业录入进口货物报关单，凭有关单据向出口加工区海关办理进口报关手续，报关结束后，区内企业填制出境货物备案清单，办理出区报关手续。出口加工区海关查验、放行货物后，向区外企业签发进口货物报关单付汇证明联，向区内企业签发出口加工区出境货物备案清单收汇证明联。

境内区外货物运入出口加工区——区外企业报出口，区内企业报进口。由区外企业录入出口货物报关单，凭有关单据向出口加工区海关办理出口报关手续，报关结束后，区内企业填制进境货物备案清单，办理进区报关手续。出口加工区海关查验、放行货物后，向区外企业签发出口货物报关单收汇证明联，向区内企业签发出口加工区进境货物备案清单付汇证明联。

③ 出口加工区货物出区深加工结转。出口加工区货物出区深加工结转是指出口加工区内企业经海关批准并办理相关手续，将本企业加工生产的产品直接或者通过保税仓库转入其他出口加工区、保税区等海关特殊监管区域内及区外加工贸易企业进一步加工后复出口的经营活动。

出口加工区保税货物在海关特殊监管区域间流转，可以按照区间结转方式办理。区间结转是指海关特殊监管区域内企业（简称转出企业）将保税货物转入其他海关特殊监管区域内企业（简称转入企业）的经营活动。区间结转企业可以采用"分批送货、集中报关"的方式办理海关手续，收发货可采用企业自行运输或者比照转关运输的方式进行。

4. 珠海园区进出货物报关程序

（1）珠海园区简介

① 含义。珠澳跨境工业区是指经国务院批准设立的海关特殊监管区域，由珠海园区和澳门园区两部分组成。珠海园区是指经国务院批准设立的珠澳跨境工业区按照《海关法》和其他有关法规进行监管的珠海经济特区部分的园区。

② 功能。珠海园区具备保税区、出口加工区和口岸功能，可以从事保税物流、保税加工和国际转口贸易。在珠海园区内可以开展的业务范围：加工制造；检测、维修和研发；拆解和翻新；储存进出口货物和其他未办结海关手续的货物；国际转口贸易；国际采购、分销和配送；国际中转；商品展示、展销等。

③ 管理。珠海园区实行保税区政策，与境内其他地区之间进出货物在税收方面实行出口加工区政策。海关对区内企业实行电子账册管理制度和计算机联网监管制度。

法规禁止进出口的货物、物品不得进出珠海园区；园区内不得建立商业性生活消费设施，除安保和企业值班人员外，其他人不得居住在园区。

区内企业开展加工贸易，企业应当每年向珠海园区主管海关办理报核手续，海关在受理报核之日起30天内予以核销。区内企业有关账册、原始单证应当自核销结束之日起至少保留3年。区内加工贸易货物内销不征收缓税利息。

（2）报关程序

① 与境外之间。海关对珠海园区与境外之间进出的货物，实行备案制管理，相关人员填写进、出境货物备案清单，向海关备案，也可以办理集中申报手续。除法律另有规定以外，不实行进出口配额、许可证件管理。

② 与境内区外其他地区之间。

- 出区。珠海园区内货物运往区外视为进口。区内企业填写出境货物备案清单，区外企业填制进口货物报关单并向园区主管海关办理申报手续。需要征税的，海关按货物出区时实际状态征税；属于许可证件管理的，应当出具许可证件，海关对有关许可证件电子数据进行系统自动比对核验。

- 进区。货物从境内区外运入珠海园区视为出口。企业按照货物出口的有关规定办理申报手续。需要征税的，海关按有关规定征税；属于许可证件管理的，区内或区外企业还应当提交许可证件，海关对有关许可证件电子数据进行系统自动比对核验。

润心育德

高质量发展下加工贸易转型升级内涵的延伸

党的二十大报告强调，高质量发展是全面建设社会主义现代化国家的首要任务。加工贸易的转型升级是加快建设贸易强国的重要举措。在高质量发展理念引领下，我国加工贸易转型升级的内涵应该更丰富与多元化。概括起来，转型升级主要包括五个方面：第一，产品加工方面，由低端向高端转变，提高产品技术含量和附加值；第二，产业链方面，由短向长转变，向研发设计、品牌创立、生产制造、营销服务、产业链上下游延伸，延长国内增值链条；第三，经营主体方面，由单一向多元转变，促进内外资企业共同发展；第四，区域方面，由东部为主向东、中、西并举转变，引导加工贸易由发达地区向欠发达地区梯度转移；第五，市场方面，市场轴心由国外转向国内，以内销的增量带动加工贸易整体发展。

专题讨论：加工贸易向一般贸易转型，是否就更高级？

三、保税物流货物

（一）保税物流货物概述

1. 含义

保税物流货物是指经海关批准未办理纳税手续进境，在境内进行分拨、配送或储存后复运出境的货物，也称为保税仓储货物。

2. 特征

① 进境时暂缓缴纳进口关税及进口环节海关代征税，复运出境免税，内销应当缴纳进口关税和进口环节海关代征税，不征收缓税利息。

② 进出境时除国家另有规定外，免予交验进出口许可证件。

③ 进境海关现场放行不是结关，进境后必须进入海关保税监管场所或特殊监管区域，运离这些场所或区域必须办理结关手续。

3. 范围

① 进境经海关批准进入海关保税监管场所或特殊监管区域，保税储存后转口境外的货物。

② 已办理出口报关手续尚未离境，经海关批准进入海关保税监管场所或特殊监管区域储存的货物。

③ 经海关批准进入海关保税监管场所或特殊监管区域保税储存的加工贸易货物，供应国际航行船舶和航空器的油料、物料和维修用零部件，供维修外国产品所进口寄售的零配件，外商进境暂存货物。

④ 经海关批准进入海关保税监管场所或特殊监管区域保税的其他未办结海关手续的进境货物。

4. 管理

海关对保税物流货物的监管模式分为两类：一类是非物理围网监管模式，包括保税仓库和出口监管仓库；另一类是物理围网监管模式，包括保税物流中心、保税物流园区、保税区、保税港区和综合保税区。对保税物流货物的管理，主要包括以下五个方面。

（1）审批设立

保税物流货物必须存放在经过法定程序审批设立的保税监管场所或者特殊监管区域。保税仓库、出口监管仓库、保税物流中心要经过海关审批，并核发批准证书，凭批准证书设立及存放保税物流货物；保税物流园区、保税区、保税港区、综合保税区要经过国务院审批，凭国务院同意设立的批复设立，并经海关等部门验收合格才能进行保税物流货物的运作。

未经法定程序审批同意设立的任何场所或者区域都不得存放保税物流货物。

（2）准予保税

保税物流货物通过获准进入保税监管场所或特殊监管区域来实现保税。海关对保税物流货物的监管通过对保税监管场所或者特殊监管区域的监管来实现。对保税监管场所或者特殊监管区域实施监管成为海关对保税物流货物监管的重要职责，海关应当依法按批准存放范围准予货物进入保税监管场所或者特殊监管区域，不符合规定存放范围的货物不准进入。

（3）纳税暂缓

凡是进入保税监管场所或特殊监管区域的保税物流货物在进境时都可以暂不办理进口纳税手续，等到运离保税监管场所或特殊监管区域时才办理纳税手续，或者征税，或者免税。内销时保税物流货物不需要征收缓税利息，而保税加工货物（除出口加工区、珠海园区的保税加工货物和边角料外）内销征税时要征收缓税利息。

（4）监管延伸

① 监管地点延伸。

进境货物从进境地海关监管现场，延伸到保税监管场所或者特殊监管区域。已办结海关出口手续尚未离境的货物从出口申报地海关现场，延伸到保税监管场所或者特殊监管区域。

② 监管时间延伸。

保税仓库存放保税物流货物的时间是 1 年，可以申请延长，延长的时间最长 1 年；

出口监管仓库存放保税物流货物的时间是 6 个月，可以申请延长，延长的时间最长 6 个月；

保税物流中心存放保税物流货物的时间是 2 年，可以申请延长，延长的时间最长 1 年；

保税物流园区、保税区、保税港区和综合保税区存放保税物流货物的时间没有限制。

（5）运离结关

除外发加工和暂时运离（进行维修、测试、展览等）需要继续监管外，每一批货物运离保税监管场所或者特殊监管区域，都必须根据货物的实际流向办结海关手续。

保税物流货物的管理要点如表4-5所示。

表 4-5　　　　　　　　　　　保税物流货物的管理要点

监管场所区域名称	存货范围	储存期限	服务功能	注册资本不低于	面积（不低于）		审批权限	入区退税	备注
					东部	中西部			
保税仓库	进口	1年+1年	储存	300万元人民币	公用/维修 2000m² 液体 5000 m³		直属海关	否	按月报核
出口监管仓库	出口	半年+半年	储存/出口配送/国内结转		配送 5000 m² 结转 1000 m²				
保税物流中心	进出口	2年+1年	储存/全球采购配送/国内结转/转口/中转	5000万元人民币	100000m²	50000m²	海关总署	是	按年报核
保税物流园区		无限制	储存/贸易/全球采购配送/中转/展示				国务院		
保税区			物流园区+维修/加工					否	离境退税
保税港区			保税区+港口					是	
综合保税区			保税区+港口					是	

注：① 出口配送型仓库可以存放为拼装出口货物而进口的货物
　　② 经批准享受入仓即退税政策的除外
　　③ 保税物流中心 B 型的经营者不得开展物流业务

（二）保税物流货物的报关程序

1．保税仓库货物的报关程序

（1）保税仓库简介

① 含义。保税仓库是指经海关批准设立的专门存放保税货物及其他未办结海关手续货物的仓库。根据使用对象，我国的保税仓库分为公用型、自用型、专用型三种。

公用型保税仓库——由主营仓储业务的中国境内独立企业法人经营，专门向社会提供保税仓储服务。

自用型保税仓库——由特定的中国境内独立企业法人经营，仅储存供企业自用的保税货物。

专用型保税仓库——专门储存具有特定用途或特殊种类商品的保税仓库，包括液体危险品保税仓库、寄售维修保税仓库和其他专用保税仓库。

② 功能。保税仓库功能单一，就是仓储，而且只能存放进境货物。经海关批准可以存入保税仓库的货物有加工贸易进口货物，转口货物，供应国际航行船舶和航空器的油料、物料和维修用零部件，供维修外国产品所进口寄售的零配件，外商进境暂存货物，未办结海关手续的一般贸易进口货物和其他未办结海关手续的进境货物。

保税仓库不得存放国家禁止进境货物，不得存放未经批准的影响公共安全、公共卫生或健康、公共道德或秩序的国家限制进境货物以及其他不得存入保税仓库的货物。

③ 设立。保税仓库应当设立在设有海关机构、便于海关监管的区域。经营保税仓库的企业及储存保税货物的营业场所必须符合海关要求。企业申请设立保税仓库的，应向仓库所在地主管海关提交书面申请，提供海关要求的相关文件，由主管海关受理并报直属海关审批。

④ 管理。保税仓库储存货物的期限为 1 年，需延长储存期限的，应向主管海关申请，经批准可以延长的最长期限不超过 1 年，特殊情况下，延期后货物储存期限超过 2 年的，由直属海关审批。

货物储存期间发生损毁或灭失，除不可抗力原因外，保税仓库应向海关缴纳损毁、灭失货物的税款，并承担相应的法律责任。

保税仓库货物只可以进行分级分类、分拆分拣、分装、计量、组合包装、打膜、加刷或刷贴运输标志、改换包装、拼装等辅助性简单作业。在保税仓库内从事上述作业须向主管海关提出书面申请，经批准后方可进行。

保税仓库经营企业每月前 5 个工作日内，向海关提交报关单报表、库存总额报表及其他海关认为必要的月报单证，将上月仓库货物入、出、转、存、退等情况以计算机数据和书面形式报送保税仓库主管海关。

（2）报关程序

① 进仓报关。保税仓库货物在进境入仓，除易制毒化学品、监控化学品、消耗臭氧层物质外，免领进口许可证。

如果保税仓库主管海关与进境口岸海关不是同一直属海关的，经营企业可以按照转关运输方式办理报关手续；如果二者是同一直属海关的，经直属海关批准，可不按转关运输方式办理，由经营企业直接在口岸海关办理报关手续，放行后企业自行提取货物入仓。

② 出仓报关。保税仓库货物出仓可能出现进口报关和出口报关两种情况，可逐一报关，也可集中报关。

进口报关是指保税仓库货物出仓运往境内其他地方转为正式进口的，必须经主管海关保税监管部门审核同意。转为正式进口的同一批货物，要填制两张报关单，一张办结出仓报关手续，填制出口货物报关单；一张办理进口申报手续，按实际进口监管方式，填制进口货物报关单。

保税仓库货物出仓办理进口报关手续分类如表 4-6 所示。

表 4-6　　　　　　　　保税仓库货物出仓办理进口报关手续分类

类型	进口报关手续
用于加工贸易	加工贸易企业或其代理人按保税加工货物的报关程序办理进口报关手续
用于可以享受特定减免税的特定地区、特定企业和特定用途	享受特定减免税的企业或其代理人按特定减免税货物的相关程序办理进口报关手续
进入国内市场或用于境内其他方面	收货人或其代理人按一般进口货物的报关程序办理进口报关手续
保税仓库内的寄售维修配件申请以保修期内免税出仓的	保税仓库经营企业办理进口报关手续，填制进口货物报关单，贸易方式栏填"无代价抵偿货物"，并确认免税出仓的维修件在保修期内且不超过原设备进口之日起 3 年，维修件由外商免费提供，更换下的零部件合法处理

出口报关是指保税仓库货物出仓复运出境货物，按照转关运输方式办理出仓手续。保税仓库主管海关与进境口岸海关是同一直属海关的，经直属海关批准，可不按转关运输方式办理，由经营企业自行提取货物出仓到口岸海关办理出口报关手续。

保税货物出仓批量少、批次频繁的，经海关批准可以办理定期集中报关手续。集中报关出仓的，保税仓库经营企业应当向主管海关提出书面申请，主管海关审批后方可办理。为保证海关有效监管，企业当月出仓的货物最迟应在次月前 5 个工作日内办理报关手续，并且不得跨年度申报。

③ 流转报关。保税仓库与海关特殊监管区域或其他海关保税监管场所往来流转的货物，按转关运输有关规定办理相关手续。保税仓库和特殊监管区域或其他海关保税监管场所是同一直属海关的，经直属海关批准，可以不按转关运输方式办理。保税仓库货物转往其他保税仓库的，应当各自在仓库主管海关报关，报关时应先办理进口报关，再办理出口报关。

2. 出口监管仓库货物的报关程序

（1）出口监管仓库简介

① 含义。出口监管仓库是指经海关批准设立的，对已办结海关出口手续的货物进行储存、保税货物配送、提供流通性增值服务的海关专用监管仓库。

② 分类。出口监管仓库分为出口配送型仓库和国内结转型仓库。出口配送型仓库是指储存以实际离境为目的的出口货物的仓库。国内结转型仓库是指储存用于国内结转的出口货物的仓库。

③ 功能。出口监管仓库主要用于存储已办理海关出口手续的货物，并提供保税物流配送和流通性增值服务。出口监管仓库允许和禁止存放的货物如表4-7所示。

表4-7 出口监管仓库允许和禁止存放的货物

允许存放	禁止存放
一般贸易出口货物	国家禁止进出境货物
加工贸易出口货物	未经批准的国家限制进出境货物
从其他海关特殊监管区域、场所转入的出口货物	海关规定不得存放的货物
其他已办结海关出口手续的货物	
为拼装出口货物而进口的货物	

④ 设立。出口监管仓库的设立应当符合区域物流发展和海关对出口监管仓库布局的要求，符合国家相关法律、行政法规的规定。企业申请设立出口监管仓库，应当向仓库所在地主管海关提交书面申请，提供海关要求的有关文件。对符合条件的，海关做出准予设立的决定，并出具批准文件，对不符合条件的，做出不予设立的决定，并书面告知申请企业。出口监管仓库验收合格后，经直属海关注册登记并核发中华人民共和国出口监管仓库注册登记证书，可以投入运营。

⑤ 管理。出口监管仓库货物的储存期限为6个月。因特殊情况需要延长储存期限的，应在到期之日前向主管海关申请延期，经批准，延长的期限最长不超过6个月。

出口监管仓库经营企业应当如实填写有关单证、仓库账册，真实记录并全面反映其业务活动和财务状况，编制仓库月度进、出、转、存情况表和年度财务会计报告，并定期报送主管海关。

出口监管仓库必须专库专用，不得转租、转借给他人经营，不得下设分库。

出口监管仓库货物的性质、发生损毁或者灭失的处理及商品简单加工业务的范围与保税仓库货物相同。

（2）报关程序

① 进仓报关。出口货物存入出口监管仓库时，发货人或其代理人应当向主管海关办理出口报关手续，填制出口货物报关单，按照国家规定应当提交出口许可证件和缴纳出口税的，发货人或其代理人必须提交出口许可证件和缴纳出口税。

发货人或其代理人按照海关规定提交报关必需单证和仓库经营企业填制的出口监管仓库货物入仓清单。

对经批准享受入仓即退税政策的出口监管仓库，海关在货物入仓办结海关手续后予以签发出口报关单退税证明联。对不享受入仓即退税政策的出口监管仓库，海关在货物实际离境后签发出口报关单退税证明联。

经主管海关批准，对批量少、批次频繁的入仓货物，可以办理集中报关手续。

② 出仓报关。出口监管仓库货物出仓可能出现出口报关和进口报关两种情况。

出口报关是指出口监管仓库货物出仓离境时，出口监管仓库经营企业或者其代理人应当向主管海关申报，按海关规定提交报关必需的单证和仓库经营企业填制的出口监管仓库货物出仓清单。

进口报关是指出口监管仓库货物转为进口，经海关批准后按照进口货物的有关规定办理相关手续。

③ 结转报关。经转入转出方所在地主管海关批准，并按照转关运输的规定办相关手续后，出口监管仓库之间，出口监管仓库与保税区、出口加工区、珠海园区、保税物流园区、保税港区、保税物流中心、保税仓库等特殊监管区域和保税监管场所之间可以进行货物流转。

④ 更换报关。对已存入出口监管仓库因质量等问题要求更换的货物，经仓库所在地主管海关批准后可以进行更换。被更换货物出仓前，更换货物应当先行入仓，并应当与原货物的商品编码、品名、规格型号、数量和价值相同。

3. 保税物流中心货物的报关程序

（1）保税物流中心简介

① 含义。保税物流中心是指经海关总署批准，由中国境内一家企业法人经营，多家企业进入并从事保税仓储物流服务的海关集中监管场所。

② 功能。保税物流中心既可以存放进口货物，也可以存放出口货物，还可以开展多项增值服务，如表 4-8 所示。

表 4-8　　　　　　　　　　保税物流中心存放货物的范围和业务范围

存放货物的范围	可开展的业务	不得开展的业务
A. 国内出口货物 B. 转口货物和国际中转货物 C. 外商暂存货物 D. 加工贸易进出口货物 E. 供应国际航行船舶和航空器的油料、物料、维修用零部件 F. 供维修外国产品所进口寄售的零配件 G. 未办结海关手续的一般贸易进口货物 H. 经海关批准的其他未办结海关手续的货物	A. 保税储存 B. 对所存货物提供流通性简单加工和增值服务 C. 全球采购和国际分拨、配送 D. 转口贸易和国际中转业务 E. 经批准的其他国际物流业务	A. 商业零售 B. 生产和加工制造 C. 维修、翻新和拆解 D. 储存国家禁止进出口货物，以及危害公共安全、公共卫生或者健康、公共道德或者秩序的国家限制进出口货物 E. 储存法律、法规明确规定不能享受保税政策的货物 F. 其他与物流中心无关的业务

③ 设立。保税物流中心应当设在靠近海港、空港、陆路枢纽及内陆国际物流需求量大、交通便利、设有海关机构且便于海关集中监管的地方。

保税物流中心的经营企业及其物流中心申请设立必须符合海关规定的条件。保税物流中心验收合格后，由海关总署向企业核发保税物流中心验收合格证书和保税物流中心注册登记证书，颁发保税物流中心标牌，方可开展有关业务。

④ 管理。保税物流中心内保税储存期限为 2 年，确有正当理由的，经主管海关同意可以延期，除特殊情况外，延期不得超过 1 年。

企业根据需要经主管海关批准，可以分批进出口货物，月度集中报关，但不得跨年度办理。

保税物流中心内储存货物的性质、发生损毁或者灭失的处理与保税仓库货物相同。

保税物流中心经营企业应当设立管理机构负责物流中心的日常工作，但不得在本中心内直接从事保税仓储物流的经营行为。

（2）报关程序

① 与境外之间进出货物的报关。保税物流中心与境外之间进出货物，应向物流中心主管海关办理相关手续。除实行出口配额管理和我国参加或缔结的国际条约及国家另有明确规定的以外，不实行进出口配额、许可证件管理。

从境外进入物流中心内的货物，凡属于规定存放货物范围内的货物予以保税；属于保税物流中心企业进口自用的办公用品、交通运输工具、生活消费品等，以及保税物流中心开展综合物流服务所需进口的机器、装卸设备、管理设备等，按照进口货物的有关规定和税收政策办理相关手续。

② 与境内之间进出货物的报关。保税物流中心内货物运往所在关区外，或者跨越关区提取保税物流中心内货物，可以在保税物流中心主管海关办理进出中心的报关手续，也可以按照监管货物转关运输的方式办理相关手续。

- 出中心。出中心进入关境内其他地区视同进口，按货物进入境内的实际流向和实际状态填制进口报关单，办理进口报关手续。出中心运往境外填制出口货物报关单，办理出口报关手续。

- 进中心。货物从境内进入物流中心视同出口，办理出口报关手续。从境内运入物流中心已办结报关手续或者从境内运入物流中心供中心企业自用的国产设备以及转关出口货物，海关签发出口退税报关单证明联。从境内运入物流中心的供中心企业自用的生活消费品、交通运输工具，供中心企业自用的各种进口设备和特殊监管区域之间往来的货物，海关不签发出口退税报关单证明联。

4. 保税物流园区货物的报关程序

（1）保税物流园区简介

① 含义。保税物流园区是指经国务院批准，在保税区规划面积内或者毗邻保税区的特定港区内设立的，专门发展现代国际物流的海关特殊监管区域。

② 功能。保税物流园区的主要功能是保税物流。其可以开展的保税物流业务包括：储存进出口货物及其他未办结海关手续的货物；对所存货物开展流通性简单加工和增值服务；进口贸易，包括转口贸易；国际采购、分配和配送；国际中转；商品展示和经海关批准的其他国际物流业务。

③ 管理。园区与境内其他地区之间应当设置符合海关监管要求的卡口、围网隔离设施、视频监控系统及其他海关监管所需的设施。海关依照有关法律、法规对进出园区的货物、运输工具、个人携带物品及对园区内相关场所实行 24 小时监管。海关对园区企业实行电子账册管理制度和计算机联网监管制度。

除安全人员和相关部门、企业值班人员外，其他人员不得在园区内居住；园区内设立仓库、堆场、查验场和必要的业务指挥调度操作场所，不得建立工业生产加工场所和商业性消费设施；不得开展商业零售、加工制造、翻新、拆解及其他与园区无关的业务；法律、法规禁止进出口的货物、物品不得进出园区。

园区内货物不设储存期限，园区企业自开展业务之日起，每年向园区主管海关办理报核手续，海关于受理之日起 30 日内核库。园区企业须编制月度货物进、出、转、存情况表和年度财务会计报告，并定期报送园区主管海关，园区内货物可以自由流转，但应向海关进行电子数据备案，并在转让、转移后向海关报核。

（2）报关程序

① 与境外之间进出货物报关。海关对园区与境外之间进出货物，除园区自用的免税进口货物、国际中转货物外，实行备案管理制度，填写进出境货物备案清单。

从境外进入园区的货物，除法律、法规另有规定外，不实行许可证件管理。从园区运往境外的货物，除法律、法规另有规定外，免征出口关税，不实行许可证件管理。

② 与境内区外之间进出货物报关。园区和区外之间进出货物，由区内或区外企业在园区主管海关办理申报手续。

● 园区货物运往区外，视同进口。园区企业或者区外收货人或其代理人按照进口货物的有关规定向园区主管海关申报，海关按货物出园区时的实际监管方式办理相关手续，如表 4-9 所示。

表 4-9　保税物流园区货物运往境内区外办理进口报关手续分类

类型	进口报关手续
进入国内市场	按一般进口货物报关，提供相关的许可证件，照章缴纳进口关税，进口环节增值税、消费税
用于加工贸易	按保税加工货物的报关程序办理进口报关手续
用于可以享受特定减免税的特定地区、特定企业和特定用途	享受特定减免税的企业或其代理人按特定减免税货物的相关程序办理进口报关手续

运往区外检测、维修的机器、设备和办公用品等不得留在区外使用，并自运出之日起 60 天内运回区内。特殊情况应于期限届满前 10 天内申请延期，最多可延期 30 天。

● 区外货物运入园区，视同出口。由园区企业或者区外收货人或其代理人向园区主管海关办理出口申报手续，属于应当缴纳出口关税的商品，应当照章纳税；属于许可证件管理的商品，应当同时向海关出具有效的许可证件。具体分类如表 4-10 所示。

表 4-10　区外货物运入保税物流园区办理出口报关手续分类

类型	出口报关手续
供区内企业开展业务的国产货物及其包装材料	区内企业或者区外发货人或其代理人填写出口货物报关单，海关按照出口货物的有关规定办理，签发出口货物报关单退税证明联
供区内行政管理机构及其经营主体和区内企业使用的国产基建物资、机器、装卸设备、管理设备等	海关按照出口货物的有关规定办理，签发出口货物报关单退税证明联
供区内行政管理及其经营主体和区内企业使用的生活消费品、办公用品、交通运输工具等	海关不予签发出口货物报关单退税证明联
原进口货物、包装物料、设备、基建物资等	区外企业应当向海关提供此类货物或者物品的清单，按照出口货物的有关规定办理申报手续，海关不予签发出口货物报关单退税证明联，原已缴纳的关税、进口环节增值税和消费税不予退还
除已经开展流通性简单加工的货物外，区外进入园区的货物，因质量、规格型号与合同不符等原因，须原状返还出口企业进行更换的	园区企业应当在货物申报进入园区之日起 1 年内向园区主管海关申报办理退换手续，更换的货物进入园区时，可以免领出口许可证件，免征出口关税，但海关不予签发出口货物报关单退税证明联

③ 与其他特殊监管区域、保税监管场所之间往来货物。海关对园区与海关其他特殊监管区域或者保税监管场所之间往来的货物，继续实行保税监管，不予签发出口货物报关单退税证明联。但货物从未实行国内货物入区、入仓环节出口退税制度的海关特殊监管区域或者保税监管场所转入园区的，按照货物实际离境的有关规定办理申报手续，由转出地海关签发出口货物报关单退税证明联。

园区与其他特殊监管区域、保税监管场所之间的货物交易、流转，不征收进出口环节和国内流通环节的有关税收。

5．保税区进出货物的报关程序

（1）保税区简介

① 含义。保税区是指经国务院批准，在中华人民共和国境内设立的由海关进行监管的特定区域。

② 功能。保税区具有出口加工、转口贸易、商品展示、仓储运输等多种功能，即既有保税加工的功能，又有保税物流的功能。

③ 管理。保税区内应当设置符合海关监管要求的隔离设施。保税区的禁止事项及物流管理内容与保税物流园区基本一致，关于加工贸易管理有如下规定。

保税区企业开展加工贸易，除进口易制毒化学品、监控化学品、消耗臭氧层物质要提供进口许可证件、生产激光光盘要主管部门批准外，其他加工贸易料件进口免予交验许可证件。

区内加工企业加工的制成品及加工过程中产生的边角余料运往境外时，免征出口关税。

运往非保税区时，应当按照国家有关规定向海关办理进口报关手续，并依法纳税，免交缓税利息。

（2）报关程序

保税区进出货物报关分为进出境报关和进出区报关，报关程序如表4-11所示。

表 4-11 保税区进出货物报关程序

报关类别	货物类别		报关程序要求
进出境	进出境自用货物	报关制——填写进出口货物报关单	许可证件：除进口易制毒化学品、监控化学品、消耗臭氧层物质等国家特殊货物外，不实行进出口许可证件管理。
	进出境非自用货物	备案制——填写进出境货物备案清单	税收：除交通车辆和生活用品外，其他区内企业及行政管理机构自用的办公用品、设备物资等，都予以免税
进出区	进出区保税加工货物	进区	报出口——填写出口报关单，海关不签发报关单退税证明联，交手册及相关许可证件
		出区	报进口——根据货物不同流向，填写不同的进口报关单
进出区	进出区外发加工	进区加工	凭外发加工合同向保税区海关备案，出区后核销。不填写进出口报关单，不缴纳税费
		出区加工	由区外经营企业在加工企业所在地海关办理加工贸易备案手续，办理手册及设立台账。加工期限6个月，特殊情况可延长6个月
	进出区设备	进出区	向保税区海关备案，不填写进出口报关单。 进区——不缴纳关税，国外进口已缴纳进口关税的货物不退还进口税。 出区——向海关办理销案

6. 保税港区（综合保税区）进出货物的报关程序

（1）保税港区（综合保税区）简介

① 含义。保税港区是指经国务院批准，设立在国家对外开放的口岸港区和与之相连的特定区域内，具有口岸、物流、加工等功能的海关特殊监管区域。

综合保税区是设立在内陆地区的具有保税港区功能的海关特殊监管区域，由海关参照有关规定进行管理，执行保税港区的税收和外汇政策，具有和保税港区相同的保税加工、保税物流等功能。另外，海关监管区中的出口加工区、保税物流园区、保税港区、珠澳跨境工业区珠海园区、中哈霍尔果斯国际边境合作中心中方配套区将统一整合优化为综合保税区，其报关内容对照参考保税港区。

② 功能。保税港区具备中国海关所有特殊监管区域具备的全部功能，可开展的业务：储存进出口货物和其他未办结海关手续的货物；国际转口贸易；国际采购、分销和配送；国际中转；检测和售后服务维修；商品展示；研发、加工、制造；港口作业；经海关批准的其他业务。

③ 管理。保税港区实行封闭式管理。保税港区享受保税区、出口加工区相关的税收和外汇管理政策，国外货物进入港区保税；货物出港区进入境内销售按货物进口的有关规定办理报关手续，并按货物的实际状态征税；区外货物入港区视同出口，实行退税。

保税港区内不得居住人员；不得建立商业性生活消费设施和开展商业零售业务；禁止进出口的货物、物品不得进出保税港区；不得开展高耗能、高污染和资源性产品及列入《加工贸易禁止类商品目录》商品的加工贸易业务。

- 保税港区内的货物管理。区内的货物可以自由流转。区内企业转让、转移货物的，双方企业应当及时向海关报送转让、转移货物的品名、数量、金额等电子数据信息。区内货物不设储存期限。

- 保税港区内的企业管理。区内企业不实行合同核销制度，区内企业设立电子账册，电子账册的备案、核销等作业按有关规定执行，海关对保税港区内加工贸易货物不实行单耗标准管理。区内企业自开展业务之日起，定期向海关报送货物的进出区及储存情况。

（2）报关程序

① 与境外之间。海关对保税港区与境外之间进出的货物实行备案制管理，对从境外进入保税港区的货物予以免税。货物收发货人或其代理人应当如实填写进出境货物备案清单，向海关备案。

下列货物从境外进入保税港区，海关免征进口关税和进口环节海关代征税：区内生产性的基础设施建设项目所需机器、设备和建设生产厂房、仓储设施所需的基建物资；区内企业生产所需的机器、设备、模具及其维修用零配件；区内企业和行政管理机构自用的数量合理的办公用品。

从境外进入保税港区，供区内企业和行政管理机构自用的交通运输工具及电视机、家具等20种商品和生活消费用品，按进口货物的有关规定办理报关手续，海关按照有关规定征收进口关税和进口环节海关代征税。

从保税港区运往境外的货物免征出口关税。保税港区与境外之间进出的货物，除法律、行政法规另有规定的外，不实行进出口配额、许可证件管理。

② 与区外非特殊监管区域或场所之间。保税港区与区外非特殊监管区域或场所之间进出的货物，区内企业或者区外的收发货人按照进出口货物有关规定向保税港区主管海关办理申报手续。

③ 与其他海关特殊监管区域或者保税监管场所之间。保税港区与其他海关特殊监管区域或者保税监管场所之间往来的货物，实行保税监管，不予签发出口报关单退税证明联。但

对从未实行退税的海关监管区入区的，视同货物实际离境，由转出地海关签发出口报关单退税证明联。

知识点滴

"1+3+7+1+6+3+1"布局中国自由贸易试验区

（1）中国的自由贸易试验区

"自由贸易区"（Free Trade Area，FTA）是指两个以上的国家或地区根据WTO相关规则签署自由贸易协定所形成的区域，取消关税和其他贸易限制，是一个国家或地区实施多双边合作的手段，属于比较广义的范畴，例如欧盟自贸区、北美自贸区、亚太自贸区，中国-东盟自贸区。

"自由贸易园区"（Free Trade Zone，FTZ），是某一国或地区在自己境内划出的一个特定区域，单方自主给予特殊优惠税收和监管政策，一般需要进行围网隔离，在关税方面对境外入区货物实施免税或保税。

我国的自由贸易试验区，在国际自由贸易园区建设经验和做法的基础上，增加了新的内涵和发展空间，提供对外贸易、航运服务、便利化环境等传统功能，促进了服务贸易、金融领域的扩大开放，更具中国特色。我国的"自由贸易区"还加上了"试验"两个字，自由贸易试验区好比是我国全面深化改革开放的"试验田"，以制度创新为核心，探索积累更多可在更大范围乃至全国复制推广的经验，发挥改革开放"排头兵"的示范引领作用。自由贸易试验区的目标是建设法治化、国际化、便利化的营商环境和公平、统一、高效的市场环境。

（2）中国自由贸易试验区及其布局

建设自由贸易试验区是新时代党中央全面深化改革、扩大对外开放的一项战略举措。党的二十大报告强调要"推进高水平对外开放"，将"加快建设海南自由贸易港，实施自由贸易试验区提升战略，扩大面向全球的高标准自由贸易区网络"作为其中的一个重要内容。实施自由贸易试验区提升战略已经成为继续推进高水平对外开放的重大举措，对加快构建新发展格局、推动高质量发展都具有重要意义。

2013年9月至2024年12月，我国分多批次批准了上海、天津、广东、福建、辽宁、浙江、河南、湖北、重庆、四川、陕西、海南、山东、江苏、广西、河北、云南、黑龙江、北京、湖南、安徽、新疆等22个自由贸易试验区（分布格局见表4-12），已经初步形成"1+3+7+1+6+3+1"的基本格局，形成了东西南北中协调、陆海统筹的开放态势，推动形成了我国新一轮全面开放格局。

表4-12　　　　　中国自由贸易试验区分布格局

成立时间	名称	分布片区
2013年9月	中国（上海）自由贸易试验区	上海外高桥保税区、上海外高桥保税物流园区、洋山保税港区、上海浦东机场综合保税区
2015年4月		陆家嘴金融片区、金桥开发片区、张江高科技片区
2019年7月		临港新片区
2015年4月	中国（广东）自由贸易试验区	广州南沙新区片区、深圳前海蛇口片区、珠海横琴新区片区
2015年4月	中国（天津）自由贸易试验区	天津港片区、天津机场片区、滨海新区中心商务片区
2015年4月	中国（福建）自由贸易试验区	平潭片区、厦门片区、福州片区
2017年3月	中国（辽宁）自由贸易试验区	大连片区、沈阳片区、营口片区

续表

成立时间	名称	分布片区
2017 年 3 月	中国（浙江）自由贸易试验区	舟山离岛片区、舟山岛北部片区、舟山岛南部片区
2020 年 9 月		宁波片区、杭州片区、金义片区
2017 年 3 月	中国（河南）自由贸易试验区	郑州片区、开封片区、洛阳片区
2017 年 3 月	中国（湖北）自由贸易试验区	武汉片区、襄阳片区、宜昌片区
2017 年 3 月	中国（重庆）自由贸易试验区	两江片区、西永片区、果园港片区
2017 年 3 月	中国（四川）自由贸易试验区	成都天府新区片区、成都青白江铁路港片区、川南临港片区
2017 年 3 月	中国（陕西）自由贸易试验区	中心片区、西安国际港务区片区、杨凌示范区片区
2018 年 10 月	中国（海南）自由贸易试验区	海南岛全岛
2019 年 8 月	中国（山东）自由贸易试验区	济南片区、青岛片区、烟台片区
2019 年 8 月	中国（江苏）自由贸易试验区	南京片区、苏州片区、连云港片区
2019 年 8 月	中国（广西）自由贸易试验区	南宁片区、钦州港片区、崇左片区
2019 年 8 月	中国（河北）自由贸易试验区	雄安片区、正定片区、曹妃甸片区、大兴机场片区
2019 年 8 月	中国（云南）自由贸易试验区	昆明片区、红河片区、德宏片区
2019 年 8 月	中国（黑龙江）自由贸易试验区	哈尔滨片区、黑河片区、绥芬河片区
2020 年 9 月	中国（北京）自由贸易试验区	科技创新片区、国际商务服务片区、高端产业片区
2020 年 9 月	中国（湖南）自由贸易试验区	长沙片区、岳阳片区、郴州片区
2020 年 9 月	中国（安徽）自由贸易试验区	合肥片区、芜湖片区、蚌埠片区
2023 年 11 月	中国（新疆）自由贸易试验区	乌鲁木齐片区、喀什片区、霍尔果斯片区

中国各自由贸易试验区立足于"为国家试制度、为地方谋发展"的战略定位，坚持"大胆试、大胆闯、自主改"，持续强化制度首创集成创新，累计探索形成了 278 项制度创新成果并在全国范围内复制推广，为全面深化改革和高水平开放探索了新途径、积累了新经验，为赋能高质量发展提供了"源头活水"。经过多年发展，各自由贸易试验区已建设成为服务监管高效、贸易投资便利、金融开放完善、高端产业集聚、创新创业活跃、营商环境良好、辐射带动作用突出的对外开放新高地与经济发展新增长极。

资料来源：海南自贸港官网和福建商务厅官网资料

第四节　特定减免税货物及其报关程序

一、特定减免税货物概述

（一）含义与类别

特定减免税货物是指海关根据国家政策规定，准予减免税进口并使用于特定地区、特定企业、特定用途的货物。

特定地区是指我国关境内由行政法规规定的某一特别限定区域，享受减免税优惠的进口货物只能在这一特别限定的区域内使用。

特定企业是指由国务院制定的行政法规专门规定的企业，享受减免税优惠的进口货物只能由这些专门规定的企业使用。

特定用途是指国家规定可以享受减免税优惠的进口货物只能用于行政法规专门规定的用途。

特定减免税货物类别如图 4-8 所示。

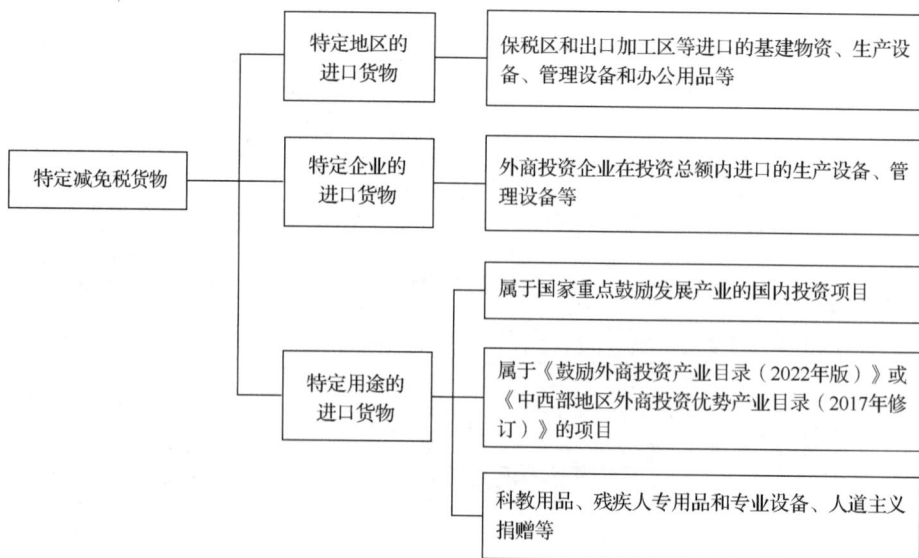

图 4-8 特定减免税货物类别

（二）特征

1. 特定条件下减免进口关税

特定减免税是我国关税优惠政策的重要组成部分，是国家无偿向符合条件的进口货物使用企业提供的关税优惠，其目的是优先发展特定地区的经济，鼓励外商在我国的直接投资，促进国有大中型企业和科学、教育、文化、卫生事业的发展。因而，这种关税优惠具有鲜明的特定性，只能在国家行政法规规定的特定条件下使用。

2. 进口申报应当提交进口许可证件

特定减免税货物是实际进口货物。按照国家有关进出境管理的法律法规，凡属于进口需要交验许可证件的货物，收货人或其代理人都应当在进口申报时向海关提交进口许可证件。

3. 进口后在特定的海关监管期限内接受海关监管

进口货物享受特定减免税的条件之一就是在规定的期限，使用于规定的地区、企业和用途，并接受海关监管。特定减免税货物的海关监管期限按照货物种类各有不同。其中，船舶、飞机为 8 年，机动车辆为 6 年，其他货物为 3 年。监管期限自货物进口之日起计算。

（三）范围

特定减免税货物大体分为特定地区进口货物、特定企业进口货物和特定用途进口货物三类。

（四）管理

（1）减免税备案、审批、税款担保和后续管理等相关手续应当由进口货物减免税申请人或其代理人办理。

（2）减免税申请人有下列情形之一，可向海关申请凭税款担保先予办理货物放行手续：

① 主管海关按照规定已经受理减免税备案申请或者审批申请但未办理完毕；

② 有关进出口税收优惠政策或者其实施措施明确规定的；

③ 有关进出口税收优惠政策已经国务院批准，具体措施尚未明确，海关总署已确认减免税申请人属于享受该政策范围的；

④ 其他经海关总署核准的情况。

（3）减免税申请人在货物申报进口前向主管海关提出申请并随附相关材料，主管海关准予担保的，出具准予办理担保通知书，申报地海关凭此通知书及减免税申请人提供的海关依法认可的财产、权利，按照规定办理货物的税款担保手续。

税款担保期限不超过 6 个月，经主管海关批准可以延期，延长期限不超过 6 个月。特殊情况仍需延期的，应当经直属海关批准。

（4）在海关监管年限内，减免税申请人每年 6 月 30 日前向主管海关递交特定减免税货物使用情况报告书，报告货物使用情况。

（5）特定减免税货物可以在两个享受特定减免税优惠的企业之间结转。结转时不予恢复特定减免税货物转出申请人的减免税额度，特定减免税货物转入申请人的减免税额度按照海关审定的货物结转时的价格、数量或者应缴税款扣减。

二、报关程序

特定减免税货物的报关程序分为减免税审核确认、进口报关以及后续处置和解除监管三个阶段。

（一）减免税审核确认

减免税申请人向投资项目所在地海关申请办理减免税审核确认手续。减免税申请人申请减免税进出口相关货物，应当在货物申报进出口前，取得相关政策规定的享受进出口税收优惠政策资格的证明材料，并凭以下材料办理减免税审核确认手续：

（1）进出口货物征免税申请表；

（2）事业单位法人证书或国家机关设立文件、社会团体法人登记证书、民办非企业单位法人登记证书、基金会法人登记证书等证明材料；

（3）进出口合同、发票以及相关货物的产品情况资料。

为进一步简化减免税审核操作，提升信息化水平和工作效能，海关总署组织开发了 H2018 减免税管理子系统，中国国际贸易单一窗口相应升级调整减免税申报系统功能。

📚 知识点滴

H2018系统增加了哪些功能

（1）政策项目信息和减免税申请可一次提交、一次审核通过。对于需要提供政策项目信息的减免税申请人在办理项目项下首份减免税申请时，可提交项目信息，海关可一次性审核确认。企业在单一窗口预录入后打印的进出口货物征免税申请表同时展示项目预录入编号和征免税预录入编号。

（2）"投资项目适用产业政策条目/代码"字段支持录入多个产业政策条目/代码。用户进入减免税申请和项目信息修改申请界面后，同一项目最多支持录入 3 个产业政策条目/代码。

（3）在减免税系统申请界面新增"调用内资信息"功能。对于已向直属海关办理适用鼓励类产业政策条目确认通知单的投资总额 5000 万元及以上的国内投资鼓励项目，减免税申请人录入减免税申请时，可直接使用"调用内资信息"功能，输入项目统一编号后系统自动调用企业名称、项目名称、投资总额、适用产业政策条目等信息，减轻工作量、提高填制效率和准确性。

在单一窗口申报减免税审核确认手续的操作流程

（1）登录中国国际贸易单一窗口门户网站，依次单击"标准版应用"—"货物申报"—"减免税"按钮，进入减免税申报系统。

（2）进入"减免税申请"模块，填报相关信息，其中黄色背景字段为必填项，白色背景字段为选填项，灰色背景字段由系统自动调用填写。填写完毕后单击"申报"按钮即可，即完成向海关申报，等待海关审核。

（3）可使用减免税数据查询功能查询申请进度和当前状态回执，查询时注意选择正确的单证类型和起止时间。主管海关自受理减免税审核确认申请之日起 10 个工作日内，对减免税申请人主体资格、投资项目和进出口货物相关情况是否符合有关进出口税收优惠政策规定等情况进行审核，并出具进出口货物征税、减税或免税确认意见，制发进出口货物征税确认通知书，海关审核通过后系统自动生成征免税确认通知书编号。进出口货物征免税确认通知书实行"一批一证""一证一关"管理，有效期为 6 个月，特殊情况可以向海关申请延长一次，延长的最长期限为 6 个月。

（二）进口报关

特定减免税货物进口报关程序可参照一般进出口货物报关程序中的有关内容，但需注意以下几点。

（1）特定减免税货物进口报关时，进口货物收货人或其代理人除了提交一般要求的单证外，还必须提交进出口货物征免税确认通知书。

（2）特定减免税货物进口填制报关单时，要在报关单的"备案号"栏填写进出口货物征免税证明上的 12 位编号。

（3）对特定减免税货物，海关一般不豁免进口许可证件，但对外资企业和香港、澳门、台湾地区及华侨的投资企业进口本企业自用的机器设备，可免交验进口许可证件；外商投资企业在投资总额内进口涉及机电产品自动进口许可管理的，也可免交验有关许可证件。

（三）后续处置和解除监管

1. 后续处置

在海关监管年限内，减免税申请人有时会改变货物的用途，这就需要后续处置，如表 4-13 所示。

表 4-13 特定减免税货物后续处置

情形	后续处置
变更使用地点	向主管海关申请办理异地监管手续，经主管海关审核同意并通知转入地海关后，才可将特定减免税货物运至转入地海关管辖地，并由其进行异地监管
结转	转出、转入特定减免税货物的申请人应当分别向各自的主管海关办理特定减免税货物的出口、进口报关手续，先转出再转入，结转特定减免税货物的监管年限应当连续计算
转让	在海关监管年限内，减免税申请人将特定减免税货物转让给不享受进口税收优惠政策或者进口同一货物不享受同等减免税优惠待遇的其他单位的，应当事先向减免税申请人主管海关申请办理补缴税款手续；按照国家有关规定，需要补办许可证件的减免税申请人在办理补缴税款手续时，还应当补交有关许可证件
移作他用	应当事先向主管海关提出申请，经海关批准，方可移作他用。减免税申请人应当按照移作他用的时间补缴相应税款
变更	减免税申请人发生分立、合并、股东变更、改制等变更情形的，须自营业执照颁发之日起 30 日内向主管海关汇报。是否补缴税款或继续享受减免税待遇视情况而定
终止	因破产、改制或者其他情形导致减免税申请人终止使用，没有承受人的，应当自财产清算之日起 30 日内向主管海关申请办理特定减免税货物的补缴税款和解除监管手续

续表

情形	后续处置
退运出境	退运出境应当报主管海关核准；退运出境后，持出口货物报关单向主管海关办理原进口特定减免税货物的解除监管手续，但不补缴税款
贷款抵押	在海关监管年限内，减免税申请人要求以特定减免税货物向银行或非银行金融机构办理贷款抵押的，应当向主管海关提出书面申请，随附相关材料，并以海关依法认可的财产、权利提供税款担保

2. 解除监管

（1）自动解除监管

特定减免税货物监管期限届满时，自动解除海关监管，可以自行处置。

（2）申请提前解除监管

特定减免税货物在海关监管期内，减免税申请人要求提前解除监管的，应当向主管海关提出申请，并办理补缴税款手续；进口时免予提交许可证件的特定减免税货物，按照国家有关规定需要补办许可证件的，减免税申请人在办理补缴税款手续时，还应当补交有关许可证件。特定减免税货物办结上述手续之日起即解除海关监管。减免税申请人可以自特定减免税货物解除监管之日起 1 年内，向主管海关申领进口减免税货物解除监管证明。

知识点滴

特定减免税货物与保税货物的不同点

1. 性质不同

特定减免税货物是实际进口货物，针对三个"特定"，给予货物税收优惠待遇；保税货物是对进境又复运出境的货物简化了关税、证件手续。

2. 前期准备不同

特定减免税货物：申领减免税证明。

保税货物：向海关备案，由海关核发加工贸易手册。

3. 监管不同

特定减免税货物：监管期满解除监管。

保税货物：根据去向不同分别办理相应的手续。

案例 4-1

某大学减免税进口科研设备

某大学邀请国外一学术代表团来华讲学，从天津国际机场口岸运进一批讲学必需设备，货物进口时，某大学作为收货人委托天津开发区报关行在机场海关办理该批设备的进口手续。讲学结束后，某大学和外国代表团协商决定留购该设备中一个国内没有的智能机器人，并以科教用品的名义办妥减免税手续，其余设备在规定期限内经天津国际机场复运出口。

请根据案例，分析以下问题。

（1）天津开发区报关行申报讲学设备进口时，应按何种管理性质的货物申报？

（2）办理智能机器人留购手续时，应注意哪些问题？

【评析要点】

（1）该批设备进口时，由于属于国内外学术交流活动所需物品范畴，应按暂时进境货物申报进口。

（2）作为科教用品的智能机器人，属于减免税范畴的货物，应首先取得主管部门的批准，然后凭相关单证向海关申领征免税证明，以此办理智能机器人的进口减免税手续。

第五节　暂时进出境货物及其报关程序

一、暂时进出境货物概述

（一）含义

暂时进出境货物是指出于特定的目的，经海关批准暂时进（出）境，并在规定的期限内原状复运出（进）境的货物。

（二）特征

1. 有条件暂时免予缴纳税费

暂时进出境货物在向海关申报进出境时，不必缴纳进出口税费，但收发货人须向海关提供担保。

2. 一般免予交验许可证件

除我国缔结或者参加的国际条约、协定以及国家法律、行政法规和海关总署规章另有规定外，暂时进出境货物免予交验许可证件。

3. 规定期限内按原状复运进出境

暂时进出境货物应当自进境或者出境之日起6个月内复运出境或者复运进境，经收发货人申请，海关可以根据规定延长复运出境或者复运进境期限。

4. 按货物实际使用情况办结海关手续

暂时进出境货物必须在规定期限内，由货物的收发货人根据货物不同的情况向海关办理核销结关手续。

（三）范围

（1）在展览会、交易会、会议及类似活动中展示或者使用的货物；

（2）文化、体育交流活动中使用的表演、比赛用品；

（3）进行新闻报道或者摄制电影、电视节目使用的仪器、设备及用品；

（4）开展科研、教学、医疗活动使用的仪器、设备及用品；

（5）上述4项活动中使用的交通工具及特种车辆；

（6）货样；

（7）慈善活动使用的仪器、设备及用品；

（8）供安装、调试、检测设备时使用的仪器和工具；

（9）盛装货物的容器（可重复使用的集装箱）；

（10）旅游用自驾交通工具及其用品；

（11）工程施工中使用的设备、仪器和用品；

（12）测试用产品、设备、车辆；

（13）海关批准的其他暂时进出境货物。

📚 **知识点滴**

海关支持2024年第七届中国国际进口博览会便利措施

第七届中国国际进口博览会（简称：进博会）于2024年11月10日胜利闭幕，博览会在国家会展中心（上海）举行，共有152个国家、地区和国际组织参展。

为了保障博览会的顺利举办，早在2024年6月，海关总署就发布了第78号公告，包括《2024年第七届中国国际进口博览会海关通关须知》《海关支持2024年第七届中国国际进口博览会便利措施》，以及"两个清单"，即：《2024年第七届中国国际进口博览会检验检疫限制清单》和《2024年第七届中国国际进口博览会检验检疫禁止清单》。

借鉴前六届进口博览会海关监管服务保障的成功经验和做法，海关将相关支持政策再做进一步完善和固化，使之常态有效，持续便利，主要体现以下方面：

一、发布通关须知，提供详细通关指引

制定发布《2024年第七届中国国际进口博览会海关通关须知》《2024年第七届中国国际进口博览会检验检疫限制清单》《2024年第七届中国国际进口博览会检验检疫禁止清单》，为境外参展商提供详细指引。

二、设立常态化机构，随时响应需求

上海海关所属上海会展中心海关作为海关服务进口博览会（以下简称进博会）常态化机构，做好进博会海关监管和服务保障工作。

三、深化科技应用，打造智能化监管服务模式

通过跨境贸易管理大数据平台和信息技术对进博会参展商、展览品信息提供全流程监管服务，打造数字化、智能化、便利化、集约化的进博会全流程监管服务模式。

四、派员入驻现场，提供服务保障

进博会期间，上海海关将派员入驻国家会展中心（上海），提供通关、监管、咨询等服务。

五、办展方统一提供税款担保，减轻境外参展企业负担

对进博会暂时进境展览品，由国家会展中心（上海）有限责任公司向上海海关提供银行保函或关税保证保险办理税款担保。境外参展商或其委托的主场运输服务商持国家会展中心（上海）有限责任公司出具的《2024年第七届中国国际进口博览会进境物资证明函》和《2024年第七届中国国际进口博览会进境物资清单》，免于逐票向海关提交税款担保。

六、就近开展验核，提升参展便利化水平

对涉及检验检疫行政审批事项的进博会进境动植物及其产品、动植物源性食品、中药材等，委托上海海关及相关海关就近就地办理审批手续，相关审批工作3个工作日内办结；按照"便利可操作"原则，委托上海海关对展区内销售的进口水产品、乳制品、燕窝境外生产企业行使受理和审查权，并免于境外实地评审，审查通过后海关总署发放临时注册批件（临时注册批件仅限于展会期间及展区内使用）。

七、设置专门通道，优先办理手续

在主要口岸为进博会设置贵宾礼遇通道、进境展览品报关专用窗口和查验专用通道，优先办理申报、查验、抽样、检测等海关手续，实行即查即放。

八、固化监管措施，延长ATA单证册项下展览品暂时进境期限

固化往届进博会监管服务保障措施，海关签注ATA单证册项下暂时进境货物的复运出境期限与单证册有效期一致。

九、推进准入谈判，扩大进境展览品种类

推进与参展国家或地区检疫准入谈判，加快风险评估进度，支持风险水平可接受的农畜产品参展并实现对华贸易，扩大进境展览品种类。

十、简化监管手续，方便特殊物品进境

对进博会参会代表携带自用且仅限于预防或者治疗疾病用的特殊物品（生物制品），凭医生处方或者医院的有关证明，准予入境。允许携带量以处方或者说明书确定的一个疗程为限。

十一、简化入境手续，方便食品化妆品参展

仅供展览的预包装食品和化妆品免予加贴中文标签和抽样检验，免予核查收发货人备案证明；适量试用、品尝的，根据安全风险评估情况，可展前抽取样品检验，免予加贴中文标签；在展会现场少量试销的，可免予加贴中文标签。

十二、简化出境手续，便利展览品展后处置

进博会暂时进境展览品（ATA单证册项下暂时进境展览品除外）在进博会结束后，结转到海关特殊监管区域和保税监管场所的（参展汽车应当转入可开展汽车保税仓储业务的海关特殊监管区域和保税监管场所），准予核销结案。

十三、支持保税展示展销常态化，扩大展会溢出效应

经海关注册登记的海关特殊监管区域或保税物流中心（B型）（以下简称"区域中心"）内企业，可以将保税货物提交担保后运至区域中心外进博会保税展示展销场所进行展示和销售等经营活动。

十四、支持跨境电商业务，推进线上线下融合

允许列入跨境电商零售进口商品清单的进境展览品，在展览结束后进入区域中心的，对于符合条件的，可按照跨境电商网购保税零售进口商品模式销售。

十五、支持文物展品参展，办理展后留购手续

对于经国家文物部门认定为文物的展品，允许以暂时进境展览品或保税展示形式参展；展期内销售国家文物部门允许境内消费者购买的文物展品，对符合进博会展期内销售的进口展品税收优惠政策规定的，可按政策规定予以免税进口。

十六、对符合条件的参展车辆优先检测、出具相关证明

参展车辆完成单车认证并取得中国强制性产品认证（CCC）证书，按照《中华人民共和国大气污染防治法》要求完成国六环保信息公开后，海关优先依法实施商品检验并出具相关证明。

十七、扩大参展范围，允许未获检疫准入的动植物产品、食品参展

允许来自非疫区但未获得进口检验检疫准入的动植物产品及动植物源性食品入境参展；需要办理检疫审批手续的，经海关总署授权，由上海海关按照特许审批办理。

十八、简化部分产品参展相关证书要求

对已消除动植物疫情传播风险的动植物源性参展食品，可免于提供输出国家或地区官方出具的卫生证书或动植物检疫证书。

资料来源：青岛海关

二、暂时进出境货物的报关程序

（一）使用ATA单证册的暂时进出境货物

1. ATA单证册概述

（1）含义

ATA单证册（ATA Carnet）是暂准进口单证册的简称，是指由世界海关组织通过的《货

物暂准进口公约》及其附约 A 和《关于货物暂准进口的 ATA 单证册海关公约》中规定使用的、用于替代各缔约方海关暂准进出口货物报关单和税费担保的国际性通关文件。

（2）格式

一份 ATA 单证册一般由 8 页 ATA 单证组成：绿色封面单证、黄色出口单证、白色进口单证、白色复出口单证、两页蓝色过境单证、黄色复进口单证、绿色封底单证。

我国海关只接受用中文或者英文填写的 ATA 单证册。

（3）适用范围

在我国，ATA 单证册限于我国加入的有关货物暂时进口的国际公约中规定的货物。

（4）管理

① 出证担保机构。中国国际贸易促进委员会（中国国际商会）是我国 ATA 单证册的出证和担保机构，负责签发出境 ATA 单证册，向海关报送所签发单证册的中文电子文本，协助海关确认 ATA 单证册的真伪，并且向海关承担 ATA 单证册持证人因违反暂时进出境规定而产生的相关税费、罚款。

② 管理机构。海关总署在北京海关设立 ATA 核销中心，对 ATA 单证册的进出境凭证进行核销、统计和追索，应成员方担保人的要求，依据有关原始凭证，提供 ATA 单证册项下暂时进出境货物已经进境或者从我国复运出境的证明。

③ 期限。ATA 单证册有效期限为自货物进出境之日起 6 个月。因特殊情况需要延长期限的，持证人应当在规定期限届满前提交货物暂时进/出境延期办理单以及相关资料，向主管地海关办理延期手续。延期最多不超过 3 次，每次延长期限不超过 6 个月。

④ 追索。ATA 单证册下暂时进境货物未能按规定复运出境或过境的，ATA 核销中心向中国国际贸易促进委员会（中国国际商会）提出追索。自提出追索之日起 9 个月内，中国国际商会提供货物已经复运出境或者已经办理进口手续证明的，ATA 核销中心可撤销追索；在 9 个月期满后，未能提供证明的，中国国际商会向海关支付税款和罚款。

⑤ 优势。免填制报关单、免办理进口担保、无报关资格限制、免予交验许可证件（留购除外）、语言统一。

2. 报关程序

（1）进出口申报

持 ATA 单证册向海关申报进出境货物，不需向海关提交进出口许可证件，也不需要另外提供担保。

① 进境申报。进境货物收货人或其代理人持 ATA 单证册向海关申报进境展览品，先在核准的出证协会即中国国际商会以及其他商会，将 ATA 单证册上的内容分别预录入海关与商会联网的 ATA 单证册电子核销系统，然后向展览会主管海关提交纸质 ATA 单证册、提货单等单证。

海关在白色进口单证上签注，并留存白色进口单证（正联），将存根联和 ATA 单证册其他各联退还给货物收货人或其代理人。

② 出境申报。出境货物发货人或其代理人持 ATA 单证册向海关申报出境展览品时，向出境地海关提交国家主管部门的批准文件、纸质 ATA 单证册、装货单等单证。

海关在绿色封面单证和黄色出口单证上签注，并留存黄色出口单证（正联），退还其存根联和 ATA 单证册其他各联给出境货物发货人或其代理人。

③ 异地复运出境、过境申报。使用 ATA 单证册进出境的货物异地复运出境、过境申报中，ATA 单证册持证人应当持主管海关签章的海关单证向复运出境地、过境地海关办理手续。主管海关凭复运出境地、过境地海关签章的海关单证办理核销结案手续。

④ 过境货物申报。运输工具的承运人或其代理人持 ATA 单证册向海关申报将货物通过

我国转运至第三国参加展览会的，不必填制过境货物报关单。海关在两页蓝色过境单证上分别签注后，留存蓝色过境单证（正联），退还其存根联和 ATA 单证册其他各联给运输工具的承运人或其代理人。

（2）结关

① 正常结关。持证人在规定的期限内，将进境展览品和出境展览品复运出境或复运进境，海关在白色复出口单证和黄色复进口单证上分别签注、留存单证正联，存根联随 ATA 单证册其他各联退持证人，正式核销结关。

② 非正常结关。持证人不能在规定期限内将展览品复运进出境的，我国海关向担保协会与中国国际商会提出索赔。

ATA 单证册项下货物复运出境时，因故未经我国海关核销、签注的，ATA 核销中心凭另一缔约方海关在 ATA 单证册上签注的该批货物从该地进境或者复运出境的证明，或者我国海关认可的能够证明该批货物已经实际离开我国境内的其他文件，作为已经从我国复运出境的证明，对 ATA 单证册予以核销。

ATA 单证册项下货物因不可抗力原因受损，无法原状复运出境、进境的，ATA 单证册持证人应当及时向主管地海关报告，可以凭有关部门出具的证明材料办理复运出境、进境手续；货物因不可抗力原因灭失或者失去使用价值的，经海关核实后可以视为该货物已经复运出境、进境。

货物因不可抗力以外的原因灭失或者受损的，ATA 单证册持证人应当按照货物进出口的有关规定办理海关手续。

📖 **知识点滴**

ATA单证册无纸化发展动态

全球 ATA 单证册电子系统（即"水星系统"）是国际商会在世界海关组织（World Customs Organization，WCO）的支持下主导研发的，旨在以电子单证册替代纸质单证册，实现全球 ATA 单证册电子数据的实时交互，最大限度简化通关流程，提高通关效率，降低通关成本，促进贸易便利化进程。

该系统的功能包括：签发索赔数据统计；单证册基本信息核查；海关电子签注；电子单证册状态的实时更新。

该系统第一批试点国家包括：中国、比利时、美国、瑞士、英国、俄罗斯。

全球正式启用该系统后，持证人或授权代表在全球任意成员方，只需向海关出示 ATA 单证册 App 中的二维码即可完成通关，无须随身携带纸质单证册，实现全流程通关无纸化。

海关关员扫描二维码，即可查看 ATA 单证册基本信息和货物总清单，进行海关电子签注，同时还可以掌握该票单证册从签发之日起在全球范围内的使用情况，实时跟踪货物动态。

北京作为试点口岸，自 2020 年 1 月 1 日起，正式启动水星系统的试运行，试运行范围为我国参与水星系统试点项目企业提交的 ATA 单证册的出境与复进境、其他加入水星系统试点项目的成员方商会签发的 ATA 单证册的进境与复出境。

资料来源：北京海关

（二）不使用ATA单证册报关的展览品

1. 范围

（1）进境展览品

进境展览品包含在展览会中展示或示范用的货物、物品；为示范展出的机器或器具所需用的物品；展览者设置临时展台的建筑材料及装饰材料；供展览品做示范宣传的电影片、幻灯片、录像带、录音带、说明书、广告、光盘、显示器材等。

下列与展出活动有关的物品也可按展览品申报进境：在展览活动中的小件样品；为展出的机器或者器件进行操作示范被消耗或者损坏的物料；布置、装饰临时展台消耗的低值货物；展览期间免费向观众散发的有关宣传品；供展览会使用的档案、表格及其他文件。

展览用品中使用的酒精饮料、烟草制品及燃料，不适用有关免税规定。展览会期间出售的小卖品，属于一般进口货物，进境时应当缴纳进口关税和进口环节海关代征税；属于许可证件管理的商品，应当交验许可证件。

（2）出境展览品

出境展览品包括国内单位赴国外举办展览会或参加外国博览会、展览会而运出的展览品，以及与展览活动有关的宣传品、布置品、招待品及其他公用物品。与展览活动有关的小卖品、展卖品，可以按展览品报关出境，不按规定期限复运进境的，办理一般出口手续，交验出口许可证，缴纳出口关税。

2. 展览品的暂时进出境期限

参照 ATA 单证册要求。

3. 进出境申报

（1）验核

境内展览会的办展人以及出境举办或者参加展览会的办展人、参展人可以在展览品进境或者出境前向主管地海关报告，并且提交展览品清单和展览会证明材料，也可以在展览品进境或者出境时，向主管地海关提交上述材料，办理有关手续。

（2）申报

展览品进境申报手续可在展出地海关办理，如从非展出地进境，在采用总担保后，可以免予按转关办理；出境申报手续应在出境地海关办理。

展览会主办单位或其代理人，应当向海关提交国家主管部门的批文、报关单、展览品清单、提货单/装货单、发票、装箱单等单证。

（3）税款担保及许可证件

对于展览品，展览会主办单位或其代理人向海关提供担保，在海关指定场所或者海关派专人监管的场所举办展览会的，经主管地直属海关批准，可免予担保。展览品中涉及检验检疫等管制的，还应当向海关提交有关许可证件。

出境展览品属于应缴纳出口关税的，参展企业需向海关缴纳相当于税款的保证金；属于两用物项用品及相关技术出口管制商品的，应当交验出口许可证。

（4）查验

海关对进出境展览品进行开箱查验，核对展览品清单。展览品开箱前，展览会主办单位或其代理人应当通知海关。海关查验时，展览品所有人或其代理人应当到场，负责搬移、开拆、封装货物。

4. 核销结关

暂时进出境货物核销结关分类如表 4-14 所示。

表 4-14 暂时进出境货物核销结关分类

实际流向	报关
复运进出境	展览品所有人或其代理人凭海关签发的报关单证明联办理核销结关
展后留购	展览会的主办单位或其代理人补办正式进出口手续，属于许可证件管理的，应当提交进出口许可证件

实际流向	报关
保税展示交易	区域中心内企业对货物提交担保后，可运至区域中心外的进口博览会展馆进行展示和销售
放弃	海关依法变卖后将款项上缴国库
进口展览品赠送	接受单位办理进口申报、纳税手续
进口展览品毁坏、丢失、被窃	报告海关，对毁坏的展览品，海关根据毁坏程度估价征税；对丢失、被窃的展览品，按进口同类货物征收进口税

知识点滴

2022年第五届中国国际进口博览会展览品处置

海关总署发布的《2022年第五届中国国际进口博览会海关通关须知》第六条关于展览品处置的规定如下。

（一）展览用品消耗

国家会展中心应当督促参展商提前将预计的消耗，以书面形式告知上海海关，并明确展览用品拟使用方式（试用、品尝、散发）和数量（应在合理范围内，与活动规模相匹配）。对于拟试用、品尝、散发的展览用品，相关参展商应当具备符合要求的合格证明（参展国官方证书/第三方检测报告/参展方自验合格报告/参展方合格申明）。

下列进口博览会进境展览用品，海关根据实际情况对其数量和总值进行核定，在合理范围内的，按照相关规定免征关税和进口环节增值税、消费税。

1. 在展览活动中的小件样品（酒精饮料、烟草制品及燃料除外），包括原装进口的或者在展览期间用进口的散装原料制成的食品或者饮料的样品。此类货物，应当符合以下条件：

（1）由参展方免费提供，并在展览期间专供免费分送给观众使用或者消费的；

（2）单价较低，作广告样品用的；

（3）不适用于商业用途，并且单位容量明显小于最小零售包装容量的；

（4）食品及饮料的样品虽未按照本款第（3）项规定的包装分发，但确实在活动中消耗掉的。

2. 为展出的机器或者器件进行操作示范被消耗或者损坏的物料。

3. 布置、装饰临时展台消耗的低值货物。

4. 展览期间免费向观众散发的有关宣传品。

5. 供展览会使用的档案、表格及其他文件。

第1点所列展览用品超出限量进口的，超出部分应当依法征税。第2点、第3点、第4点所列展览用品，未使用或者未被消耗完的，应当复运出境；不复运出境的，应当按照规定办理进口手续。

（二）展后留购

对于展后留购的展览品，国家会展中心或其委托的主场运输服务商应当按照海关相关规定统一办理进口手续。涉及许可证件管理的，应当办理相关许可证件。

允许列入跨境电商零售进口商品清单的进境展览品，在展览结束后进入经海关注册登记的海关特殊监管区域或保税物流中心（B型）（简称区域中心）的，对符合条件的，可按照跨境电商网购保税零售进口商品模式销售。

（三）复运出境

暂时进境的进口博览会展览品应当在海关规定期限内复运出境。

非 ATA 单证册项下暂时进境进口博览会展览品,在进口博览会结束后转入海关特殊监管区域和保税监管场所的(参展汽车应当转入可开展汽车保税仓储业务的海关特殊监管区域和保税监管场所),办理海关相关手续后予以核销结案。

(四)展览品延期

暂时进境进口博览会展览品确需延期复运出境的,应当按规定向上海海关办理延期手续。

(五)保税展示交易

区域中心内企业对保税货物提交担保后,可以运至区域中心外的进口博览会展馆进行展示和销售。

资料来源:海关总署公告 2022 年第 62 号

(三)其他暂时进出境货物

1. 概述

(1)范围。第 102 页所述的 13 项暂时进出境货物,除使用 ATA 单证册报关的货物,不使用 ATA 单证册报关的展览品按各自的监管方式由海关进行监管外,其余的均按其他暂时进出境货物进行监管,均属于其他暂时进出境货物的范围。

其他暂时进出境货物进出境核准属于海关行政许可事项,应当按照海关行政许可的程序办理。海关根据收发货人的申请,做出是否批准的决定。

(2)期限。与 ATA 单证册的要求相同。

(3)管理。参照展览品的进出境申报内容。

2. 报关程序

参照展览品的报关程序。

3. 核销结关

参照展览品的进出境申报内容。

第六节　跨境电子商务货物的报关规定

一、跨境电子商务的相关概念

与跨境电子商务交易或监管相关的当事人包括跨境电子商务企业、跨境电子商务企业境内代理人、跨境电子商务平台企业、支付企业、物流企业、消费者(订购人)、跨境电子商务通关服务平台等。

"跨境电子商务企业"是指自境外向境内消费者销售跨境电子商务零售进口商品的境外注册企业(不包括在海关特殊监管区域或保税物流中心内注册的企业),或者境内向境外消费者销售跨境电子商务零售商品的企业,为商品的货权所有人。

微课堂

跨境电子商务的
六种模式

"跨境电子商务企业境内代理人"是指开展跨境电子商务零售进口业务的境外注册企业所委托的境内代理企业,在海关办理备案登记,承担如实申报责任,依法接受相关部门监管,并承担民事责任。

"跨境电子商务平台企业"是指在境内办理工商登记,为交易双方提供网页空间、虚拟经营场所、交易规则、信息发布等服务,设立供交易双方独立进行交易活动的信息网络系统的经营者。

"支付企业"是指在境内办理工商登记,接受跨境电子商务平台企业或跨境电子商务企业境内代理人委托为其提供跨境电子商务零售进口支付服务的银行、非银行支付机构等。

"物流企业"是指在境内办理工商登记，接受跨境电子商务平台企业或跨境电子商务企业境内代理人委托为其提供跨境电子商务零售进出口物流服务的企业。

"消费者（订购人）"是指跨境电子商务零售进口商品的境内购买人。

"跨境电子商务通关服务平台"是指由电子口岸搭建，实现企业、海关以及相关管理部门之间数据交换与信息共享的平台。

二、跨境电子商务货物的报关政策

跨境电子商务货物的报关政策主要包括跨境电子商务 B2C 零售进出口、跨境电子商务 B2B 出口、跨境电子商务出口商品退货及跨境电子商务进口商品退货等四个方面。

（一）跨境电子商务B2C零售进出口

1. 适用范围

跨境电子商务企业、消费者（订购人）通过跨境电子商务交易平台实现零售进出口商品交易，并根据海关要求传输相关交易电子数据的，接受海关监管。

2. 企业管理

参与跨境电子商务零售进出口业务的企业，应当依据海关报关单位备案登记管理相关规定，向所在地海关办理备案登记。境外跨境电子商务企业应委托境内代理人向该代理人所在地海关办理注册登记。

物流企业应获得国家邮政管理部门颁发的快递业务经营许可证。直购进口模式下，物流企业应为邮政企业或者已向海关办理代理报关登记手续的进出境快件运营人。

支付企业为银行机构的，应具备国家金融监督管理总局颁发的金融许可证。支付企业为非银行支付机构的，应具备中国人民银行颁发的支付业务许可证，支付业务范围应当包括"互联网支付"。

参与跨境电子商务零售进出口业务并在海关备案登记的企业，纳入海关信用管理，海关根据信用等级实施差异化的通关管理措施。

3. 通关管理

针对跨境电子商务零售进出口有直购进口和一般出口（监管方式代码9610）、网购保税进口和特殊区域出口（监管方式代码1210）两种监管方式，具体如表4-15和表4-16所示。

表 4-15　　　　　　　　　　　跨境电子商务零售进口监管方式

	直购进口（9610）	网购保税进口（1210）
实施范围	没有实施城市的限制，需要在符合海关规范要求的监管作业场所（场地）进行	所有自贸试验区、跨境电子商务综合试验区、进口贸易促进创新示范区、保税物流中心（B型）所在城市（及地区）及海南全岛的区域（中心）
进口要求	按个人自用进境物品监管，不执行有关商品首次进口许可批件或备案要求	
正面清单	按照正面清单及备注列明适用范围管理，备注栏提示"仅限网购保税商品"的不适用	按照正面清单管理
物流方式	商品在国外打包，通过国际物流运输至国内海关监管作业场所。按照小包逐个向海关申报，海关放行后派送至消费者	以国际物流方式批量运至区域中心，海关实施电子账册管理，待国内消费者下单后，再派送至消费者

表 4-16　　　　　　　　　　　　　　跨境电子商务零售出口监管方式

	一般出口（9610）	特殊区域包裹零售出口（1210）	特殊区域海外仓零售出口（1210）
交易性质	B2C		
适用范围	没有实施城市的限制，需要在符合海关规范要求的监管作业场所（场地）进行	海关特殊监管区域或保税监管场所	国内所有综合保税区和跨境电子商务综合试验区的特殊区域
申报模式	申报清单		报关单或备案清单
优势	跨境电子商务综合试验区出口可采取 4 位 HS 编码简化申报，可"清单申报、汇总统计"	享受入区即退税政策	

海关对跨境电子商务零售进出口商品及其装载容器、包装物按照相关法律法规实施检疫，并根据相关规定实施必要的监管措施。

跨境电子商务零售进口商品申报前，跨境电子商务平台企业或跨境电子商务企业境内代理人、支付企业、物流企业应当分别通过中国国际贸易单一窗口或跨境电子商务通关服务平台向海关传输交易、支付、物流等电子信息，并对数据真实性承担相应责任。直购进口模式下，邮政企业、进出境快件运营人可以接受跨境电子商务平台企业或跨境电子商务企业境内代理人、支付企业的委托，在承诺承担相应法律责任的前提下，向海关传输交易、支付等电子信息。跨境电子商务零售出口商品申报同进口商品。

跨境电子商务零售商品进口时，跨境电子商务企业境内代理人或其委托的报关企业应提交中华人民共和国海关跨境电子商务零售进出口商品申报清单，采取"清单核放"方式办理报关手续。跨境电子商务零售商品出口时，跨境电子商务企业或其代理人应提交申报清单，采取"清单核放、汇总申报"方式办理报关手续。跨境电子商务综合试验区内符合条件的跨境电子商务零售商品出口，可采取"清单核放、汇总申报"方式办理报关手续。

4. 税收征管

对跨境电子商务零售进口商品，海关按照国家关于跨境电子商务零售进口税收政策征收关税和进口环节增值税、消费税，完税价格为实际交易价格，包括商品零售价格、运费和保险费。

跨境电子商务零售进口商品消费者（订购人）为纳税义务人，跨境电子商务平台企业、物流企业或申报企业作为税款代收代缴义务人，代为履行纳税义务，并承担相应的补税义务及相关法律责任。

5. 场所管理

跨境电子商务零售进出口商品监管作业场所必须符合海关相关规定。跨境电子商务监管作业场所经营人、仓储企业应当建立符合海关监管要求的计算机管理系统，并按照海关要求交换电子数据。跨境电子商务网购保税进口业务应当在海关特殊监管区域或保税物流中心（B型）内开展。

6. 检疫、查验和物流管理

对需在进境口岸实施的检疫及检疫处理工作，应在完成后方可运至跨境电子商务监管作业场所。

网购保税进口业务：一线入区时以报关单方式进行申报，海关可以采取视频监控、联网核查、实地巡查、库存核对等方式加强对网购保税进口商品的实货监管。

海关实施查验时，跨境电子商务企业或其代理人、跨境电子商务监管作业场所经营人、仓储企业应当按照有关规定提供便利，配合海关查验。

跨境电子商务零售进出口商品可采用"跨境电商"模式进行转关。

网购保税进口商品可在海关特殊监管区域或保税物流中心（B 型）间流转，按有关规定办理流转手续。

7．其他事项

从事跨境电子商务零售进出口业务的企业应向海关实时传输真实的业务相关电子数据和电子信息，并开放物流实时跟踪等信息共享接口，加强对海关风险防控方面的信息和数据支持，配合海关进行有效管理。跨境电子商务企业及其代理人、跨境电子商务平台企业应建立商品质量安全等风险防控机制，加强对商品质量安全以及虚假交易、二次销售等非正常交易行为的监控，并采取相应处置措施。跨境电子商务企业不得进出口涉及危害口岸公共卫生安全、生物安全、进出口食品和商品安全、侵犯知识产权的商品以及其他禁限商品，同时应当建立健全商品溯源机制并承担质量安全主体责任。鼓励跨境电子商务平台企业建立并完善进出口商品安全自律监管体系。

消费者（订购人）对已购买的跨境电子商务零售进口商品不得再次销售。

海关对跨境电子商务零售进口商品实施质量安全风险监测，责令相关企业对不合格或存在质量安全问题的商品采取风险消减措施，对尚未销售的按货物实施监管，并依法追究相关经营主体责任；对监测发现的质量安全高风险商品发布风险警示并采取相应管控措施。海关对跨境电子商务零售进口商品在商品销售前按照法律法规实施必要的检疫，并视情况发布风险警示。

跨境电子商务平台企业、跨境电子商务企业或其代理人、物流企业、跨境电子商务监管作业场所经营人、仓储企业发现涉嫌违规或走私行为的，应当及时主动告知海关。

涉嫌走私或违反海关监管规定的参与跨境电子商务业务的企业，应配合海关调查，开放交易生产数据或原始记录数据。

跨境电子商务企业及其境内代理人、跨境电子商务平台企业、支付企业、物流企业等应当接受海关稽核查。

（二）跨境电子商务B2B出口

1．含义

跨境电子商务 B2B 出口是指境内企业通过跨境物流将货物运送至境外企业或者海外仓，并通过跨境电子商务平台完成交易的贸易形式。

2．分类

（1）跨境电子商务企业对企业直接出口（监管方式代码 9710），简称跨境电子商务 B2B 直接出口，适用于跨境电子商务 B2B 直接出口的货物。

（2）跨境电子商务出口海外仓（监管方式代码 9810），简称跨境电商出口海外仓，适用于跨境电子商务出口海外仓的货物。

这两种监管方式在全国海关适用。

3．适用范围

境内企业通过跨境电子商务与境外企业达成交易后，通过跨境物流将货物直接出口送达境外企业的，或者境内企业通过跨境物流将出口货物送达海外仓，通过跨境电子商务平台实现交易后从海外仓送达消费者（订购人），根据海关要求传输相关电子数据并接受海关监管。

4．企业管理

开展出口海外仓业务的跨境电子商务企业，无需向海关办理出口海外仓业务模式备案。

5．通关管理

跨境电子商务企业或其委托的代理报关企业、境内跨境电子商务平台企业、物流企业应当通过中国国际贸易单一窗口或"互联网+海关"向海关提交申报数据、传输电子信息，并对数据真实性承担相应法律责任。

跨境电子商务 B2B 出口货物应当符合检验检疫相关规定。

海关实施查验时，跨境电子商务企业或其代理人、监管作业场所经营人应当按照有关规定配合海关查验。海关按规定实施查验，对跨境电子商务 B2B 出口货物可优先安排查验。

跨境电子商务 B2B 出口货物适用全国通关一体化，也可采用"跨境电商"模式进行转关。

知识点滴

跨境电子商务出口海外仓

《国务院办公厅关于加快发展外贸新业态新模式的意见》《国务院办公厅关于推动外贸保稳提质的意见》等文件中明确提出，完善跨境电子商务发展支持政策，支持跨境电子商务出口海外仓发展，提升专业化、规模化、智能化水平，进一步发挥对跨境电子商务的带动作用，助力外贸保稳提质。

海外仓是由物流企业、跨境电子商务平台或大型跨境电子商务卖家等专业化主体在境外通过自建或租用，运营的数字化智能化仓储设施。海外仓作为跨境电子商务的重要境外节点，是新型外贸基础设施，是跨境电子商务的重要组成部分。

海外仓的建设可以让出口企业将货物批量发送至境外仓库，实现在该国本地销售、本地配送。这种新的跨国物流形式有利于解决发展跨境电子商务的种种痛点，鼓励电子商务企业走出去。客户下单后，出口企业通过海外仓直接本地发货，大大缩短配送时间，也减少了清关障碍；货物批量运输，降低了运输成本；客户收到货物后能轻松实现退换货，也改善了购物体验。

资料来源：长沙市商务局官网

（三）跨境电子商务出口商品退货

允许在全国海关范围内对跨境电子商务零售出口、跨境电子商务特殊区域出口、跨境电子商务出口海外仓三种模式的跨境电子商务商品开展退货监管。

申请开展退货业务的相关企业应当建立退货商品流程监控体系，应保证退货商品为原出口商品，并承担相关法律责任。

退货企业可以对原中华人民共和国海关出口货物报关单、跨境电子商务零售出口商品申报清单或出境货物备案清单所列全部或部分商品申请退货。

跨境电子商务出口退货商品可单独运回也可批量运回，退货商品应在出口放行之日起 1 年内退运进境。退货企业应当向海关如实申报，接受海关监管，并承担相应的法律责任。

跨境电子商务退货商品的检验检疫按照有关规定办理。

企业通过中国国际贸易单一窗口或跨境电子商务通关服务平台向海关申报中华人民共和国海关跨境电子商务零售进出口商品退货单（简称退货单），退货申请的商品种类、数量等不得超出原出口清单的商品种类和数量范围，跨境电子商务企业、跨境电子商务平台企业须与原出口清单一致。

（四）跨境电子商务进口商品退货

在跨境电子商务零售进口模式下，跨境电子商务企业境内代理人或其委托的报关企业（简称退货企业）可向海关申请开展退货业务。跨境电子商务企业及其境内代理人应保证退货商品为原跨境电子商务零售进口商品，并承担相关法律责任。

退货企业可以对原中华人民共和国海关跨境电子商务零售进口商品申报清单（简称申报

清单）内全部或部分商品申请退货。

退货企业在申报清单放行之日起 30 日内申请退货，并且在申报清单放行之日起 45 日内将退货商品运抵原海关监管作业场所、原海关特殊监管区域或保税物流中心（B 型）的，相应税款不予征收，并调整消费者个人年度交易累计金额。

退货企业应当向海关如实申报，接受海关监管，并承担相应的法律责任。

知识点滴

深圳宝安国际机场"保税+"领跑全国

近年来，深圳海关大力支持深圳机场保税物流中心创新业务模式，拓展"保税+"新业态，深挖保税物流中心外贸发展潜能，据海关统计数据，2022 年全年，深圳机场保税物流中心进出口总值 173.99 亿元，同比增长 61.1%，在全国保税物流中心（B 型）类别中进出口总值居首位。

在科通公司等电子元器件分销龙头企业进驻后，电子元器件产业逐渐成为深圳机场保税物流中心高质量发展的新增长极。为助力进口电子元器件实现快速进出、及时配送，深圳宝安国际机场海关进一步强化政策帮扶，推出"预约通关""预留闸机"等通关便利化措施，设立通关一体化绿色通道，优先验放芯片等重点供应链货物，支持"创芯港"项目龙头企业进口电子元器件"直采直飞"，提升通关时效 30%。深圳市科通技术有限公司表示："过去的一年，在机场海关的大力支持下，我们每次进出口都能快速通关，海关的高效服务是我们及时供应的有力保障！"

为保障关键产业链供应链稳步恢复，深圳宝安国际机场海关结合航空口岸实际，制定促进外贸保稳提质十六条措施，有针对性地帮助企业拓宽渠道、恢复产能。海关支持恢复、新增、加密国际货运航线，为航空维修产业快速恢复提供了有力保障。"为满足企业快速通关的需求，针对航材夜间维修的特点，我们开通了夜间预约通关服务，结合'两步申报'模式，实现 24 小时通关'零延误'，确保维修航材能更快投入生产，满足企业对于飞机维修的紧急需求。"深圳宝安国际机场海关保税监管科科长介绍说。

跨境电子商务网购保税进口商品的退货处理，一直是困扰企业的难题，也是影响跨境电子商务快速发展的绊脚石。深圳海关积极助企纾困，支持开通跨境电子商务网购保税进口退货模式，优化精简退货流程和通关手续，实现跨境电子商务商品"出得去、退得回、退得快"，有效降低了企业经营成本，促进业务实现规模化发展。

开通跨境电子商务进口商品退换货业务有效节约了退货商品在区外仓储和短驳的费用，减少了企业因拦截或消费者拒收带来的商品税费损失。2022 年，深圳机场保税物流中心跨境电子商务网购保税进口商品退换货共 670 票。

近年来，机场保税物流中心不断完善保税业务通道体系，已建成与海陆空铁全类型口岸进出境、与国内各主要保税区域"仓到仓"流转、与上下游工厂高效配送的立体化业务网络，可开展集中报关等共 12 大类业务。在此基础上，深圳海关充分发挥保税物流中心优势，推出展览品"空港+会展"一站式通关服务模式。据了解，该模式改变了以往进境展品分散在各个口岸清关的情况，将海陆空铁邮各种运输方式进境的展品，经深圳关区各口岸快速通关后，集中在空港国际货站办理清关手续，展品通关的所有环节均由机场海关一站式办理，通关效率提高一倍以上，节约企业 30% 以上的经营成本。

深圳宝安国际机场海关相关领导表示："下一步，海关将构建展馆联动各口岸的'1+N'格局，实现进口展品口岸至展馆'点对点'直通。进一步完善'展会总担保+多元担保+驻场免担保'体系，切实减轻飞机、游艇、汽车、精密仪器等大宗商品参展成本，支持战略性新兴企业参展。"

资料来源：搜狐网

润心育德

促进高水平开放

党的二十大报告指出，高质量发展是全面建设社会主义现代化国家的首要任务。必须完整、准确、全面贯彻新发展理念，坚持社会主义市场经济改革方向，坚持高水平对外开放，加快构建以国内大循环为主体、国内国际双循环相互促进的新发展格局。全国海关围绕服务国家经济社会发展大局，强化监管优化服务，促进对外开放高质量发展。进出口环节监管证件由 86 个减少到 41 个，整体通关效率不断提高；综合保税区、自由贸易试验区、海南自由贸易港进出口规模大幅提升；连续实施网购保税进口、跨境电子商务 B2B 直接出口、跨境电子商务出口海外仓等监管方式，使"买全球""卖全球"成为现实；截至 2023 年，已与 171 个国家或地区海关建立起友好合作关系……

专题讨论：结合上述材料，思考高质量发展在报关程序中如何体现。

第七节　其他进出境货物及其报关程序

一、过境、转运、通运货物

（一）过境货物

1. 含义

过境货物是指从境外启运，通过中国境内陆路继续运往境外的货物。

2. 范围

过境货物分为准予过境的货物和禁止过境的货物，具体内容如表 4-17 所示。

表 4-17　　　　　　　　准予过境的货物和禁止过境的货物

准予过境的货物	禁止过境的货物
与我国签有过境货物协议的国家（地区）的货物	来自或运往我国停止或禁止贸易的国家（地区）的货物
与我国签有铁路联运协定的国家（地区）收发货的过境货物	武器、弹药、爆炸品及军需品（通过军事途径运输的除外）
未与我国签有过境货物协议但经商务部门、运输部门批准的，并向入境地海关备案后准予过境的货物	烈性毒药、麻醉品和鸦片、吗啡、海洛因、可卡因等毒品；危险废物、放射性废物；外来入侵物种；微生物、人体组织、生物制品、血液及其制品等特殊物品；象牙等濒危动植物及其制品（法律另有规定的除外）
	我国法律、法规禁止过境的其他货物

3. 管理

海关对过境货物进行监管的目的是防止过境货物在运输途中滞留国内，或将我国货物混入过境货物随运出境；防止禁止过境货物从我国过境。

（1）对过境货物经营人的要求

过境货物经营人应持批准文件和营业执照，向海关办理备案手续；装载过境货物运输工具应当具有海关认可的加封条件或装置；运输部门或经营人应当负责保护海关封志的完整，任何人不能擅自开启或损毁。

（2）对过境货物管理的规定

① 民用爆炸品、医用麻醉品等的过境运输，应经海关总署及有关部门批准后，方可过境；

② 有伪报货名和国别，借以运输我国禁止过境货物的，以及其他违反我国法律、行政法规情形的，海关可依法将货物扣留；

③ 海关可以对过境货物实施查验，海关在查验过境货物时，经营人或承运人应当到场，负责搬移货物，开拆、封装货物；

④ 过境货物在境内发生损毁或者灭失的（除不可抗力原因造成外），经营人应当负责向出境地海关补办进口纳税手续。

4. 报关程序

（1）进出口报关

① 进境报关。过境货物进境时，过境货物经营人或报关企业应当向海关递交过境货物报关单和运单、转载清单、载货清单及发票、装箱清单，办理过境手续。

海关审核无误后，进境地海关在提运单上加盖"海关监管货物"戳记，并将过境货物报关单和过境货物清单制作成"关封"后加盖"海关监管货物"专用章，交过境货物经营人或报关企业。

② 出境报关。过境货物出境时，过境货物经营人或报关单位应当及时向出境地海关申报，并递交进境地海关签发的"关封"和其他单证。

出境地海关审核有关单证、"关封"和货物，确认无误后，加盖"放行章"，监管货物出境。

（2）过境期限

过境货物的过境期限为 6 个月，若有特殊原因，可以向海关申请延期，经海关同意后，最长可延期 3 个月；如果超过规定的期限 3 个月仍未过境的，海关依法提取变卖，变卖后的货款按有关规定处理。

（3）在境内暂存和运输

过境货物在境内暂存和运输须遵守以下规定：因换装运输工具需要卸下储存时，应经海关批准并在海关监管下存入指定的仓库或场所；在进境后、出境以前，应按照运输主管部门规定的路线运输，无规定的，由海关指定；海关可根据情况派员押运过境货物。

（二）转运货物

1. 含义

转运货物是指从境外启运，通过我国境内设立海关的地点换装运输工具，不通过境内陆路运输，继续运往境外的货物。

2. 范围

进境运输工具载运的货物必须具备下列条件之一，方可办理转运手续：

① 持有转运或联运提单的；

② 进口载货清单上注明是转运货物的；

③ 持有普通提货单，但在卸货前向海关声明转运的；

④ 误卸下的进口货物，经运输工具经营人提供确实证件的；

⑤ 因特殊原因申请转运，获海关批准的。

3. 管理

海关对转运货物实施监管的目的在于防止货物在口岸换装过程中误进口或误出口。

海关对转运货物有以下监管规定：

① 外国转运货物在中国口岸存放期间，不得开拆、改换包装或进行加工；

② 转运货物必须在 3 个月之内办理海关有关手续并转运出境，超过 3 个月仍未转运出境或办理其他海关手续的，海关将提取依法变卖处理；

③ 海关对转运的外国货物有权进行查验。

4. 报关程序

装有转运货物的运输工具进境后，承运人应当在进口载货清单上列明转运货物的名称、数量、启运地和到达地，并向主管海关申报。

经海关同意后，在海关指定地点换装运输工具。

在规定时间内运送出境。

（三）通运货物

1. 含义

通运货物是指从境外启运，不通过境内陆路运输，运进境后由原运输工具载运出境的货物。

2. 报关程序

① 运输工具进境时，运输工具负责人应凭注明货物名称和数量的"船舶进口报告书"或国际民航机使用的"进口载货舱单"向进境地海关申报。

② 进境地海关接受申报后，在运输工具抵、离境时对申报的货物予以核查，并监管货物实际离境。运输工具因装卸货物需要搬运或倒装货物时，应向海关申请并在海关的监管下进行。

过境、转运、通运货物的比较如表 4-18 所示。

表 4-18　　　　　　　　　　　过境、转运、通运货物的比较

	是否通过我国境内陆路运输	是否在我国境内换装运输工具	期限	相同点
过境货物	是	均可	6+3 个月	启运地和目的地都在境外
转运货物	否	是	3 个月	
通运货物	否	否	无规定	

二、货样、广告品

（一）概述

1. 含义

货样是指专供订货参考的进出口货物样品；广告品是指用以宣传有关商品内容的进出口广告宣传品。

2. 分类

① 货样、广告品 A：有进出口经营权的企业购买或售出的货样、广告品；

② 货样、广告品 B：没有进出口经营权的企业（单位）进出口及免费提供进出口的货样、广告品。

（二）报关程序

进出口货样、广告品的报关程序除暂时进出境的货样、广告品外，只有进出口报关阶段的四个环节，即申报、配合查验、缴纳税费和提取或装运货物。

1. 证件管理

（1）有进出口经营权的企业，在其经营范围内进口非许可证件管理的货样、广告品（不

论价购、价售还是免费提供），凭经营权向海关申报。

没有进出口经营权的单位进口数量合理且价值在人民币 1000 元以下的非许可证件管理的货样、广告品，凭其主管司局级以上单位证明向海关申报。数量不合理或价值在人民币 1000 元以上的，凭省级商务主管部门的审批证件向海关申报。

（2）进口属于许可证管理的货样、广告品，凭进口许可证向海关申报。

（3）进口属于自动进口许可管理的机电产品和一般商品的货样、广告品，属每批次价值人民币 5000 元以下的免领自动进口许可证。进口的货样、广告品属旧机电产品的，需程序审批并按有关旧机电产品进口的规定申报。

（4）出口货样每批次货值人民币 3 万元以下的免领出口许可证；运出境外的两用物项和技术的货样或实验用样品，按规定办理两用物项和技术出口许可证，凭两用物项和技术出口许可证向海关申报。

（5）列入《法检目录》范围内的进出口货样、广告品，凭出入境检验检疫部门签发的相关单证向海关申报。

2. 税收管理

进出口货样、广告品经海关审核数量合理且每次总值在人民币 400 元及以下的，免征关税和进口环节海关代征税；每次总值在人民币 400 元以上的，征收超出部分的关税和进口环节海关代征税。

三、租赁货物

（一）概述

1. 含义

租赁是指所有权和使用权之间的一种借贷关系，即由资产所有者（出租人）按契约规定，将租赁物件租给使用人（承租人），使用人在规定期限内支付租金并享有对租赁物件使用权的一种经济行为。跨越国（地区）境的租赁称为国际租赁。以国际租赁方式进出境的货物，即为租赁货物。这里主要介绍租赁进口货物。

2. 范围

国际租赁大体分为两种：一种是金融租赁，带有融资性质；另一种是经营租赁，带有服务性质。

金融租赁进口货物一般不复运出境，租赁期满，以很低的名义价格转让给承租人，承租人按合同规定分期支付租金，租金的总额一般大于货价；经营租赁进口货物一般是暂时性质的，按合同规定的期限复运出境，承租人按合同规定支付租金，租金总额一般小于货价。

（二）报关程序

根据《关税法》的规定，租赁进口货物的纳税义务人对租赁进口货物应当按照海关审定的租金作为完税价格缴纳进口税款，租金分期支付的可以选择一次性缴纳税款或者分期缴纳税款。选择一次性缴纳税款的可以按照海关审定的货物的价格作为完税价格，也可以按照海关审定的租金总额作为完税价格。

租赁进口货物的报关程序要根据纳税义务人对缴纳税款的完税价格的选择来决定。

1. 金融租赁进口货物的报关程序

金融租赁进口货物由于租金大于货价，纳税义务人会选择一次性按货价缴纳税款或者选择按租金分期缴纳税款，而非选择一次性按租金的总额缴纳税款，这样，金融租赁进口货物的报关会出现以下两种情况。

（1）按货物的完税价格缴纳税款

收货人或其代理人在租赁货物进口时应当向海关提供租赁合同，按进口货物的实际价格向海关申报，提供相关的进口许可证件和其他单证，按海关审定的货物完税价格计算税款数额缴纳进口关税和进口环节海关代征税。

海关现场放行后，不再对货物进行监管。

（2）按租金分期缴纳税款

收货人或其代理人在租赁货物进口时应当向海关提供租赁合同，按照第一期应当支付的租金和按照货物的实际价格分别填制报关单向海关申报，提供相关的进口许可证件和其他单证，按海关审定的第一期租金的完税价格计算税款数额缴纳进口关税和进口环节海关代征税，海关按照货物的实际价格统计。

海关现场放行后，对货物继续进行监管。纳税义务人在每次支付租金后的 15 日内（含 15 日）按支付租金额向海关申报，并缴纳相应的进口关税和进口环节海关代征税，直到最后一期租金支付完毕。

需要后续监管的金融租赁进口货物租期届满之日起 30 日内，纳税义务人应当申请办结海关手续，将租赁进口货物退运出境；如不退运出境，以残值转让，则应当按照转让的价格审定完税价格计征进口关税和进口环节海关代征税。

2．经营租赁进口货物的报关程序

经营租赁进口货物由于租金小于货价，货物在租赁期满应当返还出境，纳税义务人会选择按租金分期缴纳税款，具体报关程序同金融租赁进口货物报关程序中的按租金分期缴纳税款。

☕ **知识点滴**

自贸试验区制度创新案例：保税租赁海关监管新模式（天津自贸试验区）

"保税租赁"即"保税采购+租赁贸易"，是国家为鼓励和促进保税区融资租赁等服务发展、国内租赁公司业务拓展，而允许使用的新型租赁模式（见图4-9）。租赁公司在保税区设立租赁特殊目的公司（Special Purpose Vehicle，SPV），以SPV为出租方，保税采购租赁标的物，以租赁贸易方式报关后，交付承租方使用，实现以租金方式分期缴纳关税和进口环节增值税。

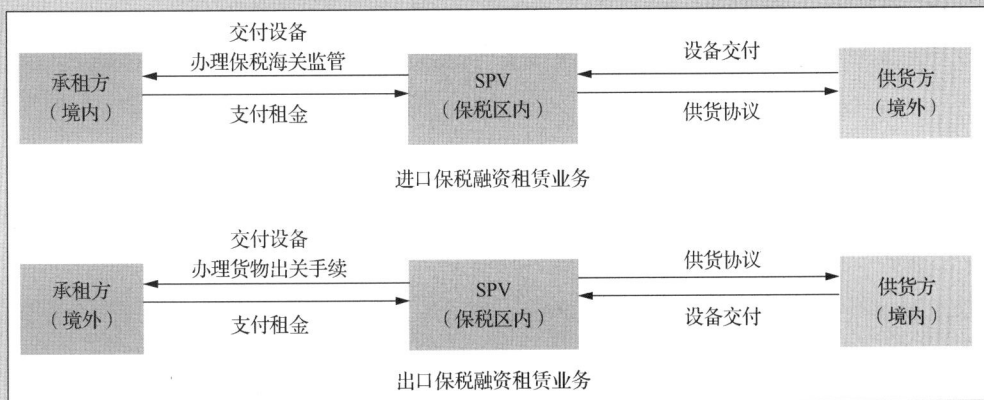

图4-9　保税租赁业务模式

2009 年，我国海关开始在全国范围内对保税租赁业务进行探索和试点。随着我国保税区数量的不断增加，保税租赁业务在近些年大力发展，在实践操作中存在各地海关税收政策与监管措施不一致、税收征管方式烦琐、大型设备入区成本高等突出问题。

中国（天津）自由贸易试验区（简称天津自贸试验区）通过创新海关监管模式，推动异地委托监管、租赁资产交易等多项海关监管模式发展，解决了融资租赁业务发展中的突出问题，取得了明显成效。

天津自贸试验区的主要做法如下。

① **进口租赁飞机、船舶、海洋工程结构物等大型设备实行异地委托监管。** 注册地在天津自贸试验区海关特殊监管区域内的融资租赁企业进出口飞机、船舶和海洋工程结构物等大型设备，因无法移动、运输限制等难以实际运至海关特殊监管区域，天津海关在执行现行相关税收政策前提下，根据物流实际需要，对其实行海关异地委托监管。通过海关间的联系配合，实现租赁标的物由境外直接运输至实际使用地，大大降低了企业成本。

② **开展租赁资产交易业务。** 租赁资产交易是租赁合同执行中承租企业不发生变化，租赁企业发生变更的一种业务模式。改革前，飞机租赁企业开展业务时，飞机等租赁标的物必须实际出境再回到国内。天津海关经过充分调研，创新性地提出通过申报保税核注清单方式完成租赁企业间发生租赁资产交易的海关监管流程，解决了企业收付汇和后续租赁合同变更的问题。

③ **完善监管体制，提供制度保障。** 2019年2月，天津海关发布《关于中国（天津）自由贸易试验区内海关特殊监管区域开展保税租赁业务相关管理规定的公告》（天津海关公告〔2019〕1号）。同年10月，海关总署下发《关于综合保税区内开展保税货物租赁和期货保税交割业务的公告》（海关总署公告〔2019〕158号）。两个文件将异地委托监管、租赁资产交易等多项海关创新监管模式，通过制度的形式固化下来，有力促进了融资租赁产业的健康发展。

天津自贸试验区制度创新实践效果如下。

① **产业集聚效应显现。** 截至2020年底，天津自贸试验区集聚租赁公司约3600家，其中开展飞机、船舶等租赁业务的单一项目公司超过2400家，累计注册资本金约5800亿元人民币。累计完成1763架飞机、147台发动机、212艘国际航运船舶、40座海上石油钻井平台的租赁业务，飞机、船舶、海工设备租赁资产累计约982亿美元。

② **国际化水平进一步提高。** 全球排名前25位的飞机租赁公司中，14家在天津自贸试验区开展业务。AerCap、ALC、Avolon、Gecas等多家国际知名租赁公司在天津自贸试验区设立平台，交付飞机超过120架。

③ **企业成本显著降低。** 例如，海关异地委托监管使飞机等大型设备可以直接在目的地投入使用，经企业初步测算，一架飞机可节省企业运输经营成本超过100万元。

资料来源：前海创新研究院QIIR

四、加工贸易不作价设备

（一）概述

1. 含义

加工贸易不作价设备是指与加工贸易企业开展加工贸易的境外厂商，免费向企业提供的加工生产所需设备。

2. 范围

加工贸易境外厂商免费提供的不作价设备，如属于国家禁止进口商品和《外商投资项目不予免税的进口商品目录》所列商品，海关不能受理加工贸易不作价设备免税进口的申请。除此以外的其他商品，加工贸易企业可以向海关提出加工贸易不作价设备免税进口的申请。

3. 特征

① 加工贸易不作价设备与保税加工货物的区别在于前者进境后使用时一般不改变形态，国家政策不强调复运出境；后者是加工贸易生产料件，进境后使用时一般改变形态，国家政策强调加工后复运出境。

② 加工贸易不作价设备与特定减免税设备的区别在于前者按保税货物管理，后者按特定减免税货物管理。

③ 加工贸易不作价设备与保税加工货物、特定减免税货物一样，在进口放行后需要继续监管。

（二）报关程序

加工贸易不作价设备的报关程序包括设立加工贸易不作价设备手册、进口、结转、解除监管、核销五个阶段。

1. 设立加工贸易不作价设备手册

（1）企业按照信息表内容和海关监管要求，通过中国国际贸易单一窗口或"互联网+海关"一体化网上办事平台，登录金关二期加贸管理系统中的加工贸易手册子系统企业端，自行录入或委托报关公司等中介机构代理录入不作价设备手册设立数据。

（2）金关二期加贸管理系统已实现随附单证无纸化传输，企业录入加工贸易不作价设备手册设立数据上传有关随附单证后，向海关发送，并等待海关审核通知。随附单证包括：

① 经营企业与外商签订的加工贸易合同，合同中应列明进口加工贸易不作价设备的条款；

② 信息表；

③ 加工贸易不作价设备图片及其用途说明；

④ 加工贸易不作价设备的商品编码涉及《外商投资项目不予免税的进口商品目录》《进口不予免税的重大技术装备和产品目录》相关编码，但不在上述文件列明的商品范围内的，需要提供相关说明。

2. 进口

企业申报进口加工贸易不作价设备时，应按照《报关单填制规范》准确无误地填报进口报关单，其中"监管方式"一栏填写"不作价设备"，监管方式代码为"0320"。企业凭加工贸易不作价设备手册办理通关手续符合条件的，免征进口关税、征收进口环节增值税。加工贸易不作价设备如属于国家实行进口许可证件管理的，可以免于办理进口许可证件；如属于旧机电产品的，加工贸易企业应向海关提交有关旧机电产品的进口许可证；如属于无线电设备的，应提交无线电管理部门的批件。

加工贸易不作价设备自进口之日起至退运出口或海关规定解除监管之日止，属于海关监管货物。海关监管期限为 3 年，在海关监管期限内加工贸易不作价设备不得擅自在境内销售、串换、转让、抵押或移作他用。

3. 结转

企业通过金关二期加贸管理系统保税流转管理子系统申报设备结转申报表，经海关核批通过后，办理结转核注清单，可不再办理报关单申报手续。

4. 解除监管

（1）监管期限已满的不作价设备

企业不再向海关提交书面申请等纸质单证，通过申报监管方式为 BBBB 的设备解除监管专用保税核注清单，向主管海关办理设备解除监管手续。保税核注清单审核通过后，企业如有需要，可自行打印解除监管证明。

（2）监管期限未满的不作价设备

由企业根据现有规定办理复运出境或内销手续。

① 退运出境。因故终止或解除加工贸易合同的，由主管海关核准，企业可将不作价设备退运出境。

② 内销征税。不将设备退运出境的，应办理机电产品进口证件和入境检验检疫手续，如涉及进口许可证件管理的，需提交相关许可证件，并应当按设备使用年限折旧后的价值作为完税价格，征收关税后办理解除监管手续。

5. 核销

加工贸易不作价设备手册的核销与加工贸易手册核销一致。

五、出料加工货物

（一）概述

1. 含义

出料加工货物是指我国境内企业运到境外进行技术加工后复运进境的货物。

2. 原则

出料加工的目的是借助境外先进的加工技术提高产品的质量和档次，因此只有在境内现有的技术手段无法或难以达到产品质量要求而必须运到境外进行某项加工的情况下，才可开展出料加工业务。

出料加工原则上不能改变原出口货物的物理形态，完全改变原出口货物物理形态的，属于一般出口。

3. 管理

出料加工货物自运出境之日起 6 个月内应当复运进境，经海关批准，可以延期，延长的期限不得超过 3 个月。

（二）报关程序

出料加工货物的报关程序包括备案、进出口申报、核销 3 个阶段，如表 4-19 所示。

表 4-19   出料加工货物的报关程序

备案阶段		开展出料加工的经营企业应到主管海关办理出料加工合同的备案申请手续，海关核发出料加工登记手册
进出口申报阶段	出境申报	向海关提交登记手册、出口货物报关单、货运单据及其他海关需要的单证申报出口，属许可证件管理的商品，免交许可证件；属于应征出口税的，应提供担保
	进境申报	向海关提交登记手册、出口货物报关单、货运单据及其他海关需要的单证申报出口，以境外加工费、材料费、复运进境的运输及其相关费用和保险费审查确定完税价格，征收进口关税和进口环节海关代征税
核销阶段		出料加工货物全部复运进境后，经营企业应当向海关报核，退还保证金或者撤销担保；出料加工货物未按海关允许期限复运进境的，海关按一般进口货物办理，将货物出境时收取的税款担保金转为税款，货物进境时按一般进口货物征收进口关税和进口环节海关代征税

六、无代价抵偿货物

（一）概述

1. 含义

无代价抵偿货物是指进出口货物在海关放行后，因残损、缺少、品质不良或规格不符，由进出口货物的发货人、承运人或者保险公司免费补偿或更换的与原货物相同或者与合同规定相符的货物。

收发货人申报进出口的无代价抵偿货物，与退运出境或者退运进境的原货物不完全相同或者与合同规定不完全相符的，经收发货人说明理由，海关审核认为理由正当且税则号列未发生改变的，仍属于无代价抵偿货物范畴。

收发货人申报进出口的免费补偿或者更换的货物，其税则号列与原进出口货物不一致的，不属于无代价抵偿货物范畴，属于一般进出口货物的范畴。

2. 特征

（1）免交进出口许可证件。

（2）不征收进口关税和进口环节海关代征税，出口无代价抵偿货物不征收出口关税。

（3）现场放行后，海关不再进行监管。

（二）报关程序

无代价抵偿大体可以分为两种情况，一种是短少抵偿，一种是残损、品质不良或规格不符抵偿。

因短少抵偿，无须将货物退运进出境，直接将短少部分货物再运出境或运进境，由于前面都已申报过，无须征税和交验许可证件。

因残损、品质不良或规格不符引起的无代价抵偿，货物进出口前应先办理有关海关手续，如不放弃也不退运则按一般进出口货物办理相关手续。

无代价抵偿货物报关的具体内容如表 4-20 所示。

表 4-20　　　　　　　　　　　　无代价抵偿货物的报关内容

无代价抵偿货物报关程序	应办理被更换的原进出口货物中残损、品质不良或规格不符货物的退运进出境的报关手续；被更换的原进口货物中残损、品质不良或规格不符货物不退运出境，但愿意放弃交由海关处理的，凭海关提供的依据申报进口无代价抵偿货物；不退运出境也不放弃的，按一般进出口货物办理，缴纳进出口税费，交验相应的许可证件
无代价抵偿货物的实质	免费补偿或更换与原货物相同或相符的货物；直接赔偿；被更换货物必须退运进出境或放弃交海关处理，否则视为一般进出口
报关应提供的单证	原进出口货物报关单；原货物退进进出境的报关单或海关处理证明；税款缴纳书或征免税证明；索赔协议；检验证明（海关认为需要时提供）
期限	应在原进出口合同规定的索赔期限内且不超过原货物进出口之日起 3 年

思考与讨论

天津某航运公司完税进口一批驳船，使用不久后发现大部分驳船油漆剥落，向境外供应商提出索赔，供应商同意减价 60 万美元，并应进口方的要求以等值的驳船用润滑油补偿。

请问：该批润滑油进口时应按"无代价抵偿货物"报关，还是按"一般进出口货物"报关？

七、进出境修理货物

进出境修理货物是指运进（出）境进行维护修理后复运出（进）境的机械设备、运输工具或其他货物，以及为维修这些货物所需的进（出）口的原材料、零部件。进出境修理货物的报关内容如表 4-21 所示。

表 4-21　　　　　　　　　　进出境修理货物的报关内容

货物类型		海关监管特征	报关规定期限	备注
进境修理货物		免缴进口关税和进口环节海关代征税，但要提供担保并接受海关后续监管	进出境修理之日起 6 个月，可申请延长 6 个月。超过规定期限复运进出境的，按一般进出口货物计征税费，并交验进出口许可证件	进出境修理货物属海关监管货物，复运进出境后应办理销案手续，未复出境的，按一般进出口申报纳税
出境修理货物	保修期内	由境外免费维修的，免征进口关税和进口环节海关代征税，免予交验许可证件；收取费用的，以境外修理费和材料费审定完税价格计征进口税费		
	保修期外	按境外修理费和材料费审定完税价格计征进口税费，免交验许可证件		

📖 思考与讨论

下列符合出境修理货物和出料加工货物海关规定的表述有（　　　　）。

① 两者在境外的期限都为 6 个月，可申请延长但不超过 3 个月。

② 两者都需在规定的期限内复运进境，否则按一般进口货物计征进口关税和进口环节海关代征税。

③ 两者出境申报都可免征出口税，免交验许可证件，但应提供担保。

④ 两者复运进境时都应以境外的实际费用为完税价格计征进口税费。

八、集装箱箱体

（一）范围

集装箱箱体既是一种运输设备又是一种货物。当用集装箱装载进出口货物时，集装箱箱体就作为运输设备申报；当一个企业购买进口和销售出口集装箱时，集装箱箱体就是普通的进出口货物。集装箱箱体作为货物进出口是一次性的，而在通常情况下是作为运输设备暂时进出境的。以下介绍后一种情况。

（二）报关程序

暂时进出境的集装箱箱体报关有以下两种情况。

（1）境内生产的集装箱及我国营运人购买进口的集装箱在投入国际运输前向所在地海关办理登记手续。海关准予登记并符合规定的集装箱箱体，无论是否装载货物，海关准予暂时进境和异地出境，营运人或其代理人无须对箱体单独向海关办理报关手续，进出境时也不受规定的期限限制。

（2）境外集装箱箱体暂准进境，无论是否装载货物，承运人或其代理人都应当向海关申报，并应当自入境之日起 6 个月内复运出境，特殊情况下延期不超过 3 个月。

九、溢卸货物和误卸货物

（一）概述

1. 含义

溢卸货物是指未列入进口载货清单、提单或运单的货物，或多于进口载货清单、提单或运单所列数量的货物。

误卸货物是指将运往境外港口、车站或其他境内港口、车站而在本港卸下的货物。

2. 管理

经海关核实的溢卸货物和误卸货物，运输工具卸货之日起 3 个月内，由载运该货物的原运输工具负责人向海关申请办理退运出境手续，或由该货物的收发货人向海关申请办理退运或者申报进口手续，特殊情况下经海关批准，可延期 3 个月办理手续，超出上述期限的，海关提取依法变卖处理。属于危险品或鲜活、易腐、易烂、易失效、易变质、易贬值等不宜长期保存货物的，海关可根据实际情况提前提取依法变卖处理。

（二）报关程序

溢卸货物和误卸货物的报关程序是根据货物的处置来决定的，具体内容如表 4-22 所示。

表 4-22 溢卸货物和误卸货物的报关程序

情形	报关程序
仅适用溢卸货物	① 就地进口：由原收货人接收的，向进境地海关按一般进口货物报关程序办理进口手续。 ② 溢短相补：将溢卸货物抵补短卸货物的，限于同一运输工具、同一品种货物。非同一运输工具或同一运输工具非同一航次的，限于同一运输公司、同一品种的进口货物。短卸货物原收货人按照无代价抵偿货物的报关程序办理相关手续
仅适用误卸货物	物归原主：属于应运往境内其他口岸的，可由原收货人或其代理人就地向进境地海关办理进口申报手续或办理转关运输手续。运输工具负责人或其代理人要求运往境外的，经海关核实后按照转运货物的报关程序办理海关手续，转运境外
同时适用溢卸货物和误卸货物	① 退运境外：属于应运往境外的，当事人可向海关申请办理直接退运手续，退运境外。 ② 境内转售：原收货人不接收的，运输工具负责人或其代理人要求在境内进行销售的，由购货单位向海关办理相应的进口手续

十、退运货物

退运货物是指原出口货物或原进口货物出于各种原因退运进口或退运出口的货物，分为一般退运货物和直接退运货物。

（一）一般退运货物

1. 含义

一般退运货物是指已办理申报手续且海关已放行出口或进口，出于各种原因退运进口或出口的货物。

2. 报关

一般退运货物报关的具体内容如表 4-23 所示。

表 4-23 一般退运货物的报关内容

		报关程序	免退税情况
退运进口	原出口货物已收汇，已核销	填写进口货物报关单向进境地海关申报，提供原出口货物报关单、已盖核销专用章的"外汇核销单出口退税专用联"或税务局出具的"出口商品退运已补税证明"，保险公司证明或承运人溢装、漏卸的证明	因品质或规格问题，出口货物自出口之日起 1 年内原状退货复运进境的，海关核实后，不予征收进口税，原出口时已经征收出口关税的，只要重新缴纳因出口而退还的国内环节税，自缴纳出口税款之日起 1 年内准予退还
	原出口货物未收汇	填写进口货物报关单申报进口，提交原出口货物报关单、出口收汇核销单、报关单退税证明联	
	原出口货物部分退运进口	海关在原出口货物报关单批注退运的实际数量、金额，核实后放行	
退运出口		填写出口货物报关单申报出境，并提供原货物进口时的进口货物报关单、保险公司证明或承运人溢装、漏卸证明，海关核实无误后，验放有关货物出境	因品质或规格问题，进口货物自进口之日起 1 年内原状退货复运出境的，经海关核实后可以免征出口关税，已征收进口关税和代征税的，自缴纳进口税款之日起 1 年内准予退还

（二）直接退运货物

直接退运是指在进境后、办结海关放行手续前，进口货物收发货人、原运输工具负责人或者其代理人（以下统称当事人）申请直接退运境外，或者海关根据国家有关规定责令直接退运境外的全部或者部分货物。

1. 当事人申请直接退运的货物

（1）范围

① 因国家贸易管理政策调整，收货人无法提供相关证件的。

② 属于错发、误卸或者溢卸货物，能够提供发货人或者承运人书面证明文书的。

③ 收发货人双方协商一致同意退运，能够提供双方同意退运的书面证明文书的。

④ 有关贸易发生纠纷，能够提供法院判决书、仲裁机构仲裁决定书或者无争议的有效货物所有权凭证的。

⑤ 货物残损或者国家检验检疫不合格，能够提供国家检疫部门出具的相关检验证明文书的。

对在当事人申请直接退运前，海关已经确定查验或者认为有走私违规嫌疑的货物，不予办理直接退运，待查验或者案件处理完毕后，按照海关有关规定处理。

（2）报关程序

当事人向海关申请直接退运，应当按照海关要求提交进口货物直接退运申请书、证明进口实际情况的合同、发票、装货清单、已报关货物的原报关单、提运单或者载货清单等相关单证，符合申请条件的相关证明文书及海关要求当事人提供的其他文件。海关按行政许可程序作出受理或者不予受理的决定，受理并批准直接退运的，制发准予直接退运决定书。

直接退运一般先申报出口，再申报进口，在填制进口货物报关单时，报关单的"标记唛码及备注"栏填报关联报关单（出口报关单）号。

直接退运的货物不需要交验进出口许可证件或者其他监管证件，免予征收各种税费及滞报金，不列入海关统计。

进口货物直接退运应从原进境地口岸退运出境，需改变运输路线的，须由原进境地海关批准后，以转关运输方式出境。

2. 海关责令直接退运的货物

（1）范围

① 进口国家禁止进口的货物，已经海关依法处理的；

② 违反国家检验检疫政策法规，经国家检验检疫部门处理并且出具《检验检疫处理通知》或者其他证明文书后的；

③ 未经许可擅自进口属于限制进口的固体废物，经海关依法处理的；

④ 违反国家有关法律、行政法规，应当责令直接退运的其他情形。

对需要责令进口货物直接退运的，由海关根据相关政府行政主管部门出具的证明文书，向当事人制发责令直接退运通知书。

（2）报关程序

办理进口货物直接退运手续，应当按照报关单填制规范填制进出口货物报关单，并符合下列要求：

① "标记唛码及备注"栏填责令直接退运通知书编号；

② "贸易方式"栏填"直接退运"（代码4500）。

其他手续与当事人申请直接退运的货物相类似。

十一、退关货物

（一）含义

退关货物又称出口退关货物，是指向海关申报出口并获准放行，但因故未能装上运输工具，经发货单位请求，将货物退运出海关监管区不再出口的货物。

（二）海关手续

（1）出口货物的发货人或其代理人应当在得知出口货物未装上运输工具，并决定不再出口之日起3天内，向海关申请退关。

（2）经海关核准且撤销出口申报后方能将货物运出海关监管场所。

（3）已缴纳出口税的退关货物，可以在缴纳税款之日起1年内，提出书面申请，向海关申请退税。

（4）出口货物的发货人或其代理人办理出口货物退关手续后，海关应对所有单证予以注销，并删除有关报关电子数据。

十二、放弃货物

（一）概述

1. 含义

放弃货物也称放弃进口货物，是指进口货物收货人或所有人声明放弃，由海关提取依法变卖处理的货物。

2. 范围

（1）没有办结海关手续的一般进口货物。

（2）保税货物。

（3）在监管期内的特定减免税货物。

（4）暂时进境货物。

（5）其他没有办结海关手续的进境货物。

国家禁止或限制进口的货物、对环境造成污染的货物不得声明放弃。

（二）处理

放弃进口货物由海关提取依法变卖处理。由海关提取依法变卖处理的放弃进口货物所得的价款，优先拨付变卖处理实际支付的费用后，再扣除运输、装卸、储存等费用。假如不足以支付运输、装卸、储存等费用的，按比例支付。变卖价款扣除相关费用后尚有余款的，上缴国库。

十三、超期未报关货物

（一）概述

1. 含义

超期未报关货物是指在规定的期限内未办结海关手续的海关监管货物。

2. 范围

（1）自运输工具申报进境之日起，超期3个月未向海关申报进口货物。

（2）在海关批准的延长期满仍未办结海关手续的溢卸和误卸货物。

（3）超过规定期限 3 个月未向海关办理复运出境或其他海关手续的保税货物。

（4）超过规定期限 3 个月未向海关办理复运出境或其他海关手续的暂时进境货物。

（5）超过规定期限 3 个月未运输出境的过境、转运、通运货物。

（二）处理

超期未报关进口货物由海关提取依法变卖处理。

（1）被决定变卖处理的货物如属于《法检目录》范围的，由海关在变卖前提请出入境检验检疫部门进行检验检疫。

（2）变卖所得价款，在优先拨付变卖处理支出的费用后，按照运费、装卸费用、储存费用、进口关税、进口环节海关代征税、滞报金的顺序扣除相关费用和税款，所得价款不足以支付同一顺序相关费用的，按照比例支付。

（3）按照规定扣除相关费用和税款后，有余款的，自货物依法变卖之日起 1 年内，经进口货物收货人申请，予以返还；其中被变卖货物属于许可证件管理，应当提交许可证件而不能提供的，不予发还；不符合进口货物收货人资格、不能证明其对进口货物享有权利的，申请不予受理。逾期无进口货物收货人申请、申请不予受理或者不予发还的，余款上缴国库。

（4）经海关审核符合被变卖进口货物收货人资格的发还余款的申请人应当按照海关对进口货物的申报规定，补办进口申报手续。

第八节　海关监管货物的特殊申报程序

一、进出境快件申报程序

（一）进出境快件概述

1. 含义

进出境快件是指进出境快件运营人，以向客户承诺的快速商业运作模式承揽、承运的进出境货物、物品。

进出境快件运营人是指在中华人民共和国境内依法注册，在海关登记备案的从事进出境快件运营业务的国际货物运输代理企业。

2. 分类

进出境快件分为文件类、个人物品类和货物类三类。

（1）文件类进出境快件是指法律、行政法规规定予以免税的无商业价值的文件、单证、单据及资料。

（2）个人物品类进出境快件是指海关法规规定自用、合理数量范围内的进出境旅客分离运输行李物品、亲友间相互馈赠物品和其他个人物品。

（3）货物类进出境快件是指除前两类货物以外的进出境快件。

（二）申报程序

1. 报关

进出境快件报关的具体内容如表 4-24 所示。

2. 查验

海关对进出境快件查验时，运营人应派员到场，并负责进出境快件的搬移、开拆、封装。海关认为必要时，可对进出境快件进行开验、复验或者提取货样。

表 4-24　　　　　　　　　　　　进出境快件报关的具体内容

类别	时间	方式	期限	适用报关单
文件类	进出境快件通关应当在海关正常办公时间内进行，如需在海关正常办公时间以外进行的需事先征得所在地海关同意	运营人应当按照海关的要求采用新版快件通关管理系统向海关办理进出境快件的报关手续	进境快件应当在运输工具申报进境之日起 14 日内，出境快件在运输工具离境 3 小时以前，向海关申报	KJ1 报关单
个人物品类				进出境快件个人物品申报单
货物类				对关税税额在人民币 50 元以下的货物和海关规定准予免税的货样、广告品，使用 KJ2 报关单
				对应予征税的货样、广告品，使用 KJ3 报关单
				其他进境的货物类快件，一律按进口货物相应的报关程序提交申报单证

二、进出境货物集中申报程序

（一）概述

1. 含义

集中申报是指经海关备案，进出口货物收发货人在同一口岸多批次进出口规定范围内的货物，可以先以集中申报清单申报货物进出口，再以报关单集中办理海关手续的特殊通关方式。

2. 范围

（1）图书、报纸、期刊类出版物等时效性较强的货物。

（2）危险品或者鲜活、易腐、易失效等不宜长期保存的货物。

（3）公路口岸进出境的保税货物。

3. 管理

（1）备案

① 地点。进出口货物收发货人应当在货物所在地海关，加工贸易企业应当在主管地海关办理集中申报备案手续。

② 单证。提交适用集中申报通关方式备案表。

③ 备案担保。提供符合海关要求的担保，担保有效期不得少于 3 个月。

④ 备案有效期。按照进出口货物收发货人提交的担保有效期核定。

⑤ 备案变更、延期和终止。申请适用集中申报通关方式的货物、担保情况等发生变更时，进出口货物收发货人应当向原备案地海关书面申请变更。备案有效期届满可以延期，进出口货物收发货人需要继续适用集中申报方式办理通关手续的，应当在备案有效期届满 10 日前向原备案地海关书面申请延期。备案有效期届满未延期的，备案表效力终止。

（2）报关管理

进出口货物收发货人可以委托报关企业办理集中申报有关手续。

（二）申报程序

1. 电子申报

进出境货物集中申报电子申报方式如表 4-25 所示。

表 4-25　　　　　　　　　　进出境货物集中申报电子申报方式

申报时间	进口：载运进口货物的运输工具申报进境之日起 14 日内 出口：自货物运抵海关监管区后、装货的 24 小时前
申报单证	进口：进口货物集中申报单，按清单格式录入电子数据申报 出口：出口货物集中申报单，按清单格式录入电子数据申报
退单	海关审核发现清单电子数据与备案数据不一致的，应退单。凡被退单的，进出口货物收发货人应当以报关单方式向海关申报

2. 纸制单证申报

（1）提交集中申报清单及随附单证

① 提交期限。进出口货物收发货人自海关审结清单电子数据之日起 3 日内，持清单和单证到货物所在地海关办理交单验放手续，属于许可证件管理的，交验相应的许可证件。

② 修改或撤销集中申报清单。按报关单修改或撤销规定办理。

（2）报关单集中申报

① 期限。进出口货物收发货人应当对 1 个月以内集中申报清单申报的数据进行归并，填制进出口报关单，一般贸易货物在次月 10 日之前，保税货物在次月底之前到海关办理集中申报手续。

② 报关单填制要求。集中申报清单归并为同一份报关单的，各清单中的进出境口岸、经营单位、境内收发货人、贸易方式（监管方式）、启运国（地区）、装货港、运抵国（地区）、运输方式栏目及适用的税率、汇率必须一致。各清单中规定项目不一致而无法归并的，进出口货物收发货人应当填写单独的报关单进行申报。

③ 办理相应的手续。进出口货物收发货人对集中申报清单的货物以报关单方式办理海关手续时，应当按照海关规定对涉税的货物办理税款缴纳手续。涉及许可证件管理的，应当提交海关批注过的相应许可证件。

④ 申领报关单证明联。进出口货物收发货人办理集中申报海关手续后，海关按集中申报进出口货物报关单签发报关单证明联。"进出口日期"以海关接受报关单申报的日期为准。

三、海关监管货物转关申报程序

（一）转关概述

1. 含义

转关是指海关监管货物在海关监管下，从一个海关运至另一个海关办理某项海关手续的行为，包括：货物由进境地入境，向海关申请转关，运往另一个设关地点进口报关；货物在启运地出口报关运往出境地，由出境地海关监管出境；已经办理入境手续的海关监管货物从境内一个设关地点运往境内另一个设关地点报关。

2. 转关条件及要求

（1）转关条件

① 转关的指运地和起运地必须设有海关；

② 转关的指运地和起运地应当设有经海关批准的监管作业场所；

③ 转关货物应由已在海关备案登记的承运人承运。海关对转关限定路线范围和途中运输时间，承运人应当按海关要求将货物运抵指定的场所。

（2）海关对转关货物的要求

① 多式联运货物，以及具有全程提（运）单需要在境内换装运输工具的进出口货物，其收发货人可以向海关申请办理多式联运手续，有关手续按照联程转关模式办理。

② 易受温度、静电、粉尘等自然因素影响或者因其他特殊原因，不宜在口岸海关监管区实施查验的进出口货物，满足以下条件的，经主管地海关（进口为指运地海关，出口为启运地海关）批准后，其收发货人方可按照提前报关方式办理转关手续。

- 收发货人为高级认证企业。
- 转关运输企业最近一年内没有因走私违法行为被海关处罚。
- 转关起运地或指运地与货物实际进出境地，不在同一直属关区内。

- 货物实际进境地已安装非侵入式查验设备。进口转关货物应当直接运输至收货人所在地，出口转关货物应当直接在发货人所在地启运。

进口转关货物应当直接运输至收货人所在地，出口转关货物应当直接在发货人所在地启运。

③ 邮件、快件、暂时进出境货物（含 ATA 单证册项下货物）、过境货物、中欧班列载运货物、市场采购方式出口货物、跨境电子商务零售进出口商品、免税品以及外交、常驻机构和人员公自用物品，其收发货人可按照现行相关规定向海关申请办理转关手续，开展转关运输。

④ 除上述情况外，海关不接受转关申报。

知识点滴

起运地和启运地的区别

从定义而言，启运地是指出口货物启运的第一地点，通常是货物离开的原始地点。例如，货物从 A 地报关指定运往 B 地，A 地就是启运地。起运地是在货物运输过程中，发生贸易行为后的下一个装货地点。例如，货物从 A 国出口至 B 国，途经 C 国并在 C 国发生贸易行为，那么启运地为 A 国，起运地为 C 国。

从应用场景而言，启运地常用于国际贸易中的报关和运输过程中，确定货物的起始地点。起运地则用于描述货物在运输过程中发生贸易行为的地点，通常涉及海关和贸易规则的应用。

3. 转关方式

转关有提前报关转关、直转转关和中转转关三种方式。

（1）提前报关转关

提前报关转关是指进口货物在指运地先申报，再到进境地办理进口转关手续，出口货物在运抵启运地监管场所前先申报，货物运抵监管场所后再办理出口转关手续的转关。

（2）直转转关

进口直转转关是指进口货物在进境地海关办理转关手续，货物运抵指运地再在指运地海关办理申报手续的转关。

出口直转转关是指出口货物在运抵起运地海关监管场所申报后，在起运地海关办理出口转关手续再到出境地海关办理出境手续的转关。

（3）中转转关

进口中转转关是指持全程提运单、需换装境内运输工具的进口中转货物由收货人或其代理人先向指运地海关办理进口申报手续，再由境内承运人或其代理人批量向进境地海关办理转关手续的转关。

出口中转转关是指持全程提运单、需换装境内运输工具的出口中转货物由发货人或其代理人先向指运地海关办理出口申报手续，再由境内承运人或其代理人批量按出境工具分列舱单向起运地海关批量办理转关手续，并到出境地海关办理出境手续的转关。

4. 转关管理

（1）提前报关转关的进口货物应在电子数据申报之日起 5 日内，向进境地海关办理转关手续；出口货物应在电子数据申报之日起 5 日内，运抵起运地海关监管场所，办理转关和验放等手续。

（2）直转转关的进口货物应当自运输工具申报进境之日起 14 日内，向进境地海关办理转关手续；货物运抵指运地之日起 14 日内，向指运地海关办理报关手续。

（3）中转转关的收发货人或其代理人向指运地或启运地海关办理进出口报关手续后，由境内承运人或其代理人统一向进境地或启运地海关办理进口或出口转关手续，此方式适用全程提运单，必须换装境内运输工具。

📖 **思考与讨论**

西安某企业向香港出口服装一批，该批货物运抵西安海关监管现场前，先向该海关录入出口货物报关电子数据，货物运至海关监管现场后，转运至天津口岸装运出境。请问，这属于转关运输的哪种方式？为什么？

（二）申报程序

1. 进口货物的转关

（1）提前报关的转关

指运地海关录入—进境地海关转关—指运地海关报关。

进口货物的收货人或其代理人在进境地海关办理进口货物转关手续前，向指运地海关传送进口货物报关单电子数据。指运地海关提前受理电子申报，接受申报后，计算机自动生成进口转关货物申报单，向进境地海关传输有关数据。

提前报关的转关货物收货人或其代理人应向进境地海关提供进口转关货物申报单编号，并提交进口转关货物核放单、汽车载货登记簿或船舶监管簿、提货单，办理转关手续。

提前报关的进口转关货物，进境地海关因故无法调阅进口转关数据时，可以按直转方式办理转关手续。

（2）直转方式的转关

进境地海关录入并转关—指运地海关报关。

货物的收货人或其代理人在进境地录入转关申报数据，持进口转关货物申报单、汽车载货登记簿或船舶监管簿直接办理转关手续。

（3）中转方式的转关

指运地海关报关—进境地海关转关（承运人或其代理人办理）。

具有全程提运单、需要换装境内运输工具的进口中转转关货物的收货人或其代理人向指运地海关办理进口报关手续后，由境内承运人或其代理人向进境地海关提交进口转关货物申报单、进口货物中转通知书、按指运地目的港分列的舱单（空运方式提交联程运单）等单证办理货物转关手续。

2. 出口货物的转关

（1）提前报关的转关

启运地海关录入（货未入监管区）—出境地海关出境。

由货物的发货人或其代理人在货物运抵起运地海关监管场所前，先向启运地海关传送出口货物报关单电子数据，由启运地海关提前受理电子申报，生成出口转关货物申报单数据，传输至出境地海关。

发货人或其代理人应持出口货物报关单、汽车载货登记簿或船舶监管簿、广东省内公路运输的，还应当提交出境汽车载货清单，向启运地海关办理出口转关手续。

货物到达出境地后，发货人或其代理人应持启运地海关签发的出口货物报关单、出口转关货物申报单或出境汽车载货清单、汽车载货登记簿或船舶监管簿向出境地海关办理转关货物出境手续。

（2）直转方式的报关

启运地海关录入（货已入监管区）—出境地海关出境。

由发货人或其代理人在货物运抵启运地海关监管场所后，向启运地海关传送出口货物报关单电子数据，启运地海关受理电子申报，生成出口转关货物申报单数据，传输至出境地海关。

发货人或其代理人应持出口货物报关单、汽车载货登记簿或船舶监管簿、广东省内公路运输的，还应当提交出境汽车载货清单，向启运地海关办理出口转关手续。

直转的出口转关货物到达出境地后，发货人或其代理人应持启运地海关签发的出口货物报关单、出口转关货物申报单或出境汽车载货清单、汽车载货登记簿或船舶监管簿向出境地海关办理转关货物出境手续。

（3）中转方式的转关

启运地海关报关（发货人办理）—转关（承运人办理）。

具有全程提运单、需要换装境内运输工具的出口中转转关货物的发货人或其代理人向启运地海关办理出口报关手续后，由境内承运人或其代理人向启运地海关传送并提交出口转关货物申报单、凭出境运输工具分列的电子或纸质舱单、汽车载货登记簿和船舶监管簿等单证，向启运地海关办理货物的出口转关手续。

3. 境内监管货物的转关

境内监管货物的转关运输，除加工贸易深加工结转按有关规定办理外，均应按进口转关方式办理。

（1）提前报关的，由转入地（相当于指运地）货物收货人或其代理人在转出地（相当于进境地）海关办理监管货物转关手续前，向转入地海关传送进口货物报关单电子数据报关。

由转入地海关提前受理电子申报，并生成进口转关货物申报单，向转出地海关传输。

转入地海关收货人或其代理人应持进口转关货物核放单和汽车载货登记簿或船舶监管簿，并提供进口转关货物申报单编号，向转出地海关办理转关手续。

（2）由转入地货物收货人或其代理人在转出地录入转关申报数据，持进口转关货物申报单和汽车载货登记簿或船舶监管簿，直接向转出地海关办理转关手续。

货物运抵转入地后，海关监管货物的转入地收货人或其代理人向转入地海关办理货物的报关手续。

润心育德

共建"一带一路"，海关有贡献

党的二十大报告指出，我们实行更加积极主动的开放战略，构建面向全球的高标准自由贸易区网络，加快推进自由贸易试验区、海南自由贸易港建设，共建"一带一路"成为深受欢迎的国际公共产品和国际合作平台。我国成为一百四十多个国家和地区的主要贸易伙伴，货物贸易总额居世界第一，吸引外资和对外投资居世界前列，形成更大范围、更宽领域、更深层次对外开放格局。

多年来，海关全力推进与共建"一带一路"国家（地区）的"经认证的经营者"（AEO）互认合作。截至目前，我国已与22个经济体48个国家（地区）签署AEO互认协议，协议签署数量和互认国家（地区）数量全球"双第一"，其中共建"一带一路"国家32个；全力推进"智慧海关、智能边境、智享联通"建设，以"三智"合作为引领，深化改革创新，强化系统集成，加快创新实践，加强国际合作，提高监管服务效能，促进贸易安全和通关便利化；全力做好服务中欧班列开行，以减少报关次数、降低报关成本。

专题讨论：请结合所学报关程序的相关知识，思考我国海关加强 AEO 互认合作的必要性和意义。

本章小结

通过本章的学习，我们了解了海关监管货物及其报关程序，集中申报、转关等特殊申报程序，以及中国国际贸易单一窗口管理等内容。

海关监管货物的基本报关程序包括前期阶段、进出口阶段和后续阶段。中国国际贸易单一窗口功能已经覆盖国际贸易链条各主要环节，优化了通关业务流程，提高了申报效率，缩短了通关时间，降低了企业成本，促进了贸易便利化。

一般进出口货物报关程序只包括进出口阶段。保税货物分为保税加工货物和保税物流货物。保税货物的监管模式分为物理围网监管和非物理围网监管两种模式。保税加工货物物理围网监管主要包括电子账册管理模式，非物理围网监管模式包括电子化手册管理和计算机联网监管模式。保税物流货物的非物理围网监管模式包括保税仓库、出口监管仓库，物理围网监管模式包括保税物流中心、保税物流园区、保税区、保税港区等。保税货物的报关程序主要包括前期备案阶段、进出口阶段和后期核销阶段。

特定减免税货物有其适用的特定范围，即特定地区、特定企业和特定用途。对特定减免税货物有前期减免税申请和后续处置、解除监管阶段。在我国，部分暂时进出境货物可以使用具有报关单和税费担保功能的 ATA 单证册进行通关。目前我国海关对跨境电子商务货物的报关政策主要包括跨境电子商务 B2C 零售进出口、跨境电子商务 B2B 出口、跨境电子商务出口商品退货及跨境电子商务进口商品退货等方面。

其他进出境货物主要包括过境、转运和通运货物，货样和广告品，加工贸易不作价设备，无代价抵偿货物，退运货物，等等。这些货物较为特殊，数量较少，涉及部门多，所以在办理通关时应严格遵守报关规范。特殊申报程序主要包括进出境快件申报、集中申报、转关申报等程序。

练习题

一、单项选择题

1. 关于进口货物申报时间的规定是自运输工具申报进境之日起（　　）内向海关申报。

    A. 14 日　　　　　　B. 15 个　　　　　　C. 1 个月　　　　　D. 3 个月

2. 某企业从韩国付汇购入一批纺织面料，加工西服出口至俄罗斯、日本等国家，这种贸易方式属于（　　）。

    A. 一般贸易　　　B. 来料加工　　　C. 进料加工　　　D. 补偿贸易

3. 特定减免税进口的机器设备和其他设备、材料的海关监管年限为（　　）。

    A. 3 年　　　　　　B. 5 年　　　　　　C. 6 年　　　　　　D. 8 年

4. 进出口货物征免税确认通知书有效期为（　　）个月，实行"一证一批"的原则。

    A. 3　　　　　　　B. 6　　　　　　　C. 9　　　　　　　D. 12

5. 根据我国海关现行规定，下列（　　）适用 ATA 单证册制度。

    A. 暂时进口的集装箱　　　　　　　　B. 暂时进口的文艺演出用服装

C. 暂时进口学术交流用教学用具　　　　D. 暂时进口的在展览会中供陈列用的展品

6. 秦皇岛某公司进口一批货物，装载货物的运输工具于 2023 年 9 月 18 日从天津新港申报进境，货物于 10 月 10 日（周二）向天津新港海关申报转关，转关货物 10 月 15 日运抵秦皇岛，该转关属于（　　　）方式。

A. 提前报关转关　　　　　　　　　　　B. 直转转关

C. 中转转关方式　　　　　　　　　　　D. 以上都不是

7. 保税加工货物内销，海关按照规定免征缓税利息的是（　　　）。

A. 副产品　　　　　　　　　　　　　　B. 残次品

C. 边角料　　　　　　　　　　　　　　D. 因不可抗力受灾的保税货物

8. 在加工贸易项下海关准予保税的料件，（　　　）保税。

A. 85%　　　　　B. 95%　　　　　C. 100%　　　　　D. 不予

9. 向海关报关时，适用保税区进境货物备案清单的是（　　　）。

A. 保税区从境外进口的加工贸易料件

B. 保税区销往国内非保税区的货物

C. 保税区区内企业从境外进口自用的机器设备

D. 保税区管理机构从境外进口的办公用品

10. 无代价抵偿货物进口时，必须填写进口货物报关单，提交原进口货物报关单、税款缴纳书，海关认为需要时，还需要提交（　　　）出具的检验证明文件。

A. 海关　　　　　　　　　　　　　　　B. 进口单位

C. 使用单位　　　　　　　　　　　　　D. 国家进出口商检机构

11. 超期未报关的进口货物，由海关依法提取变卖，先拨付变卖处理实际支付的费用后，按照下列（　　　）顺序扣除相关费用和税款。

A. 进口环节海关代征税—运输、装卸、储存的费用—进口关税—滞报金

B. 进口关税—进口环节海关代征税—运输、装卸、储存的费用—滞报金

C. 运输、装卸、储存的费用—进口关税—进口环节海关代征税—滞报金

D. 运输、装卸、储存的费用—进口环节海关代征税—进口关税—滞报金

12. 提前报关的进口转关货物应在电子数据申报之日起（　　　）日内向进境地海关办理转关手续。

A. 14　　　　　B. 5　　　　　C. 7　　　　　D. 15

13. 某外贸公司以一般贸易方式从境外订购进口货物，在如实申报、配合查验、缴纳进口税费后由海关放行，该公司应凭下列（　　　）单据到海关监管仓库提取货物。

A. 海关签发的进（出）口货物证明书

B. 海关加盖了放行章的货运单据

C. 海关签发的税款缴纳书

D. 海关签发的进口付汇核销专用报关单

14. 以下关于保税区与境外之间进出货物的报关制度，正确的表述是（　　　）。

A. 保税区与境外之间进出境货物采取报关制，填写进出口货物报关单

B. 保税区与境外之间进出境货物采取备案制，填写进出境货物备案清单

C. 保税区与境外之间进出境货物，属自用的，采取备案制，填写进出境货物备案清单；属非自用的，采取报关制，填写进出口货物报关单

D. 保税区与境外之间进出境货物，属自用的，采取报关制，填写进出口货物报关单；属非自用的，采取备案制，填写进出境货物备案清单

15. 特定减免税货物的海关监管期限按照货物种类有所不同，下列关于特定减免税货物监管期限表述正确的是（　　　　）。

    A. 船舶、飞机、建材 8 年；机动车辆 6 年；其他货物 5 年

    B. 船舶、飞机 8 年；机动车辆 6 年；其他货物 5 年

    C. 船舶、飞机 8 年；机动车辆 6 年；其他货物 3 年

    D. 船舶、飞机、建材 8 年；机动车辆、家用电器 6 年；其他货物 5 年

16. 在我国，ATA 单证册货物暂时进出境期限为自货物进出境之日起（　　　　），如果有特殊情况需要延期，延期最多不超过（　　　　），每次延长的期限不超过（　　　　）。

    A. 6 个月；3 次；6 个月　　　　　　　B. 1 年；1 次；1 年

    C. 1 年；1 次；6 个月　　　　　　　　D. 1 年；3 次；1 年

17. 从境外起运，在我国境内设立海关的地点换装运输工具，不通过境内陆路运输，继续运往境外的货物是（　　　　）。

    A. 通运货物　　　　B. 转口货物　　　　C. 转运货物　　　　D. 过境货物

18. 进境修理货物，货物进口后在境内维修的期限为进口之日起（　　　　），可以申请延长，最长不超过（　　　　）。

    A. 3 个月；3 个月　　　　　　　　　　B. 3 个月；6 个月

    C. 6 个月；6 个月　　　　　　　　　　D. 1 年；1 年

二、多项选择题

1. 在进出境阶段需要实际办理的海关基本手续有（　　　　）。

    A. 进出口申报　　　B. 配合查验　　　C. 缴纳税费　　　D. 提取或装运货物

2. 保税货物具有的特征是（　　　　）。

    A. 经海关批准暂缓纳税

    B. 因未办理纳税手续进境是海关的监管货物

    C. 在境内储存、加工、装配后应复运出境

    D. 因临时进出口，原则上免交许可证件

3. 下列关于海关专用监管场所或特殊监管区域保税物流货物存放时间的表示，正确的是（　　　　）。

    A. 保税仓库存放保税物流货物的时间是 1 年，可以申请延长，延长期最长 1 年

    B. 出口监管仓库存放保税物流货物的时间是 1 年，可以申请延长，延长期最长 1 年

    C. 保税物流园区存放保税物流货物无时间限制

    D. 保税物流中心存放保税物流货物的时间是 1 年，可以申请延长，延长期最长 1 年

4. 暂时进出境货物的特征有（　　　　）。

    A. 有条件暂时免缴税费

    B. 除另有规定外，免予提交许可证件

    C. 在特定期限内，除因使用而产生正常损耗外按原状复运进出境

    D. 按货物实际使用情况办结海关手续

5. 下列关于进境快件内容的表述，正确的是（　　　　）。

    A. 文件类应适用文件类报关单

    B. 个人物品类适用进出境快件个人物品申报单

    C. 海关对应予征税的货样、广告品适用 KJ3 报关单

    D. 对关税税额在人民币 50 元以下的和海关准入免税的货样、广告品，应当适用 KJ2 报关单

6. 下列单证中，属于基本单证的是（　　　　）。

    A. 合同　　　　　B. 提货单　　　　C. 商业发票　　　D. 原产地证明

7. 海关对保税物流货物的管理除监管延伸、纳税暂缓外，还包括（　　　）。
   A. 设立审批　　　　B. 准入保税　　　　C. 复运出境　　　　D. 运离结关

8. 目前，我国海关对跨境电子商务 B2B 出口的监管方式代码包括（　　　）。
   A. 1210　　　　　　B. 1239　　　　　　C. 9710　　　　　　D. 9810

9. 出料加工货物按规定期限复进口，海关审定完税价格时，其价格因素包括（　　　）。
   A. 原出口料件成本价　　　　　　　　B. 境外加工费
   C. 境外加工的材料费　　　　　　　　D. 复运进境的运输及其相关费用、保险费

10. 下列属于一般进出口货物的特征的是（　　　）。
   A. 在进出境时按有关法律法规的规定向海关缴纳应当缴纳的税费
   B. 进出口时如需提交许可证的，提交相关的许可证
   C. 暂不纳税
   D. 海关放行即办结了海关手续

三、判断题

1. "一般进出口"指的就是以"一般贸易"方式进出口。　　　　　　　　　　　　（　　　）

2. 海关在实施查验时，不能在未经收发货人或其代理人同意的情况下，自行开箱验货或者提取货样。　　　　　　　　　　　　　　　　　　　　　　　　　　　　　（　　　）

3. 某公司从日本购买一艘货轮，拟从事国际货物运输，该货轮进境时应按进境运输工具向海关报关。　　　　　　　　　　　　　　　　　　　　　　　　　　　　　（　　　）

4. 商务部是我国 ATA 单证册的担保机构和出证机构。　　　　　　　　　　　　（　　　）

5. 转关货物在国内储运中发生损坏、短少、灭失时，除不可抗力外，承运人、货物所有人、存放场所负责人应承担纳税责任。　　　　　　　　　　　　　　　　　　（　　　）

6. 加工贸易保税货物深加工结转是指加工贸易企业将保税进口料件转至另一海关关区的加工贸易企业进一步加工后复出口的经营活动。　　　　　　　　　　　　　（　　　）

7. 可以在保税仓库内进行实质性加工。　　　　　　　　　　　　　　　　　　（　　　）

8. 按租金支付进口税的租赁货物进口时，收货人应当填制两份进口报关单向海关申报。按第一期租金和按货物实际价格分别填制，按第一期租金缴税，按实际价格统计。　（　　　）

9. 进口货物自装载货物的运输工具申报进境之日起超过 3 个月仍未向海关申报的，货物由海关提取依法变卖处理。对于不宜长期保存的货物，海关可以根据实际情况提前处理。（　　　）

10. 特定减免税货物一般不豁免进口许可证，另有规定的除外。　　　　　　　（　　　）

11. 保税区须经海关总署批准才能设立。　　　　　　　　　　　　　　　　　（　　　）

四、简答题

1. 简述一般进出口货物、保税加工货物、特定减免税货物的特征。
2. 什么是 ATA 单证册？使用 ATA 单证册的暂时进出境货物如何报关？
3. 简述保税物流货物的报关程序。
4. 简述海关对保税加工货物的监管模式。
5. 简述跨境电子商务 B2C 零售进出口商品的监管方式。

实训题

【实训目的】熟悉转关运输的方式、期限及报关程序。

【实训内容】

珠海某中日合资高新技术产业公司从韩国进口一批电子产品经深圳口岸入境。该批货物在运抵深圳口岸之前，该公司就向珠海海关录入进口货物报关单的电子数据，珠海海关接受了申报并审核了报关单信息。审结后，珠海海关将进口货物报关单的电子数据传输至深圳海关。15 天后，该电子产品运至深圳海关监管现场，因某些原因，该公司在深圳海关重新办理了转关手续并经陆路将货物运至珠海并办理了有关海关手续。货物进口后，该公司凭有关单证办理了进口付汇手续。不久，其中一部分产品出现质量问题，该公司向韩国卖方提出索赔并安排出现质量问题的产品退运出口。根据上述案例，在下列选项中选出正确答案。

1. 该批货物从深圳经陆路运输至珠海，这种转关方式是（　　　　）。

    A. 直转转关　　　B. 提前报关转关　　C. 中转转关　　　　D. 直通转关

2. 该批货物申报转关时，应向海关提交的单证包括（　　　　）。

    A. 商业发票　　　　　　　　　　　B. 进口转关货物申报单

    C. 进口付汇核销单　　　　　　　　D. 进境汽车载货清单

3. 该批货物的进口货物报关单"贸易方式"与"征免性质"两栏目应分别填报（　　　　）。

    A. 合资合作设备，一般征税　　　　B. 一般贸易，中外合资

    C. 一般贸易，一般征税　　　　　　D. 合资合作设备，中外合资

4. 质量出现问题的产品退运时，应当办理的海关手续有（　　　　）。

    A. 填写出口货物报关单并进行申报

    B. 提供原货物进口时的进口货物报关单

    C. 已经征收进口税的，自缴纳税款之日起 1 年内可以退还

    D. 自进口 1 年内原状退货复运出境，经海关核实免征出口税

【实训步骤】①学生阅读题目。②学生根据所学内容作答。③学生分组讨论，探寻正确的答案。

【实训成果】通过实训，学生深刻理解与转关运输这一特殊的申报方式有关的知识点，并在实际工作中按照转关运输的规范报关程序完成转关申报。

第五章
进出口商品归类

➡ 学习目标

【知识目标】了解商品归类的依据；熟悉《商品名称及编码协调制度》的基本结构和我国海关进出口商品分类目录的主要内容；掌握进出口商品归类总规则和商品归类的操作步骤。

【能力目标】正确认识商品归类在报关工作中的地位和作用，并能够运用进出口商品归类的方法正确对商品进行归类，具备从事报关工作的基本素质。

【素养目标】培养人文社科素养、社会责任感，能够在经贸活动中遵纪守法，诚实守信。

➡ 案例导入

商品归类

某服装进出口公司从欧洲进口男士开衫（见图5-1）。

商品描述：

面料为针织纯棉线，V领，有扣，无衬里，袖口收紧，适合春秋季节穿着。

请问该商品应如何进行归类？

图 5-1　男士开衫

进出口商品归类是报关员必须掌握的基本技能。在海关管理过程中，对不同类别的进出口货物适用不同的监管条件、按照不同的税率征收关税，海关统计中也将不同商品的类别作为一项重要的统计指标。即对进出口商品进行归类是海关监管、征税和统计的基础。

第一节　商品名称及编码协调制度

一、《商品名称及编码协调制度》的产生

海关进出口商品归类是建立在商品分类目录基础上的。早期的国际贸易商品分类目录结构较为简单，只在为进出口商品征收关税时使用。但随着进出口商品品种和数量的不断增加，加上海关贸易统计的需要，海关合作理事会（1994年更名为世界海关组织）在《海关合作理事会税则商品分类目录》（Customs Co-operation Council Nomenclature，CCCN）和联合国的《国际贸易标准分类》（Standard International Trade Classification，SITC）的基础上，参照世界上主要国家的税则、统计、运输等分类目录而制定了一个多用途的国际贸易商品分类目录，即《商品名称及编码协调制度》（The Harmonized Commodity Description and Coding System，H.S.）（简称《协调制度》）。

📱 微课堂

商品名称及编码协调制度的由来

为适应国际贸易及商品的发展，世界海关组织每4～6年对《协调制度》进行一次较大范围的修改。《协调制度》自1988年1月1日生效以来，共修订了7次，形成了1988年、1992

年、1996 年、2002 年、2007 年、2012 年、2017 年和 2022 年 8 个版本。目前，全球已有 200 多个国家（地区）采用《协调制度》，作为对外贸易通关过程中的重要依据。

润心育德

推进高水平对外开放

党的二十大报告指出，推进高水平对外开放，稳步扩大规则、规制、管理、标准等制度型开放。为应对新技术发展及新产品贸易需求、产业和贸易发展变化以及国际社会对安全、环保、健康问题的关注，海关总署于 2021 年 10 月 8 日发布了 2022 年版《协调制度》修订目录中文版，2022 年版《协调制度》共有 351 组修订，修订后的《协调制度》共有 6 位数子目 5609 个，相比 2017 年版《协调制度》增加了 222 个。

二、《协调制度》的基市结构

《协调制度》将国际贸易涉及的各种商品按照生产部类、自然属性和不同功能用途等分为 22 类、99 章。每一章由若干品目构成，品目项下又细分出若干级子目和二级子目。为了避免各品目和子目所列商品发生交叉归类，在类、章下加有类注、章注和子目注释。为了保证《协调制度》解释的统一性，设立了归类总规则，作为整个《协调制度》商品归类的总原则。《协调制度》的基本结构如图 5-2 所示。

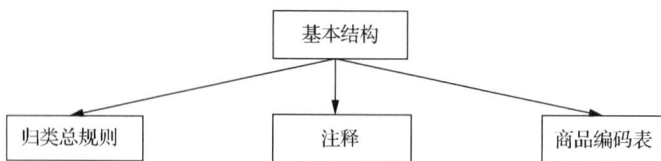

图 5-2 《协调制度》的基本结构

《协调制度》是一部系统的国际贸易商品分类目录，所列商品名称的分类和编排是有一定规律的。

从"类"来看，《协调制度》基本上按社会生产的分工（或称生产部类）分类，将属于同一生产部类的产品归在同一类里。如农业在第一、二类，化学工业在第六类，纺织工业在第十一类，机电制造业在第十六类等。

从"章"来看，基本上按商品的自然属性或用途（功能）来划分。第一章至第八十三章（第六十四章至第六十六章除外），基本上按商品的自然属性来分章，如第一章至第五章是活动物和动物产品，第六章至第十四章是活植物和植物产品，第二十五章至第二十七章是矿产品等。另外，第六十四章至第六十六章和第八十四章至第九十七章则是按货物的用途（功能）来分章的，其中第六十四章是鞋，第六十五章是帽，第八十四章是机械设备，第八十五章是电气设备，第八十七章是车辆，第八十八章是航空航天器，第八十九章是船舶等。这样就形成了系统、完整的商品分类体系，而且《协调制度》几乎涵盖了目前进出口的所有商品种类。

从品目的排列看，一般也是原材料先于成品，加工程度低的产品先于加工程度高的产品，列名具体的品种先于列名一般的品种。如在第四十四章，品目 4403 是原木；品目 4404～4408 是经过简单加工的木材，品目 4409～4413 是木的半制成品；品目 4414～4421 是木制品。

第二节　我国海关进出口商品分类目录简介

一、我国海关进出口商品分类目录的产生

我国海关自 1992 年 1 月 1 日起开始采用《协调制度》，进出口商品归类工作成为我国海关最早实现与国际接轨的执法项目之一。

根据我国海关征税和海关统计工作的需要，我国在《协调制度》的基础上增设本国子目（三级和四级子目），形成了我国海关进出口商品分类目录，然后分别编制出《中华人民共和国海关进出口税则》（简称《进出口税则》）和《中华人民共和国海关统计商品目录》（简称《统计商品目录》）。

为了明确增设的本国子目的商品含义和范围，我国又制定了《本国子目注释》，作为归类时确定三级子目和四级子目的依据。

根据《商品名称及编码协调制度的国际公约》对缔约方权利义务的规定，《进出口税则》和《统计商品目录》与《协调制度》的各个版本同步修订。自 2022 年 1 月 1 日起，我国采用 2022 年版《协调制度》，《进出口税则》和《统计商品目录》已更新至 2024 年版。

二、我国海关进出口商品分类目录的基本结构

《进出口税则》中商品的号列称为税号，每项税号后列出了该商品的税率；《统计商品目录》中的商品号列称为商品编号，为统计需要，每项商品编号后列出该商品的计量单位，并增加了第二十二类"特殊交易品及未分类商品"，第二十二类分为第九十八章、第九十九章。

《协调制度》中的编码只有 6 位数，而《进出口税则》中的编码为 8 位数，其中第 7、8 位就是我国根据实际情况加入的"本国子目"。

编码的编排是有一定规律的，以 0301.9310 "鲤鱼苗"为例说明。

编码：0　3　　0　1　　9　　3　　1　　0
位数：1　2　　3　4　　5　　6　　7　　8
含义：章号　顺序号　一级子目　二级子目　三级子目　四级子目

从以上可以看出，第五位编码代表一级子目，第六位编码代表二级子目，第七位编码代表三级子目，第八位编码代表四级子目。

需要指出的是，若第 5～8 位上出现数字"9"，则它并不一定代表在该级子目的实际顺序号，而是通常情况下代表未具体列名的商品，即在"9"的前面一般留有空序号以便用于修订时增添新商品。如 0407.0029 中第 8 位的"9"并不代表实际顺序号，而是代表除鸡蛋、鸭蛋、鹅蛋以外未具体列名的其他带壳鲜禽蛋。在商品编码表中的商品名称前分别用"—""——""———""————"，代表一级子目、二级子目、三级子目、四级子目。

三、《中华人民共和国海关统计商品目录》各类、章的主要内容

第一类　活动物；动物产品（第一章至第五章）
第一章　活动物
第二章　肉及食用杂碎
第三章　鱼、甲壳动物、软体动物及其他水生无脊椎动物
第四章　乳品；蛋品；天然蜂蜜；其他食用动物产品
第五章　其他动物产品
第二类　植物产品（第六章至第十四章）

第六章　活树及其他活植物；鳞茎、根及类似品；插花及装饰用簇叶

第七章　食用蔬菜、根及块茎

第八章　食用水果及坚果；甜瓜或柑橘属水果的果皮

第九章　咖啡、茶、马黛茶及调味香料

第十章　谷物

第十一章　制粉工业产品；麦芽；淀粉；菊粉；面筋

第十二章　含油子仁及果实；杂项子仁及果实；工业用或药用植物；稻草、秸秆及饲料

第十三章　虫胶；树胶、树脂及其他植物液、汁

第十四章　编结用植物材料；其他植物产品

第三类　动、植物油、脂及其分解产品；精制的食用油脂；动、植物蜡（第十五章）

第十五章　动、植物油、脂及其分解产品；精制的食用油脂；动、植物蜡

第四类　食品；饮料、酒及醋；烟草、烟草及烟草代用品的制品（第十六章至第二十四章）

第十六章　肉、鱼、甲壳动物、软体动物及其他水生无脊椎动物、以及昆虫的制品

第十七章　糖及糖食

第十八章　可可及可可制品

第十九章　谷物、粮食粉、淀粉或乳的制品；糕饼点心

第二十章　蔬菜、水果、坚果或植物其他部分的制品

第二十一章　杂项食品

第二十二章　饮料、酒及醋

第二十三章　食品工业的残渣及废料；配制的动物饲料

第二十四章　烟草、烟草及烟草代用品的制品；非经燃烧吸用的产品，不论是否含有尼古丁；其他供人体摄入尼古丁的含尼古丁的产品

第五类　矿产品（第二十五章至第二十七章）

第二十五章　盐；硫磺；泥土及石料；石膏料、石灰及水泥

第二十六章　矿砂、矿渣及矿灰

第二十七章　矿物燃料、矿物油及其蒸馏产品；沥青物质；矿物蜡

第六类　化学工业及其相关工业的产品（第二十八章至第三十八章）

第二十八章　无机化学品；贵金属、稀土金属、放射性元素及其同位素的有机及无机化合物

第二十九章　有机化学品

第三十章　药品

第三十一章　肥料

第三十二章　鞣料浸膏及染料浸膏；鞣酸及其衍生物；染料、颜料及其他着色料；油漆及清漆；油灰及其他类似胶粘剂；墨水、油墨

第三十三章　精油及香膏；芳香料制品及化妆盥洗品

第三十四章　肥皂、有机表面活性剂、洗涤剂、润滑剂、人造蜡、调制剂、光洁剂、蜡烛及类似品、塑型用膏、"牙科用蜡"及牙科用熟石膏制剂

第三十五章　蛋白类物质；改性淀粉；胶；酶

第三十六章　炸药；烟火制品；火柴；引火合金；易燃材料制品

第三十七章　照相及电影用品

第三十八章　杂项化学产品

第七类　塑料及其制品；橡胶及其制品（第三十九章至第四十章）

第三十九章　塑料及其制品

第四十章　橡胶及其制品

第八类　生皮、皮革、毛皮及其制品；鞍具及挽具；旅行用品、手提包及类似容器；动物肠线（蚕胶丝除外）制品（第四十一章至第四十三章）

第四十一章　生皮（毛皮除外）及皮革

第四十二章　皮革制品；鞍具及挽具；旅行用品、手提包及类似容器；动物肠线（蚕胶丝除外）制品

第四十三章　毛皮、人造毛皮及其制品

第九类　木及木制品；木炭；软木及软木制品；稻草、秸秆、针茅或其他编结材料制品；篮筐及柳条编结品（第四十四章至第四十六章）

第四十四章　木及木制品；木炭

第四十五章　软木及软木制品

第四十六章　稻草、秸秆、针茅或其他编结材料制品；篮筐及柳条编结品

第十类　木浆及其他纤维状纤维素浆；回收（废碎）纸或纸板；纸、纸板及其制品（第四十七章至第四十九章）

第四十七章　木浆及其他纤维状纤维素浆；回收（废碎）纸或纸板

第四十八章　纸及纸板；纸浆、纸或纸板制品

第四十九章　书籍、报纸、印刷图画及其他印刷品；手稿、打字稿及设计图纸

第十一类　纺织原料及纺织制品（第五十章至第六十三章）

第五十章　蚕丝

第五十一章　羊毛、动物细毛或粗毛；马毛纱线及其机织物

第五十二章　棉花

第五十三章　其他植物纺织纤维；纸纱线及其机织物

第五十四章　化学纤维长丝；化学纤维纺织材料制扁条及类似品

第五十五章　化学纤维短纤

第五十六章　絮胎、毡呢及无纺织物；特种纱线；线、绳、索、缆及其制品

第五十七章　地毯及纺织材料的其他铺地制品

第五十八章　特种机织物；簇绒织物；花边；装饰毯；装饰带；刺绣品

第五十九章　浸渍、涂布、包覆或层压的纺织物；工业用纺织制品

第六十章　针织物及钩编织物

第六十一章　针织或钩编的服装及衣着附件

第六十二章　非针织或非钩编的服装及衣着附件

第六十三章　其他纺织制成品；成套物品；旧衣着及旧纺织品；碎织物

第十二类　鞋、帽、伞、杖、鞭及其零件；已加工的羽毛及其制品；人造花；人发制品（第六十四章至第六十七章）

第六十四章　鞋靴、护腿和类似品及其零件

第六十五章　帽类及其零件

第六十六章　雨伞、阳伞、手杖、鞭子、马鞭及其零件

第六十七章　已加工羽毛、羽绒及其制品；人造花；人发制品

第十三类　石料、石膏、水泥、石棉、云母及类似材料的制品；陶瓷产品；玻璃及其制品（第六十八章至第七十章）

第六十八章　石料、石膏、水泥、石棉、云母及类似材料的制品

第六十九章　陶瓷产品

第七十章　玻璃及其制品

第十四类　天然或养殖珍珠、宝石或半宝石、贵金属、包贵金属及其制品；仿首饰；硬币（第七十一章）

第七十一章　天然或养殖珍珠、宝石或半宝石、贵金属、包贵金属及其制品；仿首饰；硬币

第十五类　贱金属及其制品（第七十二章至第八十三章）

第七十二章　钢铁

第七十三章　钢铁制品

第七十四章　铜及其制品

第七十五章　镍及其制品

第七十六章　铝及其制品

第七十七章　空章（保留为《进出口税则》将来所用）

第七十八章　铅及其制品

第七十九章　锌及其制品

第八十章　锡及其制品

第八十一章　其他贱金属、金属陶瓷及其制品

第八十二章　贱金属工具、器具、利口器、餐匙、餐叉及其零件

第八十三章　贱金属杂项制品

第十六类　机器、机械器具、电气设备及其零件；录音机及放声机、电视图像、声音的录制和重放设备及其零件、附件（第八十四章至第八十五章）

第八十四章　核反应堆、锅炉、机器、机械器具及其零件

第八十五章　电机、电气设备及其零件；录音机及放声机、电视图像、声音的录制和重放设备及其零件、附件

第十七类　车辆、航空器、船舶及有关运输设备（第八十六章至第八十九章）

第八十六章　铁道及电车道机车、车辆及其零件；铁道及电车道轨道固定装置及其零件、附件；各种机械（包括电动机械）交通信号设备

第八十七章　车辆及其零件、附件，但铁道及电车道车辆除外

第八十八章　航空器、航天器及其零件

第八十九章　船舶及浮动结构体

第十八类　光学、照相、电影、计量、检验、医疗或外科用仪器及设备、精密仪器及设备；钟表；乐器；上述物品的零件、附件（第九十章至第九十二章）

第九十章　光学、照相、电影、计量、检验、医疗或外科用仪器及设备、精密仪器及设备；上述物品的零件、附件

第九十一章　钟表及其零件

第九十二章　乐器及其零件、附件

第十九类　武器、弹药及其零件、附件（第九十三章）

第九十三章　武器、弹药及其零件、附件

第二十类　杂项制品（第九十四章至第九十六章）

第九十四章　家具；寝具、褥垫、弹簧床垫、软坐垫及类似的填充制品；未列名灯具及照明装置；发光标志、发光铭牌及类似品；活动房屋

第九十五章　玩具、游戏品、运动用品及其零件、附件

第九十六章　杂项制品

第二十一类　艺术品、收藏品及古物（第九十七章）

第九十七章　艺术品、收藏品及古物

第二十二类 特殊交易品及未分类商品（第九十八章至第九十九章）
第九十八章 特殊交易品及未分类商品
第九十九章 （无标题）

第三节 商品归类

《协调制度》将国际贸易中种类繁多的商品，分成若干类、章、分章和商品组。为使人们在对各种商品进行归类时遵循统一的原则，并使各类商品能够准确无误地归入《协调制度》适宜的品目项下，不发生重复、交叉和归类不一致，《协调制度》将商品归类的普遍规律加以归纳总结，作为规则列出，形成了《协调制度》的六个商品归类总规则。

一、商品归类总规则

（一）规则一

类、章及分章的标题，仅为查找方便而设；具有法律效力的归类，应按品目条文和有关类注或章注确定，如品目、类注或章注无其他规定，按以下规则确定。

（二）规则二

（1）品目所列货品，应视为包括该货品的不完整品或未制成品，只要在进口或出口时该项不完整品或未制成品具有完整品或制成品的基本特征；还应视为包括该项货品的完整品或制成品在进口或出口时未组装件或拆散件。

（2）品目中所列材料或物质，应视为包括该种材料或物质与其他材料或物质混合或组合的物品。品目所列某种材料或物质构成的货品，应视为包括全部或部分由该种材料或物质构成的货品。由一种以上材料或物质构成的货品，应按规则三归类。

（三）规则三

当货品按规则二第二条或由于其他原因看起来可归入两个或两个以上品目时，应按以下规则归类。

（1）列名比较具体的品目，优先于列名一般的品目。但是，如果两个或两个以上品目都仅述及混合或组合货品所含的某部分材料或物质，或零售的成套货品中的某些货品，即使其中某个品目对该货品描述得更为全面、详细，这些货品在有关品目的列名应视为同样具体。

（2）混合物、不同材料构成或不同部件组成的组合物以及零售的成套货品，如果不能按照规则三第一条归类时，在本条可适用的条件下，应按构成货品基本特征的材料或部件归类。

（3）货品不能按照规则三第一条或第二条归类时，应按号列顺序归入其可归入的最末一个品目。

（四）规则四

根据上述规则无法归类的货品，应归入与其最相类似的货品品目。

（五）规则五

本规则适用于下列货品的归类。

（1）制成特殊形状仅适用于盛装某个或某套物品并适合长期使用的照相机套、乐器盒、枪套、绘图仪器盒、项链盒及类似容器，如果与所装物品同时进口或出口，并通常与所装物品一同出售的，应与所装物品一并归类。但本条不适用于本身构成整个货品基本特征的容器。

（2）除规则五第一条规定的以外，与所装货品同时进口或出口的包装材料或包装容器，如果通常是用来包装这类货品的，应与所装货品一并归类。但明显可重复使用的包装材料和包装容器可不受本条限制。

（六）规则六

货品在某一品目项下各子目的法定归类，应按子目条文或有关的子目注释以及以上各规则来确定，但子目的比较只能在同一数级上进行。除《协调制度》另有规定的以外，有关的类注、章注也适用于本规则。

二、商品归类的方法和步骤

（一）商品归类的前期工作

要想准确快速地对商品进行归类，前期的准备工作是必要的。商品归类的前期工作就是进行"语言化"。

1. 对所需归类的商品进行认知

对商品的认知是指对商品的成分、用途、特性、加工方式、加工程度、包装方式等相关内容的认知。对进出口货物的经营者来讲，对其所进出口的商品进行认知是应当的。

【例 5-1】全棉针织女式大衣。

【解析】

成分：全棉

类别：女式

加工方式：针织

品名：大衣

在此基础上，根据针织服装这一特征，将其试归入第六十一章，其标题为"针织或钩编的女式大衣"，对应列名的税号 6102.2000。

【例 5-2】初榨的豆油（未经化学改性）。

【解析】

成分：植物油

加工方式：初榨

加工程度：未经化学改性

品名：豆油

在对货品认识的基础上，根据油这一特征将其归入第十五章，其标题为"豆油及其分离品，不论是否精制，但未经化学改性"，对应列名的税号 1507.1000。

2. 用"商品归类语言"来思考

《协调制度》是中国学者翻译的，在翻译过程中学者更多考虑的是忠于原文。基于此，我们会发现"商品归类语言"和"日常语言"有些不同，所以我们要学会把"日常语言"转化为"商品归类语言"。如"计算机"应"语言化"为"数据处理设备"；"手机"应"语言化"为"无线网络通信设备"等。

（二）商品归类的方法

根据《协调制度》归类总规则，商品归类的方法可归纳为：有列名归列名，没有列名归用途，没有用途归成分，没有成分归类别，不同成分比多少，相同成分要从后。

1. 有列名归列名

"有列名"是指《进出口税则》中品目条文或者子目条文中列名具体或比较具体的商品

名称，即商品表现出的特征与商品归类的语言基本吻合。

（1）规则一的意思是类、章及分章的标题不是归类的法律依据，不可因为某货品符合某一类、章及分章的标题，就确定归入该类、章及分章；归类的法律依据应是品目条文、类注、章注等。

【例 5-3】 已冲洗并已配音的供教学用的 35 毫米电影胶片。

【解析】 电影胶片应归第三十七章，已冲洗并已配音的电影胶片归入税号 3706，教学专用的 35 毫米及以上的应归入税号 3706.1010。

【例 5-4】 规格及形状适合安装在船舶舷窗上的安全玻璃（钢化）。

【解析】 玻璃及其制品应归入第七十章，钢化或层压玻璃制的安全玻璃归入税号 7007，适合船舶用的应归入税号 7007.1110。

（2）规则二。

① 规则二的第一条可总结为"三未产品"按完整品或制成品来归类。"三未产品"是指不完整品、未制成品和未组装件或拆散件（成套）。

【例 5-5】 缺少鞍座的山地自行车，**【解析】** 应作为完整品归入税号 8712.0030。

【例 5-6】 已剪裁未缝制的机织面料分指手套，**【解析】** 应作为制成品归入税号 6216.0000。

【例 5-7】 高速摄影机成套散件，**【解析】** 应作为制成品归入税号 9007.1910。

② 规则二的第二条可总结为某种材料或物质与其他材料或物质混合或组合的物品，但不得改变原来材料或物质构成货品的基本特征，即添加其他材料或物质的物品但未改变性质，则按原物品归类。

【例 5-8】 加碘的食用盐，应归入税号 2501.0011。

【例 5-9】 加糖的牛奶，应归入税号 0402.9900。

【例 5-10】 加着色剂的砂糖，应归入税号 1701.9910。

通过上述例子，我们不难理解"有列名"即由品目条文及子目条文所组合而成的商品名称，已完整或者基本描绘出我们进行归类的进出口商品的特征，显示出的商品列名与实际商品已经具体。正如规则三第一条所述：列名比较具体的品目，优先于列名一般的品目。

2. 没有列名归用途

所谓没有列名，是指所需归类商品的语言不能与《进出口税则》中品目、子目条文中的列名相吻合。在这种情况下，我们应按照该商品的主要用途进行归类。该归类方法应从对商品的用途分析入手，使之产生《进出口税则》所认可的语言。

对于《进出口税则》中没有具体列名的商品，首先要根据所归类商品的特征，如商品的主要成分、加工方式、规格、用途、等级、包装方式、功能作用等进行综合分析，再根据分析结果找出与其相符的品目进行归类。

【例 5-11】 纯棉针织紧身胸衣

【解析】 归类步骤如下：

① 商品分析。

成分：纯棉

加工方式：针织

品名：紧身胸衣

② 品目归类。

根据对成分及加工方式的分析，将该商品归入第六十一章。但根据第六十一章章注释二（一），可以发现本章不包括品目 62.12 的商品。品目 62.12 包括胸罩、束腰带、紧身胸衣、吊裤带、吊袜带……因此，我们可以初步将"紧身胸衣"归入品目 62.12。

③ 简易方法。

根据"列名优先"的原则，查看品目 62.12 中所包含的子目 6212.3090，可以看出，该税号符合所需归类商品的特定意义。因此，"纯棉针织紧身胸衣"应归入税号 6212.3090。

（1）规则三第二条

这一条可总结为组合物或成套货品按最能反映其基本特征的商品归类。

【例 5-12】 由面饼、调味包、塑料小叉构成的碗装方便面。

【解析】 由于其中的面饼构成了这个零售成套货品的基本特征，所以应按面归类，归入 1902.3030。

【例 5-13】 盥洗用醋（美容盥洗用，带香味）。

【解析】 醋及用醋酸制成的代用品归 2209，但归第二十二章的醋只用于调味或腌制食品，不符合题目要求，因此不能按列名归类。根据没有列名归用途的方法，应归第三十三章。盥洗用醋的用途是美容护肤，所以应归入护肤品，即 3304.9900。

【例 5-14】 弦乐乐器弦（羊肠线制）。

【解析】 根据对成分及用途的分析，可知羊肠线的用途非常广泛，可以编织羽毛球、网球球拍，也可以制成机器零件，以及弦乐乐器弦、外科缝合线等。查阅品目 42.06，"羊肠线"已有具体列名。若所需归类的商品仅为"羊肠线"，因其归类语言与子目条文吻合，即可按列名优先的原则，归入税号 4206.0000。但现在需要归类的商品是"由羊肠线制成的弦乐乐器弦"，而不是"羊肠线"，也就是子目 4206.0000 条文与商品归类语言不相吻合，所以，不能将"由羊肠线制成的弦乐乐器弦"归入税号 4206.0000。根据第四十二章注释二（九），该商品按用途归入品目 92.09。

（2）规则三第三条

货品不能按照规则三（一）或（二）进行归类时，应按号列顺序归入其可归入的最末一个品目（简称从后归类原则）。

【例 5-15】 橡胶底的旅游鞋，鞋面为皮革和纺织材料拼接。

【解析】 根据章名可知，该商品应归入第六十四章，但对于鞋面材料为皮革的鞋，应归入 6403，对于鞋面为纺织材料的鞋，应归入 6404。按照规则三第三条的从后归类原则，该商品应归入品名 6404。

3. 没有用途归成分

成分一般是指化合物或组合物中所含有物质（元素或化合物）的种类。没有用途归成分的归类方法，是指当某种商品的归类语言无法与《进出口税则》相吻合，既没有具体列名，并且用途特征也不明显时，应按其主要成分归类。即按照商品归类总规则中规则二的第二条和规则三的第二条进行归类。

在实际操作中，可以按照成分归类的商品基本分为两大类。

第一，由某种材料制成的商品。如针叶木制品、阔叶木制品、钢铁制品、铝制品、铜制品、塑料制品、纸制品、化学纤维制品、天然动物纤维制品、天然植物纤维制品等。这一类的商品完全由某类物质加工而成，或该类物质占有绝对比例。

第二，按重量计含有某种材料与其他材料混合的制成品。如女式针织毛衣（按重量计，含羊毛 70%、兔毛 20%、腈纶 10%）；含铅 99.9%、含银 0.01%、含其他金属 0.09%的精炼铝；按重量计含棉 90%、含化学短纤维 10%的棉纱线。

需要注意的是，我们在运用该方法归类时，不可打乱"列名""用途""成分"三者的先后次序，而应按顺序使用。也就是说，在用按"列名""用途"的归类方法无法找到正确答案时，才能使用按"成分"的方法归类，而不可将按"成分"的归类方法，优先于其他两种方法使用。如塑料制中国象棋，若未按先后次序使用归类方法，而优先选择按材料归类，即会产生错误的商品归类语言，误将其归入第三十九章——塑料及其制品。正确方法应按列名优先的原则，将其归入税号 9504.9030。

（1）规则三第二条所表述的，混合物如果不能按照规则三第一条归类时，应按构成货品基本特征的材料归类。实际上也暗含了"成分比的多少"，即按主要成分或成分多的材料归类。

【例 5-16】 蓝色机织物，按重量计含 40%合成纤维短纤，35%精梳羊毛，25%粗梳动物毛（每平方米重 210 克，幅宽 180 厘米）。

【解析】 根据对蓝色机织物的分析，可知其归入第五十一章，在确定品目时，分析蓝色机织物由三种成分构成，分别是合成纤维短纤、精梳羊毛和粗梳动物毛，合成纤维短纤所占比例最大，再根据主要成分和每平方米重量，将其归入 5112.3000。

（2）根据规则三第三条，货品不能按照规则三第一条或第二条归类时，应按号列顺序归入其可归入的最末一个品目，即相同成分要从后归类。

【例 5-17】 蓝色机织物，按重量计含 40%棉，30%粘胶纤维短纤，30%涤纶短纤（每平方米重 210 克，幅宽 110 厘米）。

【解析】 此机织物主要由两类成分组成，分别是棉（40%）和化学纤维短纤（60%）。根据不同成分比多少的方法，可知本商品应归入第五十五章。在确定品目时，分析得出粘胶纤维属于人造纤维，涤纶属于合成纤维，在第五十五章中，人造纤维在品目 5515，合成纤维在品目 5516，根据相同成分要从后归类，本商品应归入 5516.4200。

4．没有成分归类别

《进出口税则》中编入了大量的"其他"子目或品目。实际上"其他"所包含的内容一般是与本品目所示商品的类别或子目税号相关联的内容。

（1）由于"其他"的存在，可以将世界上的所有商品进行归类。

【例 5-18】 未鞣质的狗毛皮，**【解析】** 应归入 4103.9090。

（2）"没有成分归类别"隐含了"最相类似"的原则，如规则四所述：根据上述规则无法归类的货品，应归入与其最相类似的货品品目。

【例 5-19】 高炮伪装网（化学纤维制）。

【解析】 该商品没有列名，不是武器，虽说是化学纤维制，但没具体明确是化学纤维短纤还是化学纤维长丝，因此无法确定是否应归入第五十五章或第五十四章。根据没有成分归类别的方法，"网"属于纺织品，可归入第五十六章。在确定品目和子目时，发现化学纤维制的渔网归入 5608.1100，化学纤维制的高炮伪装网与渔网属于同类别，因此归入 5608.1900。

（三）商品归类的步骤

对某一个具体商品进行归类时，第一步就是要初步断定它属于《协调制度》中的哪一类，也就是要先确定它属于 22 类中的哪一类。第二步是根据商品的详细特征，如成分、加工程度、规格、结构、用途等因素，确定它在《协调制度》中的 8 位编码。具体如下。

1．确定品目

明确待归类商品的特征，查阅类、章标题，列出可能归入的章标题，查阅相应章中品目条文和注释，如品目条文中可见该商品，则确定品目，如无规定则运用归类总规则来确定品目。

2. 确定子目

注意同一数级的子目才能进行比较。

知识点滴

商品归类时易发生的错误

一、品目归类时易发生的错误

（一）抓不准待归类商品的特征

通常《协调制度》分类时对原料性商品按商品的自然属性设章；制成品按所具有的原理、功能及用途设章；对难以按常用的分类标志进行分类的进出口商品，则以杂项制品为名专列类、章。

所以首先应判断的是，待归类商品究竟是按原料、材料上的特征设章，还是按原理、功能及用途上的特征设章，或是应列入杂项制品。下面仅就品目归类时与明确"待归类商品特征"这一环节有关的程序进行说明。

【例5-20】四缸汽车用内燃发动机，气缸容量1500毫升。

【解析】汽车用内燃发动机从用途上看是汽车的零、部件，从功能上看是机械，查阅类、章标题，当视为前者时应归入第八十七章（车辆及其零件、附件，但铁道及电车道车辆除外）；当视作后者时应归入第八十四章（核反应堆、锅炉、机器、机械器具及其零件），相应品目分别为87.08和84.07。

【例5-21】用于腐蚀性流体的瓷制龙头（由莫氏硬度9以下的瓷制成）。

【解析】该商品从商品构成材料上看是瓷制品，从商品用途上看是特殊的通用零件。查阅类、章标题，当该商品作为前者时，应归入第六十九章（陶瓷产品）；当作为后者时应归入第八十四章。

此外，商品归类题目中有时还会给出一些与归类无关的条件，如产地、品牌等，应注意避免这些因素对归类思路的影响和干扰。

例如：中国产生漆，纸箱包装、净重5千克的绿豆粉制的干粉丝，奔驰轿车用电动机风挡刮雨器，其中"中国产""纸箱包装""奔驰"就与归类无关。

（二）误将标题作为具有法律效力的归类依据

在商品归类中，类、章及分章的标题并不具备法律效力，仅为查找方便而设。

【例5-22】石棉制安全帽（帽内衬有纯棉机织物制衬里）。

【解析】该例易误导人按第六十五章的章标题"帽类及其零件"将该商品归入第六十五章，进而归入以安全帽列名的子目6506.1000。

该商品既是帽类（按用途）又是石棉制品（按材料）。当作为前者时应归入第六十五章品目65.06，当作为后者时应归入第六十八章品目68.12。再查阅两个章的注释，从第六十五章注释一（二）得知，第六十五章不包括石棉制帽类（品目68.12）。品目68.12的条文明确包括石棉的制品（例如纱线、机织物、服装、帽类等）。因为归类时章标题不具有法律效果，正确的归类方法是按照条文和注释的规定归类，本题商品应归入子目6812.9100。

（三）忽视运用注释归类

注释是为限定《协调制度》中各类、章、品目和子目所属货品的准确范围、简化品目和子目条文文字、杜绝商品分类的交叉、保证商品归类的唯一性而设立的，是非常重要的归类依据。在货品看起来可归入两个或两个以上品目的时候，尤其要想到运用注释归类。特别应关注归类优先级、划分多个编码的界限、归类原则以及排他性的注释规定。

【例5-23】超过100年的水墨画原件，有收藏价值。

【解析】水墨画原件是手绘的艺术品，查阅类、章标题应将其归入第九十七章。水墨画原件既是手绘画，也是超过100年的古物。如作为前者应归入品目97.01（油画、粉画及其他手续画）；如作为后者应归入品目97.06（超过100年的古物）。

因为第九十七章章注释五（二）规定品目97.06不适用于可以归入该章其他各税目的物品，所以超过100年的水墨画原件应归入品目97.01，最终归入子目9701.2100。本题的解题关键是牢记注释和品目条文在归类时处于同样优先的地位。如果忽视运用注释，就会误用规则三第三条"从后归类"的方法即归入品目97.06。

（四）错误运用归类总规则

归类总规则是商品归类时必须遵循的总原则，在品目条文和注释不能解决归类的情况下才能应用。

二、子目归类时易发生的错误

（一）误将子目归类先于品目归类

【例5-24】氯乙烯—乙酸乙烯酯共聚物，按重量计含乙酸乙烯酯单体单元60%。（水分散体）

【解析】说明：氯乙烯—乙酸乙烯酯共聚物是以氯乙烯和乙酸乙烯酯为共聚单体的合成物质，是塑料，查阅类、章标题应归入第三十九章（塑料及其制品）。

因本题商品是初级形状，所以应归入第1分章。该分章未见明确列有氯乙烯—乙酸乙烯酯共聚物的品目。应按此混合物中重量最大的共聚单体单元所构成的聚合物的品目归类。因此按重量计入乙酸乙烯酯聚合物归类，归入品目39.05。因品目39.05下有一个"其他"子目，所以子目的归类应参照本章注释四，即因本题商品乙酸乙烯酯的含量不足95%，所以不能视为聚乙酸乙烯酯，而应视为乙酸乙烯酯共聚物，最终归入子目3905.2100。但是有的同学对氯乙烯—乙酸乙烯酯共聚物不了解，发现品目39.04项下有以氯乙烯—乙酸乙烯酯共聚物列名的子目后，就误归入3904.3000。

（二）非同级子目进行比较

子目归类时应遵循归类总规则六规定的原则——子目的比较只能在同一数级上进行。

第四节　进出口货物商品归类的海关管理

商品归类是海关正确执行国家关税政策，贸易管制措施和准确编制海关进出口统计的基础。因此，正确进行商品归类在进出口货物通关中具有十分重要的意义。

为了规范进出口货物的商品归类，保证商品归类的准确性和统一性，根据《中华人民共和国海关法》《中华人民共和国关税法》以及其他有关法律、行政法规的规定，海关总署于2024年10月28日发布了第273号海关总署令，即《中华人民共和国海关进出口货物商品归类管理规定》。

一、进出口商品归类的依据

（一）主要依据

（1）《商品名称及编码协调制度公约》。

（2）《中华人民共和国进出口税则》。

（3）《进出口税则商品及品目注释》。

（4）《中华人民共和国进出口税则本国子目注释》。

（5）海关总署发布的关于商品归类的行政裁定、商品归类决定的规定。

（二）其他依据

必要时，海关可以依据《中华人民共和国进出口税则》《进出口税则商品及品目注释》等其他归类注释和国家标准、行业标准，以及海关化验方法等，对进出口货物的属性、成分、含量、结构、品质、规格等进行化验、检验，并将化验、检验结果作为商品归类的依据。

二、进出口商品归类的申报要求

商品归类是一项技术性很强的工作。申报的货物名称、规格、型号等必须能满足归类的要求，报关人员应向海关提供归类所需要的货物的形态、性质、成分、加工程度、结构原理、功能、用途等技术指标和技术参数等详细信息。

为规范进出口企业申报行为，提高通关数据质量，加快通关速度，促进贸易便利化，海关总署制定了《中华人民共和国海关进出口商品规范申报目录》（简称《规范申报目录》）。

《规范申报目录》采用了与《中华人民共和国进出口税则》一致的结构，所列商品按照类、章层次排列。其正文由"税则号列""商品名称""申报要素"栏组成，其中申报要素包括归类要素、价格要素和其他要素。举例如表 5-1 所示。

表 5-1 　　　　　　　《中华人民共和国海关进出口商品规范申报目录》举例

税则号列	商品名称	申报要素		
		归类要素	价格要素	其他要素
01.01	马、驴、骡	1. 品名；2. 是否改良种用	3. 品种	
	一马			
0101.2100	一一改良种用			
0101.2900	一一其他			

三、商品预归类

商品预归类是世界海关组织向各国海关当局和企业组织推荐的一种现代贸易通关中的商品管理工作模式，属于一种国际通行的做法。简单地说，预归类就是把商品归类的过程前置，在海关注册登记的进出口货物经营单位（简称申请人），在货物实际进出口的 45 日前，向直属海关申请就其拟进出口的货物预先进行商品归类。

（一）预归类的申请

预归类的申请人申请预归类时，应当填写中华人民共和国海关商品预归类申请表（见表 5-2），一式两份提交给进出口地海关。

表 5-2 　　　　　　　　中华人民共和国海关商品预归类申请表

（　　　）关预归类申请＿＿＿号

申请人：
企业代码：
通信地址：
联系电话：
商品名称（中、英文）：

续表

其他名称:	
商品描述（规格、型号、结构原理、性能指标、功能、用途、成分、加工方法、分析方法等）:	
进出口计划（进出口日期、口岸、数量等）:	
随附资料清单（有关资料请附后）:	
此前如就相同商品持有海关商品预归类决定书的，请注明决定书编号:	
申请人（章） 　　　　　　　　年　月　日	海关（章） 接收日期:　　　年　　月　　日 签收人:

注：1. 填写此申请表前应阅读《中华人民共和国进出口货物商品归类管理规定》。

2. 本申请书一式两份，申请人和海关各执一份。

3. 本表加盖申请人和海关印章方为有效。

知识点滴

预归类申请应注意的问题

一、申请人应该按照海关要求提供足以说明申报商品情况的资料，如进出口合同复印件、照片、说明书、分析报告、平面图等，必要时提供商品样品。申请所附文件如为外文，应同时提供中文译文。

二、申请人应对其提供资料的真实性负责，不得向海关隐瞒或向海关提供影响预归类准确性、倾向性资料；如实际进出口货物与海关商品预归类决定书所述及的商品不相符，申请人应承担法律责任。

三、一份预归类申请表只应包含一项商品，申请人对多项商品申请预归类的应分别提出。

四、申请人不得就同一种商品向两个或两个以上海关提出预归类申请。

五、申请人可向海关申请对其进出口货物所涉及的商业秘密进行保密。

六、在预归类决定书的有效期内，申请人对归类决定持有异议，可向作出决定的海关提出复核。

七、申请表必须加盖申请单位印章，所提供资料与申请表必须加盖骑缝章。

（二）预归类的受理和预归类的决定

海关根据规定对预归类申请进行审查，申请预归类的商品归类事项，经直属海关审核认为符合《中华人民共和国进出口税则》《进出口税则商品及品目注释》《中华人民共和国进出口税则本国子目注释》以及海关总署发布的关于商品归类的行政裁定、商品归类决定有明确规定的，应当在接受申请之日起 15 个工作日制发"中华人民共和国海关商品预归类决定书"，并且告知申请人。属于没有明确规定的，应当在接受申请之日起 7 个工作日内告知申请人按照规定申请行政裁定。

（三）预归类决定书的效力

预归类决定书对该决定的申请人和作出决定的海关具有约束力，对该决定书所述货物的海关商品归类在其有效期内具有约束力。直属海关作出的预归类决定在本关区范围内有效，海关总署作出的预归类在全国范围内有效。

预归类决定书自海关签发之日起 1 年内有效，只准申请人使用。

海关在作出预归类决定后，不得随意更改。有关规定发生变化导致相关预归类决定书不再适用的，做出预归类决定的直属海关应当制发变更通知书或者发布公告，通知申请人停止使用有关预归类决定书。

本章小结

学习商品归类首先要理解《协调制度》的基本结构与编码规律。《协调制度》由三部分组成，分别为归类总规则、注释和商品编码表。国际贸易所涉及的各种商品按照生产部类、自然属性和不同功能用途等分为 22 类、99 章。每一种商品都有与其对应的归类编码。

国际贸易中的商品种类繁多，但归类并不是无章可循的。《协调制度》将商品分类的普遍规律加以归纳总结为六大总规则。

随着海关预归类措施的推广，企业对进出口商品预归类的需求呈现逐年增长的趋势，预归类减少了贸易成本、提高了通关效率。

练习题

一、单项选择题

1. 《协调制度》的全称是（　　）。
  A. 商品名称及编码协调制度　　　　B. 海关统计商品协调制度
  C. 进出口税则协调制度　　　　　　D. 以上都不对
2. 以提前申报方式进出口的货物，商品归类应按（　　）作为报验状态。
  A. 货物运抵海关监管场所时的实际状态
  B. 向海关申报时进出口货物的实际状态
  C. 《规范申报目录》规定的状态
  D. 合同规定的状态
3. 银合金制的项链应归类为（　　）。
  A. 首饰　　　　B. 金银器　　　　C. 仿首饰　　　　D. 杂项制品
4. 以（　　）为分类标志可以将纺织品分为丝织品、毛织品、棉织品、麻织品、化纤织品等。
  A. 加工方法　　　B. 特殊成分　　　C. 原料来源　　　D. 用途
5. 复印机应归入第（　　）章。
  A. 八十四　　　B. 八十五　　　C. 九十　　　D. 九十六

二、判断题

1. 归类总规则六是品目确定后具有法律效力的我国海关进出口商品子目归类依据。（　　）
2. 第一章活动物包括海参。（　　）

3. 硝酸钾应该归入第二十八章。　　　　　　　　　　　　　　　　　（　　　）

4. 归类总规则五是阐述某一品目下子目归类的条款。　　　　　　　　（　　　）

5. 一个礼盒内装有一瓶咖啡、一瓶"咖啡伴侣"和两个玻璃杯，其属于成套的零售货品。　　　　　　　　　　　　　　　　　　　　　　　　　　　　　　（　　　）

三、简答题

1. 进出口商品归类的依据有哪些？

2. 简述《协调制度》归类总规则。

实训题

【实训目的】熟悉进出口商品归类规则。

【实训内容】查找下列商品的 HS 编码。

（1）石油原油。

（2）男式羊皮夹克。

（3）24K 金项链。

（4）棉涤纶平纹布（蓝色；210 克/平方米；按重量计棉占 55%，涤纶占 45%；幅宽 110 厘米）。

（5）机动多用途船。

（6）输出功率为 100 瓦的吊扇。

（7）含金 2%、银 3%、铜 15%、铁 80%的未锻造金属合金锭。

（8）按重量计由 65%的苯乙烯单体单元和 35%的丙烯腈体单元组成的共聚物（初级形状）。

（9）白兰地酒。

（10）钡餐口服剂（用于病人 X 光检查造影）。

【实训步骤】①学生阅读题目。②学生使用《统计商品目录》进行查找。

【实训成果】通过实训，学生掌握商品归类的规则、方法和步骤，并能正确查找商品的 HS 编码。

第六章
进出口税费的计算与缴纳

学习目标

【知识目标】了解进出口环节有关税费的含义、种类和征收范围；掌握进出口货物完税价格的审定原则；理解进口货物原产地确定原则和方法；掌握进出口环节税费的计算方法；熟悉进出口税费减免、缴纳与退补的规定。

【能力目标】正确认识税费工作在进出口贸易实务中的地位和作用，能够应用进出口货物完税价格的估价方法，能够确定和计算纳税义务人缴纳的税费种类和金额，能够处理进出口税费的退补，具备从事海关通关管理工作和报关工作的基本素质。

【素养目标】通过税费相关内容的学习，培养经济素养、法律素养，提高守法意识、公民参与意识、民生意识和社会责任感，能够在经贸活动中理解并遵守经贸职业道德和规范，守法经营，履行责任，养成良好的职业操守。

案例导入

过境地销售肉类偷逃关税案

荷兰企业 LEP 公司以荷兰海关代理人身份为 HI 公司起草 14 份欧盟过境文件，表示其负责的肉类食品从西班牙加蒂斯海关出口，途经荷兰，从欧盟过境运往摩洛哥，相关证明文件由 HI 公司提供。事实上，这些肉类并未到达摩洛哥，而是在没有缴纳关税的情况下在过境地荷兰境内销售。

案发后，荷兰鹿特丹海关调查服务中心对本案展开调查。该服务中心致函西班牙海关当局，询问 LEP 公司是否向西班牙海关提交了申报单等海关文件。西班牙加蒂斯海关当局复函荷兰当局，表示 LEP 公司提交的申报单上的印章和其他海关文件上的签名是伪造的。随后，荷兰海关检查了 LEP 公司办公室，拿走了 HI 公司过境申报有关文件。调查显示，LEP 公司签发的 14 份报关单没有完成海关程序，货物非法脱离海关监管。因此，荷兰海关当局认为 LEP 公司产生了一笔海关税收债务，并发出了追缴相应进口税的通知。此后 LEP 公司向荷兰海关当局申请减免进口税。

资料来源：欧盟法院官网

请问：LEP 公司在此案例中的过失之处是什么？海关将如何处理 LEP 公司的申请减免税行为？

第一节 海关税收征管制度概述

进出口税费直接关系到进出口商的采购或销售成本，也直接关系到进出口商品在国际市场上的竞争能力。因此，进出口税费与企业的经济利益休戚相关人。依法征税是海关的重要任务之一；依法缴纳税费是有关纳税义务人的基本义务，也是报关人员必备的报关技能。我国进出口环节税费征纳的法律依据主要是《海关法》《关税法》以及其他有关法律、行政法规。

海关税收是指海关代表国家对进出境货物、物品、运输工具所征的税，主要包括关税、进口环节海关代征税（增值税和消费税）、船舶吨税等。

一、关税

（一）关税的含义和特点

1. 关税的含义

关税是海关代表国家，按照国家制定的关税政策和公布实施的税法及进出口税则，对准许进出关境的货物和物品向纳税义务人征收的一种流转税。

关税的征税主体是国家，由海关代表国家向纳税义务人征收；课税对象是进出关境的货物和物品。关税纳税人也称为关税纳税义务人或关税纳税主体，包括进口货物的收货人、出口货物的发货人、进出境物品的所有人。

关税是国家税收的重要组成部分，是国家保护国内经济、实施财政政策、调整产业结构、发展进出口贸易的重要手段，也是世界贸易组织允许各缔约方保护其境内经济的一种手段。

2. 关税的特点

（1）无偿性。海关在征税时，既不向纳税人支付任何报酬，也不能给予某些特许权利，税款一经征收，即归国家所有。

（2）强制性。凡是法律规定负有纳税义务的单位或个人，无论其主观上是否愿意，都必须无条件地履行纳税义务，否则就会受到法律制裁。

（3）固定性。海关在征税之前，对征税对象、税收比例都会用法律形式规定下来，由征纳双方共同遵守。海关只能按规定的标准收税，不能无故多征或少征。

（4）涉外性。关税的课税对象是进出境的货物和物品，关税政策和措施是一国对外贸易政策的体现，关系到国际贸易的开展，所以关税具有涉外性。

（二）关税的分类

1. 按照课税商品流向，关税可以分为进口关税、出口关税和过境关税

（1）进口关税

进口关税是指一国海关以进境货物和物品为课税对象所征收的一种关税。这是关税中最主要的一种。

（2）出口关税

出口关税是一国海关以出境货物和物品为课税对象所征收的关税。征收出口关税的主要目的是限制、调控某些商品的过激、无序出口，特别是防止本国一些重要自然资源和原材料的出口。为鼓励出口，世界各国一般不征收出口关税或仅对少数商品征收出口关税。

（3）过境关税

过境关税又称通过税，是一国海关对通过其关境的外国货物所征收的关税。征收过境关税的目的是增加财政收入，现在已很少采用。

2. 按照差别待遇，关税可以分为普通关税、优惠关税、进口附加税和差价税

（1）普通关税

普通关税是不提供任何关税优惠的一种进口关税。适用于来自与关税征收国没有签订任何贸易协定的国家的货物，普通税率一般比优惠税率高 1~5 倍，少数货物甚至高出 10~20 倍。

（2）优惠关税

优惠关税是指对来自特定受惠国的进口货物按低于普通税率的优惠税率征收的关税。使用优惠关税的目的是增进与受惠国之间的贸易关系。

优惠关税又可以分为最惠国待遇关税、特别优惠关税、普遍优惠关税三种。

① 最惠国待遇关税是指 WTO 成员间（互不适用者除外）及与该国签订有最惠国待遇条款的贸易协定的国家或地区所进口商品的关税。

② 特别优惠关税简称特惠税，是指对从特定国家或地区进口的全部或部分商品，给予特别优惠的低关税或免税待遇。

③ 普遍优惠关税简称普惠税，源于普遍优惠制（Generalized System of Preferences，GSP）。普遍优惠制简称普惠制，是发达国家对从发展中国家或地区进口的商品，特别是制成品和半制成品，普遍给予最惠国税率基础上的关税减免优惠的一种制度。

普惠制主要有普遍性、非歧视性、非互惠性三项原则。

（3）进口附加税

进口附加税是指一国对进口货物除征收正常关税外，根据某种目的另行加征的一种关税。进口附加税通常是一种特定的临时性措施。常见的进口附加税有反补贴税和反倾销税。

（4）差价税

差价税又称为差额税，是指当某种进口货物的价格低于本国生产的同类产品时，为削弱这种进口商品的竞争优势，按国内价格与进口差额征收的关税。

3. 按照计征标准或计征方法，关税可以分为从量税、从价税、混合税

（1）从量税

从量税是以进口商品的重量、数量、长度、体积、容积和面积等计量单位为征税标准，以每一计量单位应纳的关税金额作为税率计征的关税。

（2）从价税

从价税是以货物价格作为征收标准，以货物价格的百分比为税率计征的关税。

（3）混合税

混合税又称复合税，是在税则的同一税目中设有从量税和从价税两种税率，对进口商品同时计征从量税和从价税的方法。

4. 按照征税目的，关税可以分为财政关税和保护关税

（1）财政关税

财政关税是以增加国家财政收入为目的而征收的关税。

（2）保护关税

保护关税是以保护本国工业、农业和服务业以及科学技术发展为主要目的而征收的关税。

二、进口环节海关代征税

进口货物、物品在办理海关手续放行后，进入国内流通领域，与国内货物同等对待，所以应缴纳应征的国内税。进口货物、物品的一些国内税依法由海关在进口环节征收。目前，由海关征收的国内税主要有增值税、消费税两种。

（一）增值税

1. 含义

增值税是以商品的生产、流通和劳务服务各个环节所创造的新增价值为课税对象的一种流转税。

其他环节的增值税由税务机关征收，进口环节增值税由海关征收。

进口环节增值税的起征点是 50 元人民币，低于 50 元人民币的免征。

2. 征收范围和税率

我国增值税的征收范围是在我国境内销售货物（销售不动产或免征的除外）或提供加工、

修理修配劳务以及进口货物的单位和个人。征收原则是中性、简便、规范。自 2019 年 4 月 1 日起，我国对进口增值税税率进行了调整，将原适用增值税税率 16% 的调整为 13%，将原适用增值税税率 10% 的调整为 9%。对纳税人销售或者进口低税率和零税率以外的货物，提供加工、修理修配劳务的，税率为 13%。对于纳税人销售或者进口下列货物，按低税率 9% 计征增值税。

（1）粮食等农产品、食用植物油、食用盐；

（2）自来水、暖气、冷气、热水、煤气、石油液化气、天然气、沼气、二甲醚、居民用煤炭制品；

（3）图书、报纸、杂志、音像制品、电子出版物；

（4）饲料、化肥、农药、农机、农膜；

（5）国务院规定的其他货物。

（二）消费税

1. 含义

消费税是以消费品或消费行为的流转额作为课税对象而征收的一种流转税。

其他环节的消费税由税务机关征收，进口环节消费税由海关征收。

进口环节消费税的起征点是 50 元人民币，低于 50 元人民币的免征。

2. 征收范围

（1）一些过度消费会对人的身体健康、社会秩序、生态环境等方面造成危害的特殊消费品，例如烟、酒、酒精、鞭炮、烟火等；

（2）奢侈品等非生活必需品，例如贵重首饰及珠宝玉石、化妆品及护肤品等；

（3）高能耗的高档消费品，例如小轿车、摩托车、汽车轮胎等；

（4）不可再生和替代的资源类消费品，例如汽油、柴油等。

三、船舶吨税

（一）含义

船舶吨税是由海关在设关口岸对进出、停靠我国港口的国际航行船舶征收的一种使用税。征收船舶吨税的目的是主要用于港口建设维护以及海上干线公用航标的建设维护。

（二）税率

船舶吨税设置优惠税率和普通税率两种。凡与中华人民共和国签订互惠协议的国家或地区适用船舶吨税优惠税率，未签订互惠协议的适用船舶吨税普通税率。船舶吨税税率如表 6-1 所示。

表 6-1　　　　　　　　　　　　　船舶吨税税率

税目 （按船舶净吨位划分）	税率/（元/净吨）						备注
	普通税率 （按执照期限划分）			优惠税率 （按执照期限划分）			
	1 年	90 日	30 日	1 年	90 日	30 日	1. 拖船按照发动机功率每千瓦折合净吨位 0.67 吨。 2. 无法提供净吨位证明文件的游艇，按照发动机功率每千瓦折合净吨位 0.05 吨。 3. 拖船和非机动驳船分别按相同净吨位船舶吨税税率的 50% 计税
不超过 2000 净吨	12.6	4.2	2.1	9.0	3.0	1.5	
超过 2000 净吨，但不超过 10 000 净吨	24.0	8.0	4.0	17.4	5.8	2.9	
超过 10 000 净吨，但不超过 50 000 净吨	27.6	9.2	4.6	19.8	6.6	3.3	
超过 50 000 净吨	31.8	10.6	5.3	22.8	7.6	3.8	

（三）征收范围

① 在我国港口行驶的外国籍船舶；

② 外商租用（程租除外）的中国籍船舶；

③ 中外合营海运企业自有或租用的中、外国籍船舶；

④ 我国租用的外国籍国际航行船舶。

根据规定，对于香港、澳门特别行政区海关已征收船舶吨税的外国籍船舶，进入内地港口时，仍应照章征收船舶吨税，因为香港、澳门特别行政区为单独关税区。

📖 思考与讨论

以下四种船舶，哪些船舶应征收船舶吨税？

1. 在天津口岸行驶的日本油轮；

2. 在上海港口航行的中国货轮；

3. 航行于青岛港口被新加坡商人以期租的方式租用的中国籍船舶；

4. 航行于国外，兼营国内沿海贸易的被中国商人租用的韩国籍船舶。

（四）计算公式

船舶吨税的计算公式为：

$$应纳船舶吨税税额＝注册净吨位×船舶吨税税率$$

起征日为船舶直接抵口之日，即进口船舶应自申报进口之日起征。

📚 知识点滴

注册净吨位

所谓"注册净吨位"也叫"净吨位"，是指船舶上可用以载运客货的容积，也就是在总吨位的基础上扣除"直接营业容积"后折合的重量数。所谓"总吨位"又称"注册总吨位"，是指船舱内及甲板上所有关闭的场所的内部空间的总和。无论是"总吨位"还是"净吨位"，均以 2.83 立方米或 100 立方英尺（1 立方英尺=0.028 3 立方米，余同）为 1 吨折合成"吨位"。计算公式如下：

$$净吨位＝总吨位－\frac{非直接营业容积（立方米）}{2.83\ 立方米}$$

$$净吨位（英制）＝总吨位（英制）－\frac{非直接营业容积（立方英尺）}{100\ 立方英尺}$$

润心育德

依法纳税

1992 年，第七届全国人民代表大会常务委员会第二十七次会议通过了《中华人民共和国税收征收管理法》，目的是加强税收征收管理，规范税收征收和缴纳行为，保障国家税收收入，保护纳税人的合法权益，促进经济和社会发展。税收是国家实现治理、保障民生和发展经济的重要手段，依法纳税是我国公民应履行的基本法律义务之一。为了保证国家税收政策的贯彻实施，加强海关税收管理，确保依法征税，保障国家税收，2005 年 3 月开始实施《中华人民共和国海关进出口货物征税管理办法》，体现了纳税义务人依法纳税的必要性和重要性。

专题讨论：海关征收税收的依据有哪些？

四、滞纳金

（一）征收范围

在海关监督管理中，滞纳金是指应纳关税的单位或个人因在规定期限内未向海关缴纳税款而产生的违约金。按照规定，关税，进口环节增值税、消费税，船舶吨税等的纳税人，应当自海关填发税款缴款书之日起 15 日内缴纳进口税费，逾期缴纳的，海关依法在原应纳税款的基础上，按日加收滞纳税款 0.5‰的滞纳金。

（二）征收目的

征收滞纳金的目的是通过强制纳税人承担相应的经济制裁责任，促使其尽早履行纳税义务。

（三）滞纳天数的确定

海关对滞纳天数的计算是自缴纳期限届满次日起至进出口货物纳税义务人缴纳税费之日止，其中的星期六、星期天或法定节假日一并计算。缴纳期限最后一天是法定假日、休息日的，可顺延至下一个工作日。缴纳期限自海关填发税款缴款书之日的次日开始，向后推算15 日终止，如图 6-1 所示。

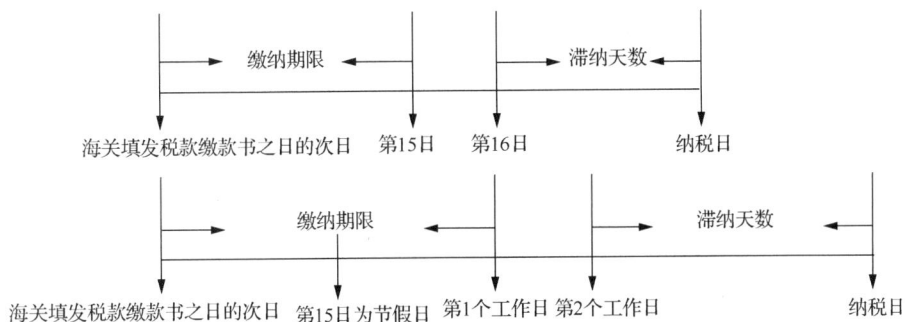

图 6-1　滞纳金缴纳期限示意

知识点滴

滞纳天数的计算

1. 海关于 2022 年 12 月 5 日（星期一）填发海关税款缴款书，某公司于 2022 年 12 月 23 日缴纳税款（见图 6-2）。请问滞纳天数是多少？

图 6-2　2022 年 12 月日历

① 按照上文所述，缴纳期限自海关填发税款缴款书之日的次日开始，向后推算 15 日终止，即从 2022 年 12 月 6 日开始至 2022 年 12 月 20 日止。如果该公司在这个期限内缴纳税费，海关不应征收滞纳金。该公司没有在这个期限内缴纳税费。

② 海关对滞纳天数的计算是自缴纳期限届满次日起至进出口货物纳税义务人缴纳税费之日止，其中的星期六、星期天或法定节假日一并计算，即从 2022 年 12 月 21 日开始至 2022 年 12 月 23 日止，共滞纳 3 天。

2. 海关于 2022 年 12 月 2 日（星期五）填发海关税款缴款书，某公司于 2022 年 12 月 21 日缴纳税款（见图 6-3），请问滞纳天数是多少？

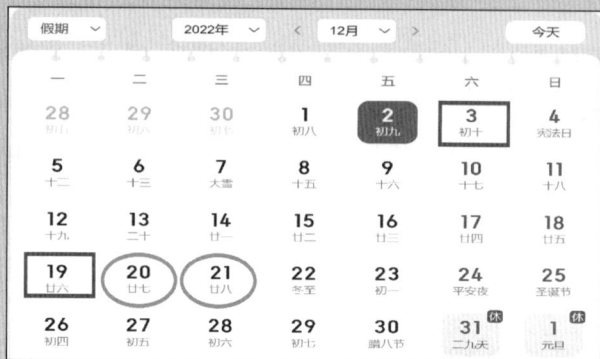

图 6-3　2022 年 12 月日历

① 缴纳期限自海关填发税款缴款书之日的次日开始，向后推算 15 日终止，即从 2022 年 12 月 3 日开始向后推算 15 日。缴纳期限最后一天是法定假日、休息日的，可顺延至下一个工作日。本例中缴纳期限的最后一天 2022 年 12 月 17 日（周六）是休息日，按照规定，顺延至下一个工作日，即缴纳期限从 2022 年 12 月 3 日开始至 2022 年 12 月 19 日（周一）止。

② 海关对滞纳天数的计算是自缴纳期限届满次日起至进出口货物纳税义务人缴纳税费之日止，其中的星期六、星期天或法定节假日一并计算，即从 2022 年 12 月 20 日开始至 2022 年 12 月 21 日止，共滞纳 2 天。

（四）征收标准

滞纳金按每票货物的关税、进口环节增值税、进口环节消费税单独计算，起征点为人民币 50 元，不足人民币 50 元的免征。

关税滞纳金金额=滞纳关税税额×0.5‰×滞纳天数
进口环节海关代征税滞纳金金额=滞纳进口环节海关代征税税额×0.5‰×滞纳天数

微课堂

滞纳金的计算

（五）特殊情形下滞纳金的征收方法

特殊情形下滞纳金的征收方法如表 6-2 所示。

表 6-2　　　　　　　　　　特殊情形下滞纳金的征收方法

适用情况	征收方法
进出口货物放行后，海关发现因纳税人违规造成少征或漏征，可以自缴纳税款或者货物放行之日起 3 年内追征税款	从缴纳税款或者货物放行之日起至海关发现之日止，按日加收少征或者漏征税款 0.5‰的滞纳金
因纳税人违规造成海关监管货物少征或漏征，海关可以自纳税人应纳税之日起 3 年内追征税款	从缴纳税款之日起至海关发现违规行为之日止，按日加收少征或者漏征税款 0.5‰的滞纳金

续表

适用情况	征收方法
租赁进口货物，分期支付租金的，应在每次支付租金后的 15 日内向海关申报纳税，逾期申报的，海关除征税外，加收滞纳金	自申报纳税手续期限届满之日起至纳税人申报纳税之日止，按日加收应纳税款 0.5‰的滞纳金
暂时进出境货物未在规定期限内复运进出境，海关按规定征收应缴纳税款	自规定期限届满之日起至纳税人申报纳税之日止，按日加收应纳税款 0.5‰的滞纳金

> **思考与讨论**
>
> 　　某进出口公司于 2023 年 1 月 3 日（周二）申报进口一批货物，海关于当天开出税款缴款书，其中关税税额为 24 000 元人民币，增值税税额为 35 100 元人民币，消费税税额为 8 900 元人民币，该公司实际缴款日为 2023 年 1 月 19 日。计算该公司应缴纳的滞纳金。

五、滞报金

（一）征收范围

　　滞报金是海关对未在法定期限内向海关申报进口货物的收货人采取的依法加收的属经济制裁性质的款项。各类货物的申报期限如表 6-3 所示。

表 6-3　　　　　　　　　　　　各类货物的申报期限

种类	申报期限
邮运进口货物	邮局送达领取通知单之日起 14 日内
转关货物	自运输工具申报进境之日起 14 日内，向进境地海关办理转关手续
其他运输方式下的货物	载运进口货物运输工具申报进境之日起 14 日

（二）征收目的

　　征收滞报金的目的是加速口岸疏运，加强海关对进口货物的管理，促使进口货物收货人按规定时限申报。

（三）滞报天数的确定

　　进口货物收货人应当自运输工具申报进境之日起 14 日内向海关申报。未按规定期限向海关申报的，由海关自起征日起至海关接受申报之日止，按日征收相应货物完税价格 0.5‰的滞报金。实际操作中，滞报天数以运输工具申报进境之日起第 15 日为起征日，以海关接受申报之日为截止日，起征日和截止日都计入，规定的期限内含有星期六、星期日或法定节假日不予扣除，规定的起征日是法定假日、休息日的，可顺延至下一个工作日。国务院临时调整休息日与工作日的，海关应当按照调整后的情况确定滞报金的起征日。

（四）征收标准

　　滞报金按日计征，征收金额为完税价格的 0.5‰，起征点为人民币 50 元，不足人民币 50 元的免征。

$$进口货物滞报金金额=进口货物完税价格×0.5‰×滞报天数$$

第二节　进出口货物完税价格的确定

进出口货物完税价格是海关对进出口货物征收从价税时审查估定的应税价格。我国海关对实行从价税的进出口货物征收关税时，必须依法确定货物应缴纳税款的价格，即经海关依法审定的完税价格，也就是海关对进出口货物征收从价税时审查估定的应税价格。进出口货物完税价格是凭以计征进出口货物关税及进口环节税的基础。

一、我国海关审价的法律依据

目前，我国海关审价的法律依据可分为二个层次。

第一个层次是法律层次，即《海关法》《关税法》。

第二个层次是部门规章层次，即《中华人民共和国海关审定进出口货物完税价格办法》（简称《审价办法》）。

二、进口货物完税价格的审定

进口货物完税价格的审定包括一般进口货物完税价格的审定和特殊进口货物完税价格的审定。

（一）一般进口货物完税价格的审定

一般进口货物的完税价格，由海关以该货物的成交价格为基础审查确定，并应当包括货物运抵中华人民共和国境内输入地点起卸前的运输及其相关费用、保险费。运输及其相关费用中的"相关费用"主要是指与运输有关的费用，如装卸费、搬运费等。

海关确定进口货物完税价格的方法包括以下六种：成交价格法、相同货物成交价格法、类似货物成交价格法、倒扣价格法、计算价格法、合理方法。这六种估计方法必须依次使用，即只有在不能使用前一种估价方法的情况下，才可以顺延其他估价方法。如果进口货物收货人提出要求并提供相关资料，经海关同意，可以颠倒倒扣价格法和计算价格法的适用次序。六种估价方法的顺序关系如图 6-4 所示。

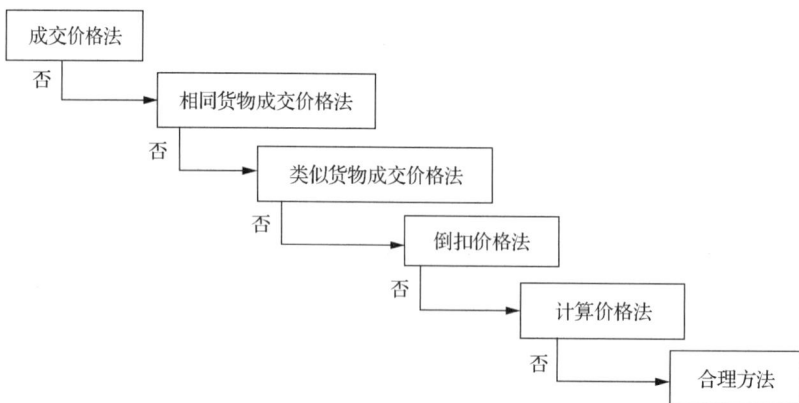

图 6-4　海关依次使用的六种估价方法

1. 成交价格法

（1）定义

成交价格法是第一种估价方法，它是建立在进口货物实际发票或合同价格的基础之上，在海关估价实践中使用率最高。

　　进口货物的成交价格是指卖方向中华人民共和国境内销售该货物时，买方为进口该货物向卖方实付、应付的，并按有关规定调整后的价格总额，包括直接支付的价款和间接支付的价款。

知识点滴

成交价格定义的三层含义

　　第一层含义是买方购进进口货物，购买必须符合两个条件，一是买方支付货款，二是卖方向买方转移货物所有权。不符合条件的，即不存在购买的，不能采用成交价格法。

　　第二层含义是按《关税法》相关条款及《审价办法》的相关规定调整后的价格，因此成交价格不完全等同贸易中发生的发票价格，而是需要按有关规定进行调整后的价格。

　　第三层含义是向卖方实付、应付的价款，包括直接支付的价款和间接支付的价款。买方支付价款的目的是获得进口货物，支付的对象包括卖方，也包括与卖方有联系的第三方，支付的价款为已经支付的价款与将要支付的价款两者的总额。

（2）成交价格的调整因素

①　计入因素。成交价格计入项目如图6-5所示。

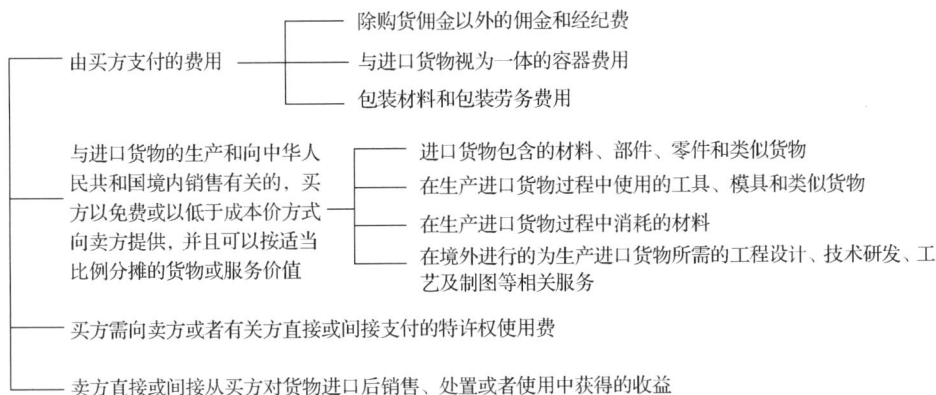

图6-5　成交价格计入项目

　　上述所有项目的费用或价值计入成交价格中，必须同时满足三个条件：一是由买方负担；二是未包括在进口货物的实付或应付价格中；三是有客观量化的数据资料。如果缺乏客观量化的数据，导致无法确定应计入的准确金额的，则不应使用成交价格法估价。

②　扣减因素。成交价格扣减项目如图6-6所示。

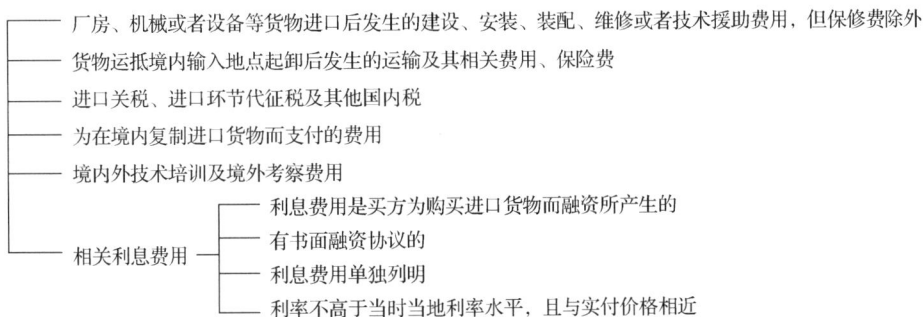

图6-6　成交价格扣减项目

　　上述所有项目的费用或价值扣减，必须同时满足三个条件：一是有关税收或费用已经包括在进口货物的实付、应付价格中；二是有关费用是分列的，并且有客观量化的数据资料；三是有关费用应在合理范围内。如果贸易中存在上述规定的税收或费用之一，但是买卖双方在贸易安排中未单独列明上述费用的，或者缺乏客观量化资料的，则所述费用不得扣除。

📖 思考与讨论

某公司进口一台机器，发票列明：成交价格 8 万美元，包括货物运抵输入地点起卸后的运输及相关费用，保险费 500 美元，包装容器费 200 美元，销售佣金 100 美元，特许权使用费为成交价格的 3%。该机器的完税价格是多少美元？

（3）成交价格本身必须满足的条件

① 买方对进口货物的处置和使用权不受限制。如果买方对进口货物的处置和使用权受到限制，则进口货物不适用成交价格方法。但也存在虽受限制却不影响成交价格成立的情形，如表 6-4 所示。

表 6-4　　　　买方对进口货物处置和使用权受限制的情形

完税价格的审定不适用成交价格法	完税价格的审定依然适用成交价格法
进口货物只能用于展示或者赠送的	国内法律、行政法规和规章规定的限制
进口货物只能销售给指定第三方的	对货物转售地域的限制
进口货物加工为成品后只能销售给卖方或指定第三方的	对货物价格无实质影响的限制
其他经海关审查，认定买方对进口货物的处置或者使用受到限制的	

② 货物的价格不应受到导致该货物成交价格无法确定的条件或因素的影响。

③ 卖方不得直接或间接从买方获得因转售、处置或使用进口货物而产生的任何收益，除非该收益能被合理确定。

④ 买卖双方不存在特殊关系，或虽有特殊关系但未对成交价格产生任何影响。

买卖双方特殊关系如表 6-5 所示。

表 6-5　　　　买卖双方特殊关系

买卖双方互为对方的高级职员或董事	买卖双方为法律承认的商业合伙人	买卖双方为雇主和雇员关系	一方直接或间接拥有、控制另一方 5% 或以上公开发行的有表决权的股票或股份
一方直接或间接地受另一方控制	双方都直接或间接地受第三方控制	双方共同直接或间接地控制第三方	双方为同一家族成员

如果不能满足上述四个条件，应当顺延采用下一种估价方法。

2. 相同或类似货物成交价格法

（1）定义

相同或类似货物成交价格法是指以与被估货物同时或大约同时向中华人民共和国境内销售的相同货物及类似货物的成交价格为基础，审定进口货物完税价格的方法。

（2）对相同或类似货物成交价格法的理解

① 相同货物或类似货物。

"相同货物"是指与进口货物在同一国家或者地区生产的，在物理性质、质量和信誉等所有方面都相同的货物，但是表面微小差异允许存在。

"类似货物"是指与进口货物在同一国家或者地区生产的，虽然不是在所有方面都相同，但却具有相似的特征、相似的组成材料、相同的功能，并且在商业中可以互换的货物。

② 与被估货物同时或大约同时进口。

"同时或大约同时"是指进口货物接受申报之日的前后各 45 天以内。

（3）关于相同或类似货物成交价格法的运用

采用相同或类似货物成交价格法应具备五大要素：一是货类同，即必须与进口货物相同或类似；二是产地同，即必须与进口货物在同一国家或者地区生产；三是进同时，即必须与进口货物同时或大约同时进口；四是数相当，即必须与进口货物的商业水平与进口数量相同或大致相同；五是价最低，即当存在多个价格时，必须选择最低的价格。

3. 倒扣价格法

（1）定义

倒扣价格法是指以进口货物、相同或类似进口货物在境内第一环节的销售价格为基础，扣除境内发生的有关费用来估定完税价格。

（2）使用倒扣价格法需要满足的条件

① 在被估货物进口同时或大约同时销售，将该货物、相同或类似进口货物在境内销售的价格为基础，"同时或大约同时"销售是指在进口货物接受申报之日的前后各 45 天以内。

② 按照该货物进口时的状态销售的价格。

③ 在境内第一环节销售的价格。"第一环节"是指有关货物进口后进行的第一次转售，且转售者与境内买方之间不能有特殊关系。

④ 向境内无特殊关系方销售的价格，即成交价格估价方法规定的特殊关系。

⑤ 按照该价格销售的货物合计销售总量最大。"合计销售总量最大"是指必须使用被估的进口货物、相同或类似进口货物以最大总量单位售予境内无特殊关系方的价格为基础估定完税价格。

（3）倒扣项目

在使用倒扣价格法时，倒扣项目如下。

① 同等级或者同种类货物在境内第一销售环节销售时，通常的利润和一般费用（包括直接费用和间接费用）及通常支付的佣金。

② 货物运抵境内输入地点之后的运输及相关费用。

③ 进口关税、进口环节海关代征税以及其他国内税。

④ 加工增值额。加工增值额是指如果使用经过加工后在境内转售的价格作为倒扣的基础，必须扣除这部分价值。

📖 思考与讨论

某进口商在货物进口后的 45 天内按不同的价格分 6 批销售 100 个单位的货物，具体情况如表 6-6 所示。

表 6-6　　　　　　　　　　货物具体情况

批次	价格/元	数量/个	批次	价格/元	数量/个
1	100	25	4	90	10
2	90	10	5	95	15
3	100	30	6	105	10

请问：此批进口货物倒扣的销售价格应是多少？

4. 计算价格法

计算价格既不是以成交价格，也不是以在境内的转售价格作为基础，而是以发生的生产国或地区的生产成本作为基础的价格。如果进口货物收货人提出要求，并经海关同意，计算价格法可以与倒扣价格法颠倒顺序使用。

采用计算价格法的进口货物完税价格由以下各项目构成。

（1）生产该货物所使用的原材料价值和进行装配或其他加工的费用。

（2）与向我国境内出口销售同级或同类货物相符的利润和一般费用。

（3）货物运抵中华人民共和国境内输入地点起卸前的运输及相关费用、保险费。

5. 合理方法

合理方法实际上不是一种具体的估价方法，而是规定了使用方法的范围和原则，即运用合理方法，必须符合《关税法》《审价办法》的公平、统一、客观的估价原则，必须以境内可以获得的数据资料为基础。

在使用合理方法估价时，不得使用以下六种价格。

（1）境内生产的货物在境内销售的价格，即国内生产的商品在国内的价格。

（2）在备选价格中较高的价格。

（3）货物在出口地市场的销售价格，即出口地境内的市场价格。

（4）以计算价格法规定之外的价值或者费用计算的相同或者类似货物的价格。

（5）出口到第三国或地区货物的销售价格。

（6）最低限价或武断、虚构的价格。

（二）特殊进口货物完税价格的审定

1. 加工贸易进口料件或者其制成品估价方法

部分加工贸易进口料件或者其制成品因故转为内销，需要依法对其实施估价后征收进口税款，其估价的核心问题是按制成品征税还是按料件征税，以及征税的环节是进口环节还是内销环节。其估价方法如表 6-7 所示。

表 6-7　　　　　　　　　　　　　加工贸易进口料件或其制成品的估价方法

适用情形	完税价格的确定	征税环节	备注
进口时需征税的进料加工进口料件	以申报进口时的成交价格为基础	进口环节	进口时有成交价格
进料加工进口料件或其制成品内销时	以料件原进口成交价格为基础	内销环节	进口时有成交价格
来料加工进口料件或其制成品内销时	以接受内销申报的同时或大约同时进口的相同或类似的进口价格为基础	内销环节	进口时无成交价格
加工企业内销加工中产生的边角料或副产品	以海关审定的内销价格	内销环节	不论有无成交价格

加工贸易内销货物的完税价格按照上述规定仍然不能确定的，由海关按照合理的方法审定。

2. 出口加工区内加工企业内销制成品估价办法

① 内销的制成品（包括残次品），海关以接受内销申报的同时或者大约同时进口的相同或类似货物的进口成交价格为基础审定完税价格。

② 内销价格过程中产生的边角料或者副产品，以海关审定的内销价格作为完税价格。

3. 保税区内加工企业内销进口料件或者其制成品估价办法

保税区内加工企业内销进口料件或其制成品的估价方法如表 6-8 所示。

表 6-8　　　　　　　　保税区内加工企业内销进口料件或其制成品的估价方法

适用情形	保税区内加工企业
内销的进口料件或者其制成品（包括残次品）	以接受内销申报的同时或大约同时进口的相同或类似的进口价格为基础审定完税价格
内销的进料加工制成品（含国产料件）	以制成品所含从境外购入的料件原进口成交价格为基础审定完税价格
内销的来料加工制成品（含国产料件）	以接受内销申报的同时或大约同时进口的，与制成品所含从境外购入的料件相同或类似的进口成交价格为基础审定完税价格
内销加工中产生的边角料或副产品	以海关审定的内销价格作为完税价格

4. 从保税区、出口加工区、保税物流园区、保税物流中心等区域、场所进入境内需要征税的货物估价方法

以从上述区域进入境内的销售价格为基础审定完税价格，加工贸易进口料件及其制成品除外。

5. 出境修理和出境加工复运进境货物的估价办法

出境修理和出境加工复运进境货物的估价方法如表 6-9 所示。

表 6-9　　　　　　　　出境修理和出境加工复运进境货物的估价方法

估价方法	规定期限内（6 个月） （出境修理可申请延长 6 个月，出料加工可申请延长 3 个月）	规定期限外
出境修理复运进境货物的估价办法	海关以境外修理费和料件费审查确定完税价格	按一般进口货物审定完税价格
出境加工复运进境货物的估价办法	海关以境外加工费和料件费以及复运进境的运输及相关费用、保险费审定完税价格	

6. 其他进口货物的估价方法

其他进口货物的估价方法如表 6-10 所示。

表 6-10　　　　　　　　　　其他进口货物的估价方法

类别	适用情况	完税价格确定
暂时进境货物	应缴纳税款的	按一般进口货物完税价格审定规则审定完税价格
	留购的	以海关审查确定的留购价格为完税价格
租赁进口货物	分期缴税的	以海关审定的该货物的租金为完税价格（利息计入）
	一次性缴税的	以海关审定的租金总额或总价值作为完税价格
	留购的	以海关审定的留购价格为完税价格
减免税货物	改变用途的	以原进口时的价格，扣除折旧部分作为完税价格
无成交价格货物	易货贸易	不适用成交价格法，依次采用相同或类似货物成交价格法、倒扣价格法、计算价格法、合理方法审定完税价格
	寄售、捐赠、赠送	
软件介质	与所载软件分列	以介质本身的价值或成本为基础审定完税价格

三、出口货物完税价格的审定

（一）出口货物的完税价格

出口货物的完税价格由海关以该货物的成交价格为基础审查确定，包括货物运至中华人民共和国境内输出地点装载前的运输及其相关费用、保险费。

（二）出口货物的成交价格

出口货物的成交价格是指该货物出口销售时，卖方为出口该货物向买方直接收取和间接收取的价款总额。

（三）不计入出口货物完税价格的税收、费用

（1）出口关税。

（2）在货物价款中单独列明的货物运至中华人民共和国境内输出地点装载后的运输及其相关费用、保险费。

（3）在货物价款中单独列明由卖方承担的佣金。

（四）出口货物其他估价方法

出口货物的成交价格不能确定的，海关经了解有关情况，并与纳税义务人进行价格磋商后，依次以下列价格审查确定该货物的完税价格。

（1）同时或者大约同时向同一国家或者地区出口的相同货物的成交价格。

（2）同时或者大约同时向同一国家或者地区出口的类似货物的成交价格。

（3）根据境内生产相同或者类似货物的成本、利润和一般费用（包括直接费用和间接费用）、境内发生的运输及其相关费用，保险费计算所得的价格。

（4）按照合理方法估定的价格。

（五）出口货物完税价格计算公式

$$出口货物完税价格=离岸价格（Free\ On\ Board，FOB）-出口关税$$
$$=FOB÷（1+出口关税税率）$$

四、海关估价中的价格质疑程序和价格磋商程序

（一）价格质疑程序

在确定完税价格过程中，海关对申报价格的真实性或准确性有疑问或有理由认为买卖双方的特殊关系可能影响到成交价格时，向纳税义务人或者其代理人制发"中华人民共和国海关价格质疑通知书"，将质疑的理由书面告知纳税义务人或者其代理人。

纳税义务人或者其代理人应自收到价格质疑通知书之日起 5 个工作日内，以书面形式提供相关资料或者其他证据，证明其申报价格真实、准确或者买卖双方之间的特殊关系没有影响成交价格。纳税义务人或者其代理人确有正当理由无法在规定时间内提供前款资料或证据的，可以在规定期限届满前以书面形式向海关申请延期。除特殊情况外，延期不得超过 10 个工作日。

（二）价格磋商程序

价格磋商是指海关在使用除成交价格以外的估计方法时，在保守商业秘密的基础上，与纳税义务人交换彼此掌握的用于确定完税价格的数据资料的行为。

海关按照《审价办法》规定通知纳税义务人进行价格磋商时，纳税义务人应自收到"中华人民共和国海关价格磋商通知书"之日起 5 个工作日内与海关进行价格磋商。

（三）免除价格质疑和价格磋商的情形

对符合下列情形之一的，纳税义务人书面申请，海关可以不进行价格质疑以及价格磋商，依法审定进出口货物的完税价格。

（1）同一合同项下分批进出口的货物，海关对其中一批货物已经实施估价的。

（2）进出口货物的完税价格在人民币 10 万元以下或者关税及进口环节海关代征税总额在人民币 2 万元以下的。

（3）进出口货物属于危险品、鲜活品、易腐品、易失效品、废品、旧品等的。

案例 6-1

科华外贸公司不服海关估价决定行政复议案

2013 年 6 月 10 日，科华外贸公司以一般贸易方式向某海关申报进口集成电路。某海关经审核，发现其申报价格明显低于海关掌握的相同或类似货物成交价格或国际市场价格，遂于 2013 年 6 月 11 日制发价格质疑通知书，对申请人进行价格质疑，要求其做出书面说明，并提供相关资料。

经审查科华外贸公司提供的说明及相关资料，某海关认为不足以证明其申报货物价格的真实性、准确性，而且该海关还发现科华外贸公司代理的实际买方飞达科技公司与卖方香港飞达科技公司存在特殊经济关系且对成交价格产生影响。因此，根据《审计办法》的规定，某海关不接受该进口货物的申报价格。

为充分交流双方掌握的信息，某海关与科华外贸公司进行了价格磋商。某海关对科华外贸公司提供的价格信息资料进行了审查，认为该资料存在诸多瑕疵，不能作为估价的基础；由于科华外贸公司未能提供相同或类似货物成交价格以及倒扣价格法、计算价格法所需的相关可量化的数据，而某海关也未能掌握使用相同货物成交价格方法、类似货物成交价格方法、倒扣价格方法和计算价格方法的相关价格资料，2013 年 9 月 20 日，某海关依据《审价办法》有关规定，使用合理估价方法进行估价，并相应作出征税决定。

科华外贸公司不服海关上述估价征税行为，于 2013 年 9 月 22 日向该海关的上一级海关申请行政复议，作为实际买方的飞达科技公司作为第三人参加了复议。

行政复议情况如下。

科华外贸公司与飞达科技公司在行政复议申请书中提出的主要申辩理由如下。

① 被申请人认为飞达科技公司与香港飞达科技公司有特殊关系，因而影响成交价格，没有任何证据支持。

② 申请人提供的报关单、厂商发票等证据可证实申请人申报价格的真实性。

③ 海关估价未适用法律规定的估价程序，而直接采用合理方法估定完税价格，是违反程序的。

行政复议机关经审理认为，本案有证据表明飞达科技公司的经营活动实际受到香港飞达科技公司的控制，而这种特殊经济关系影响了成交价格，被申请人经了解有关情况，并与申请人进行价格磋商后，依次排除了相同货物成交价格估价方法、类似货物成交价格估价方法、倒扣价格估价方法、计算价格估价方法的使用可能，最后以海关掌握的国内其他口岸相同规格型号产品的实际进口成交价格资料为基础，采用合理方法进行估价，作出了征税决定，认定事实清楚，证据充分，适用依据正确，程序合法，应予支持。2013 年 11 月 27 日，行政复议机关对本案作出复议决定，维持某海关的原估价征税决定。

五、纳税义务人在海关审定完税价格时的权利和义务

纳税义务人在海关审定完税价格时的权利和义务如表 6-11 所示。

表 6-11　　　　　　纳税义务人在海关审定完税价格时的权利和义务

权利	义务
要求具保放行货物的权利	如实申报的义务
估价方法的选择权	如实举证的义务
知情权，即纳税义务人可以提出书面申请，要求海关就如何确定其进出口货物的完税价格作出书面说明	举证证明特殊关系未对进口货物的成交价格产生影响的义务
申诉权，即依法向上一级海关申请行政复议，对复议决定不服的，可以依法向人民法院提起行政诉讼的权利	

第三节　进口货物原产地的确定与关税税率的适用

各国为了适应国际贸易的需要，并为执行本国关税及非关税方面的国别歧视性贸易政策，必须对进出口商品的原产地进行认定。为此，各国以本国立法形式制定出其鉴别货物"国籍"的标准，这就是原产地规则。

《原产地规则协议》将原产地规则定义为：一国（地区）为确定货物的原产地而实施的普遍适用的法律、法规和行政决定。

一、进口货物原产地的确定

原产地规则分两类：一类是优惠原产地规则，另一类是非优惠原产地规则。

优惠原产地规则是指一国为实施国别优惠政策而制定的法律、法规，是通过双边、多边签订优惠贸易协定，或本国自主制定的一些特殊原产地认定标准，因此也称为"协定原产地规则"。

非优惠原产地规则是指一国根据其实施海关税则和其他贸易措施的需要，由本国立法自主制定的原产地规则，所以也称为"自主原产地规则"。

（一）优惠原产地规则的运用

1．优惠原产地认定标准

（1）完全获得标准

完全获得标准是指从优惠贸易协定成员国或者地区直接运输进口的货物是完全在该成员国或者地区获得或者生产的，这些货物指：

① 在该成员国和地区境内收获、采摘或者采集的植物产品；

② 在该成员国或地区境内出生并饲养的活动物；

③ 在该成员国或地区领土或者领海开采、提取的矿产品；

④ 其他符合相应优惠贸易协定项下完全获得标准的货物。

（2）实质性改变标准

实质性改变标准是指不是完全在一国（地区）获得或者生产的货物。实质性改变标准分为以下四种。

① 税则归类改变标准。税则归类改变标准是指原产于非成员国或者地区的材料在出口成员国或者地区境内进行制造、加工后，所得货物在《商品名称及编码协调制度》中税则归类发生了改变。

② 区域价值成分标准。区域价值成分标准是指出口货物船上交货价格扣除该货物生产过程中该成员国或者地区非原产材料价格后，所余价款在出口货物船上交货价格中所占的百分比。不同协定框架下的优惠原产地规则中的区域价值成分标准各有不同。

我国签订的优惠贸易协定"实质性改变标准"基本判定标准如表 6-12 所示。

表 6-12　　我国签订自贸协定等优惠贸易安排及"实质性改变标准"基本判定标准

序号	自贸协定等优惠贸易安排	判定标准
1	《亚太贸易协定》	不小于 45%区域价值成分
2	《中国-东盟合作框架协议》	不小于 40%区域价值成分
3	内地与香港关于建立更紧密经贸关系的安排（香港 CEPA）	以清单列出具体标准（包括加工或制造工序，四位税号归类改变标准，超过 30%加工增值标准、其他标准或混合标准）
4	内地与澳门关于建立更紧密经贸关系的安排（澳门 CEPA）	
5	对部分原产于台湾农产品零关税措施	完全原产
6	中国-巴基斯坦自贸协定	不小于 40%区域价值成分
7	中国-智利自贸协定	
8	中国-新西兰自贸协定	以清单列出具体标准（包括税则归类改变标准及区域价值成分标准、加工工序标准）
9	中国-新加坡自贸协定	不小于 40%区域价值成分
10	中国-秘鲁自贸协定	以清单列出具体标准（包括税则归类改变标准及区域价值成分标准、加工工序标准）
11	中华人民共和国海关关于最不发达国家特别优惠关税待遇进口货物原产地管理办法	四位税号归类改变或不小于 40%区域价值成分
12	海峡两岸经济合作框架协议（ECFA）	以清单列出具体标准（包括税则归类改变标准及区域价值成分标准、加工工序标准）
13	中国-哥斯达黎加自贸协定	
14	中国-冰岛自贸协定	不小于 90%区域价值成分
15	中国-瑞士自贸协定	非原产材料价格不超过产品出厂价格 10%
16	中国-韩国自贸协定	不小于 40%区域价值成分
17	中国-澳大利亚自贸协定	不小于 50%区域价值成分
18	中国-格鲁吉亚自贸协定	不小于 40%区域价值成分
19	中国-毛里求斯自贸协定	不小于 40%区域价值成分
20	中国-柬埔寨自贸协定	以清单列出具体标准（包括税则归类改变标准及区域价值成分标准、加工工序标准）
21	区域全面经济伙伴关系协定	不小于 40%区域价值成分
22	中国-厄瓜多尔自贸协定	不小于 40%区域价值成分
23	中国-尼加拉瓜自贸协定	不小于 40%区域价值成分
24	中国-塞尔维亚自贸协定	不小于 40%区域价值成分

③ 制造加工工序标准。制造加工工序标准是指在某一国家（地区）进行的赋予制造、加工后所得货物基本特征的主要工序。

④ 其他标准。其他标准是指除上述标准之外，成员国或地区一致同意采用的确定货物原产地的其他标准。

2. 直接运输原则

直接运输是指优惠贸易协定项下进口货物从该协定成员国或者地区直接运输至中国境内，途中未经过该协定成员国或者地区以外的其他国家或者地区。

如途中经过了其他国家或地区，且同时符合下列条件的，视为"直接运输"：

（1）该货物在经过其他国家或者地区时，未做除使货物保持良好状态所必须处理以外的其他处理；

（2）该货物在其他国家或者地区停留的时间未超过相应优惠贸易协定规定的期限；

（3）该货物在其他国家或者地区临时储存时，处于该国家或者地区海关监管之下。

📖 **思考与讨论**

下列从新西兰进口的货物中，哪些可以认定原产于新西兰？

1. 从英国进口在新西兰更换牌号的化妆品。
2. 以原产于德国的进口原料在新西兰简单加工的水果罐头。
3. 制成品中含有40%原产于中国的原辅料的电子产品。

---

3. 原产地证书

原产地证书是证明产品原产地的书面文件，是受惠国的产品出口到给惠国时享受关税优惠的重要凭证。

货物申报时，进口货物收货人或其代理人应当按照海关的申报规定填制报关单，申明适用协定税率或者特定税率，并同时提交货物的有效原产地证书正本，或者相关优惠协定规定的原产地声明文件，以及商业发票正本、运输单证等其他商业单证。

进口申报时未按规定提交原产地证书、原产地证明的，海关可根据申请，收取相当于应缴税款的等值保证金先行办理放行手续。进口货物收货人或其代理人可按规定在一定期限内向海关申请退还缴纳的保证金。

（二）非优惠原产地规则的运用

1. 非优惠原产地认定标准

（1）完全获得标准

完全获得标准是指在一个国家（地区）获得的货物，以该国（地区）为原产地；两个以上国家（地区）参与生产的货物，以最后完成实质性改变的国家（地区）为原产地。

（2）实质性改变标准

实质性改变标准适用于两个及两个以上国家（地区）参与生产或制造的货物，以最后完成实质性改变的国家（地区）为原产地。以税则归类改变为基本标准，税则归类不能反映实质性改变的，以制造或者加工工序、从价百分比等为补充标准。

① 税则归类改变。税则归类改变是指经加工后，所得货物在《进出口税则》中某一级的税目归类已经改变。

② 制造或者加工工序。制造或者加工工序是指在某一国家（地区）进行的赋予制造、加工后所得货物基本特征的主要工序。

③ 从价百分比。从价百分比是指一个国家（地区）对非该国（地区）原产材料进行制造、加工后的增值部分，占所得货物价值的30%及其以上。即：

$$\frac{工厂交货价 - 非该国（地区）原产材料价值}{工厂交货价} \times 100\% \geqslant 30\%$$

上述"工厂交货价"是指支付给制造厂所生产的成品的价格。

"非该国（地区）原产材料价值"是指直接用于制造或装配最终产品而进口的原料、零部件（含原产地不明的原料、零部件）的价值，以其进口的成本、保险费加运费价格，即到岸价格（Cost Insurance and Freight，CIF）计算。

2. 原产地证书

一般情况下，按照 WTO 相关制度要求，我国海关对非优惠贸易协定下的进口货物执行最惠国待遇条款，即对进口货物按最惠国待遇征税，不需要进口单位提供原产地证书。

> **📖思考与讨论**
>
> 在 A 国纺成纱线，运到 B 国织成棉织物，并进行冲洗、熨烫、漂白、染色、印花。上述棉织物又被运往 C 国制成睡衣，后又经 D 国更换包装转销 E 国。
>
> 请问该批货物的原产地应为哪个国家？

二、关税税率的适用

关税税率是指进出口商品关税税额占课税对象量或值的比率或标准，是关税制度的核心要素。

进口税率分为最惠国税率、协定税率、特惠税率、普通税率、关税配额税率等税率。出口税率分为出口暂定税率和出口税率。对进口货物及出口货物在一定期限内可以实行暂定税率。进口税率及其适用范围如表 6-13 所示。

表 6-13　　　　　　　　　　　　进口税率及其适用范围

进口税率	适用范围
最惠国税率	① 原产于适用最惠国待遇条款的世界贸易组织成员的进口货物 ② 原产于与我国签订最惠国待遇条款双边贸易协定的国家或地区的进口货物 ③ 原产于我国境内的进口货物
协定税率	原产于与我国签订关税优惠条款区域性贸易协定的国家或地区的进口货物
特惠税率	原产于与我国签订特殊关税优惠条款贸易协定的国家或地区的进口货物
普通税率	① 原产于未与我国签订各种关税优惠贸易协定的国家或地区的进口货物 ② 原产地不明的进口货物
关税配额税率	适用于相对数量限制的进口货物

（一）关税税率的适用原则

对于同时适用多种税率的进口货物，在选择适用的税率时，基本的原则是"从低计征"，但适用普通税率的进口货物除外。对于出口货物，在计算出口关税时，出口暂定税率的执行优先于出口税率。进出口货物适用税率如表 6-14 所示。

表 6-14　　　　　　　　　　　　进出口货物适用税率

适用货物	可选用的税率	最终适用的税率
进口货物	同时适用最惠国税率、进口暂定税率	应当适用进口暂定税率
	同时适用协定税率、特惠税率、进口暂定税率	应当从低适用税率
	适用国家优惠政策的进口货物，存在进口暂定税率	应当从低适用税率，但不得在进口暂定税率基础上再进行减免
	适用普通税率的进口货物，存在进口暂定税率	适用普通税率的进口货物，不适用进口暂定税率
	适用关税配额税率、其他税率	关税配额内的，适用关税配额税率；关税配额外的，适用其他税率
	同时适用 ITA 税率、其他税率	适用 ITA 税率
	反倾销税率、反补贴税率、保障措施关税率、报复性关税率	按有关反倾销、反补贴和保障措施的法律、行政法规的规定执行
出口货物	出口暂定税率、出口税率	出口暂定税率

知识点滴

ITA税率

ITA（Information Technology Agreement）税率是指信息技术协议税率。

《信息技术协定》是世界贸易组织的重要成果之一，源于1994年在日本神户会议上的IT产业全球谈判。1997年3月26日，占世界IT产品贸易总额92.5%的40个世界贸易组织成员都在《信息技术协议》上签字承诺，发达国家在2000年1月1日，发展中国家在2005年前取消IT产品的关税，主要包括以下产品。

1. 计算机，包括计算机系统、笔记本电脑、中央处理器、键盘、打印机、显示器、扫描仪、硬盘驱动器、电源等。

2. 电讯设备，包括电话机、可视电话、传真机、电话交换机、调制解调器、送受话器、应答机、广播电视传输接收设备、寻呼机等。

3. 半导体及半导体生产设备。

4. 软件、科学仪器及其他信息技术产品。

5. 科学仪器，包括测量和检测仪器、色层分离仪、光谱仪、光学射线设备及电泳设备。

（二）关税税率的适用时间

对于进出口货物税率适用的时间，基本原则是以海关接受该货物申报进口或出口之日适用的税率征税，但实际运用有以下几种情况，如表6-15所示。

表6-15   税率适用时间

货物类别	税率适用时间的规定
进出口货物	适用海关接受该货物申报进口或出口之日实施的税率
进口货物到达前，经海关核准先行申报的	适用装载该货物的运输工具申报进境之日实施的税率
进口转关运输货物	① 适用指运地海关接受该货物申报进口之日实施的税率 ② 货物运抵指运地前，经海关核准先行申报的，应当适用装载该货物的运输工具抵达指运地之日实施的税率
出口转关运输货物	适用启运地海关接受该货物申报进口之日实施的税率
超期未申报海关依法变卖的进口货物	适用装载该货物的运输工具申报进境之日实施的税率
经海关批准，实行集中申报的进出口货物	适用每次货物进出口时海关接受该货物申报之日实施的税率
因纳税义务人违反规定需要追征税款的进出口货物	适用违反规定的行为发生之日实施的税率；行为发生之日不能确定的，适用海关发现该行为之日实施的税率
已申报进境并放行，有下列情形之一需缴纳税款的： ① 保税货物经批准不复运出境的 ② 保税仓储货物转入国内市场销售的 ③ 减免税货物经批准转让或者移作他用的 ④ 可暂不缴纳税款的暂时进出境货物，经批准不复运出境或者进境的 ⑤ 租赁进口货物，分期缴纳税款的 ⑥ 进出口货物关税的补征和退还	适用海关接受纳税义务人再次填写报关单申报办理纳税及有关手续之日实施的税率

知识点滴

跨境电子商务零售进口税收政策

2018年11月29日，财政部、海关总署、税务总局发布《关于完善跨境电子商务零售进口税收政策的通知》，宣布自2019年1月1日起，提高享受税收优惠政策的商品限额上限，将跨境电子商务零售进口商品的单次交易限值由2000元人民币提高到5000元人民币，年度交易限值由20 000元人民币提高到26 000元人民币。

按照现行规定，在限值以内进口的跨境电子商务零售进口商品，关税税率暂设为0；进口环节增值税、消费税取消免征税额，暂按法定应纳税额的70%征收。

完税价格在5 000元人民币与26 000元人民币之间的，且订单下仅一件商品时，可以自跨境电子商务零售渠道进口，按照货物税率全额征收关税和进口环节增值税、消费税，交易额计入年度交易总额，但年度交易总额超过年度交易限值的，应按一般贸易管理。

已经购买的跨境电子商务零售进口商品属于消费者个人使用的最终商品，不得进入国内市场再次销售；原则上不允许网购保税进口商品在海关特殊监管区域外开展"网购保税+线下自提"模式。

在商品清单调整方面，2018版《跨境电子商务零售进口商品清单》将部分近年来消费需求比较旺盛的商品纳入清单商品范围，增加了葡萄汽酒、麦芽酿造的啤酒、健身器材等63个税目商品；还根据税则税目调整情况，对前两批清单进行了技术性调整和更新，调整后的清单共1321个税目。

第四节　进出口税费的计算

按照税则公布的税率，掌握计算公式，注意计算顺序（先计算完税价格，再计算关税、消费税，最后计算增值税），注意起征点（海关征收的关税、进口环节增值税、进口环节消费税、船舶吨税、滞纳金、滞报金等税费一律以人民币计征，起征点为人民币50元），关注小数点后应保留的位数（完税价格、税额等保留两位小数），注意汇率（海关每月使用的计征汇率为上一个月的第三个星期三中国银行的外汇折算价），明确滞纳金和滞报金天数，方能将进出口税费计算准确。

一、进出口关税的核算

（一）进口关税税额的核算

1. 从价税

（1）计算公式

$$应征税额=进口货物完税价格×进口从价税税率$$

（2）计算程序

① 按照归类原则确定税则归类，将应税货物归入适当的税号。

② 根据原产地规则和税率适用规定，确定应税货物所适用的税率。

③ 根据审定完税价格办法的有关规定，确定应税货物的CIF价格。

④ 根据汇率适用规定，将以外币计价的CIF价格折算成人民币（完税价格）。

⑤ 按照计算公式正确计算应征税额。

（3）计算实例

【例 6-1】国内某远洋渔业企业从美国购进柴油船用发动机 2 台，成交价格合计为 CIF 境内目的地口岸 680 000 美元。经批准该发动机进口关税减按 1%计征。已知适用中国银行的外汇折算价为 1 美元=6.571 8 元人民币，计算应征进口关税。

计算方法如下。

① 确定税则归类，该发动机归入税号 8408.1000。

② 原产国为美国，适用最惠国税率 5%，减按 1%计征。

③ 审定 CIF 为 680 000 美元。

④ 将外币价格折算成人民币为 4 468 824.00 元。

⑤ 计算应征税额。

$$应征进口关税税额=完税价格×减按进口关税税率$$
$$=4\ 468\ 824.00×1\%=44\ 688.24（元）$$

2. 从量税

（1）计算公式

$$应征税额=进口货物数量×单位税额$$

（2）计算程序

① 按照归类原则确定税则归类，将应税货物归入适当的税号。

② 根据原产地规则和税率适用规定，确定应税货物所适用的税率。

③ 确定其实际进口量。

④ 按照计算公式正确计算应征税额。

（3）计算实例

【例 6-2】国内某公司购进日本产的柯达彩色胶卷 50 400 卷（宽度 35 毫米，长度 1.8 米），成交价格为 CIF 境内某口岸 100 日元/卷，已知适用中国银行的外汇折算价为 1 日元=人民币 0.048 3 元人民币；以规定单位换算表折算，规格"135/36"的彩色胶卷 1 卷=0.057 75 平方米，计算应征进口关税。

计算方法如下。

① 确定税则归类，彩色胶卷归入税号 3702.5410。

② 原产国为日本，适用最惠国税率 22.00 元/平方米。

③ 确定其实际进口量：50 400×0.057 75=2 910.6（平方米）。

④ 计算应征税额。

$$应征进口关税税额=进口货物数量×单位税额=2\ 910.6×22.00=64\ 033.20（元）$$

3. 复合关税

（1）计算公式

$$应征税额=进口货物数量×单位税额+进口货物完税价格×进口从价税税率$$

（2）计算程序

① 按照归类原则确定税则归类，将应税货物归入适当的税号。

② 根据原产地规则和税率适用规定，确定应税货物所适用的税率。

③ 确定其实际进口量。

④ 根据审定完税价格的有关规定，确定应税货物的完税价格。

⑤ 根据汇率适用规定，将外币折算成人民币。

⑥ 按照计算公式正确计算应征税额。

（3）计算实例

【例6-3】国内某公司从日本购进该国企业生产的广播级电视摄像机40台，其中有10台成交价格为CIF境内某口岸4 000美元/台，其余30台成交价格为CIF境内某口岸5 200美元/台，已知适用中国银行的外汇折算价为1美元=6.571 8元人民币，计算应征进口关税。

计算方法如下。

① 确定税则归类，该批摄像机归入税号8525.8210。

② 货物原产国为日本，关税税率适用最惠国税率。经查关税税率为：完税价格不高于5 000美元/台的，关税税率为单一从价税税率35%；完税价格高于5 000美元/台的，关税税率为3%，加12 960元从量税。

③ 确定税率后成交价格分别合计为40 000美元（每台4 000美元×10台）和156 000美元（每台5 200美元×30台）。

④ 将外币价格折算成人民币分别为262 872.00元和1 025 200.80元。

⑤ 按照计算公式分别计算进口关税税额。

10台单一从价进口关税税额=完税价格×关税税率=262 872.00×35%=92 005.20（元）

30台复合进口关税税额=货物数量×单位税额+完税价格×关税税率

$$=30×12 960+1 025 200.80×3\%$$
$$=388 800.00+30 756.02$$
$$=419 556.02（元）$$

40台合计进口关税税额=从价进口关税税额+复合进口关税税额

$$=92 005.20+419 556.02$$
$$=511 561.22（元）$$

（二）反倾销税税额的计算

1. 计算公式

$$反倾销税税额=完税价格×适用的反倾销税税率$$

2. 计算程序

（1）按照归类原则确定税则归类，将应税货物归入适当的税号。

（2）根据反倾销税有关规定，确定应税货物所适用的反倾销税税率。

（3）根据审定完税价格的有关规定，确定应税货物的完税价格。

（4）根据汇率适用规定，将外币折算成人民币。

（5）按照计算公式正确计算应征反倾销税税额。

3. 计算实例

【例6-4】国内某公司从韩国购进厚度为0.7毫米的冷轧板卷一批，成交总价为120 401.95美元，已知该批冷轧板卷需要征收反倾销税，适用中国银行的外汇折算价为1美元=6.571 8元人民币。计算应征的反倾销税税额。

计算方法如下。

① 确定税则归类，厚度为0.7毫米的冷轧板卷归入税号7209.1790。

② 该批冷轧板卷反倾销税税率为14%。

③ 审定成交价格为120 401.95美元。

④ 将外币价格折算成人民币为791 257.54元。

⑤ 计算应征税额。

应征反倾销税税额=完税价格×反倾销税税率

$$=791\ 257.54×14\%=110\ 776.05（元）$$

（三）出口关税税额的计算

1. 计算公式

出口关税税额=出口货物完税价格×出口关税税率

其中：出口货物完税价格=FOB（中国境内口岸离岸价格）÷（1+出口关税税率）

即出口货物是以 FOB 成交的，应以该价格扣除出口关税后作为完税价格；如果以其他价格成交，应换算成 FOB 后再按上述公式计算。

2. 计算程序

（1）按照归类原则确定税则归类，将应税货物归入适当的税号。

（2）根据审定完税价格的有关规定，确定应税货物的成交价格。

（3）根据汇率适用规定，将外币折算成人民币。

（4）按照计算公式正确计算应征出口关税税额。

3. 计算实例

【例 6-5】国内某企业从广州出口硅铁一批，申报成交价格为 FOB 广州黄埔港 9 060.25 美元，其适用中国银行的外汇折算价为 1 美元=6.571 8 元人民币，计算出口关税。

计算方法如下。

① 确定税则归类，该批硅铁归入税号 7202.2100，出口关税税率为 25%。

② 审定 FOB 为 9 060.25 美元。

③ 将外币价格折算成人民币为 59 542.15 元。

④ 计算应征税额。

应征出口关税税额=[FOB÷(1+出口关税税率)]×出口关税税率

$$=[59\ 542.15÷(1+25\%)]×25\%=47\ 633.72×25\%$$

$$=11\ 908.43（元）$$

📖 思考与讨论

国内某公司从香港购进日本产丰田皇冠轿车 10 辆，成交价格合计为 FOB 香港 120 000 美元，实际支付运费 5 000 美元，保险费 800 美元。已知小轿车的汽缸容量 2 000cc，原产国日本适用最惠国税率 25%，适用中国银行的外汇折算价为 1 美元=6.571 8 元人民币，计算应征进口关税。

二、进口环节海关代征税的计算

（一）消费税税额的计算

1. 计算公式

我国消费税采用从价、从量的方法计征。

（1）实行从价定率办法计算应纳税额，采用价内税的计税方法，即计税价格中包括消费税税额。其计算公式为：

消费税组成计税价格=（进口关税完税价格+进口关税税额）÷（1-消费税税率）

消费税应纳税额=消费税组成计税价格×消费税税率

（2）从量征收的消费税的计算公式为：

消费税应纳税额=应征消费税消费品数量×消费税单位税额

（3）实行从价定率和从量定额复合计税办法计算应纳税额，其计算公式为：

消费税应纳税额=（进口关税完税价格×进口关税税率）÷（1-消费税税率）×消费税税率+
应征消费税消费品数量×消费税单位税额

2. 计算程序

（1）按照归类原则确定税则归类，将应税货物归入适当的税号。

（2）根据有关规定，确定应税货物所适用的消费税税率。

（3）根据审定完税价格的有关规定，确定应税货物的 CIF 价格。

（4）根据汇率适用规定，将外币折算成人民币（完税价格）。

（5）按照计算公式正确计算消费税税额。

3. 计算实例

【例 6-6】某进出口公司进口丹麦产啤酒 4 800 升（988 升=1 吨），经海关审核其成交价格总值为 CIF 境内某口岸 2 072 美元。其适用中国银行的外汇折算价为 1 美元=6.571 8 元人民币，计算应征的进口环节消费税税额。

计算方法如下。

（1）确定税则归类，啤酒归入税号 2203.0000。

（2）消费税税率为从量税。进口完税价格≥370 美元/吨的，消费税单位税额为 250 元/吨；进口完税价格<370 美元/吨的，消费税单位税额为 220 元/吨。

（3）进口啤酒数量=4 800÷988=4.858（吨）。

（4）进口完税价格=2 072÷4.858=426.51（美元/吨），进口完税价格>370 美元/吨，则消费税税率为 250 元/吨。

（5）按照计算公式计算进口环节消费税税额。

应征消费税税额=应征消费税消费品数量×消费税单位税额
=4.858×250=1 214.50（元）

（二）增值税税额的计算

1. 计算公式

应纳税额=增值税组成计税价格×增值税税率

增值税组成计税价格=进口关税完税价格+进口关税税额+消费税税额

2. 计算程序

（1）按照归类原则确定税则归类，将应税货物归入适当的税号。

（2）根据有关规定，确定应税货物所适用的增值税税率。

（3）根据审定完税价格的有关规定，确定应税货物的 CIF 价格。

（4）根据汇率适用规定，将外币折算成人民币（完税价格）。

（5）按照计算公式正确计算关税税额。

（6）按照计算公式正确计算消费税税额、增值税税额。

3. 计算实例

【例 6-7】某公司进口货物一批，经海关审核其成交价格为 1 239.50 美元，其适用中国银行的外汇折算价为 1 美元=6.571 8 元人民币。已知该批货物的关税税率为 12%，消费税税率为 10%，增值税税率为 13%，计算应征增值税税额。

计算方法如下。

首先计算关税税额，然后计算消费税税额，最后计算增值税税额。

（1）将外币价格折算成人民币为 8 145.75 元。

（2）计算关税税额。

应征关税税额=完税价格×关税税率
=8 145.75×12%=977.49（元）

（3）计算消费税税额。

应征消费税税额=[（完税价格+关税税额）÷（1-消费税税率）]×消费税税率
=[(8 145.75+977.49)÷(1-10%)]×10%=10 136.93×10%
=1 013.69（元）

（4）计算增值税税额。

应征增值税税额=（完税价格+关税税额+消费税税额）×增值税税率
=(8 145.75+977.49+1 013.69)×13%=10 136.93×13%
=1 317.80（元）

📖 **思考与讨论**

某进出口公司进口某批不用征收进口消费税的货物，经海关审核其成交价格总值为 CIF 境内某岸 827 美元。已知该批货物的关税税率为 35%，增值税税率为 13%，其适用中国银行的外汇折算价为 1 美元=6.571 8 元人民币。计算应征增值税税额。

三、跨境电子商务零售进口商品税费的计算

按照现行规定，在限值以内进口的跨境电子商务零售进口商品，关税税率暂设为 0%；进口环节增值税、消费税取消免征税额，暂按法定应纳税额的 70%征收。需要说明的是，这里是指按"法定应纳税额"征收，即我们计算增值税税额时的消费税税额是按法定应纳税额计算的，不能按打七折后的数额来计算。

计算实例

【例 6-8】某高档化妆水，跨境电商平台完税价格 120 元人民币。已知关税税率 5%，消费税税率 15%，增值税税率 13%，计算跨境电商应纳税额。

计算方法如下。

首先计算关税税额，然后计算消费税税额，再计算增值税税额，最后将各项税额加总。

（1）计算关税税额。

应征关税税额=完税价格×关税税率=0（元）

（2）计算消费税税额。

应纳消费税税额=[（完税价格+关税税额)÷(1-消费税税率)]×消费税税率×70%
=120÷（1-15%）×15%×70%=21.17×70%=14.82（元）

（3）计算增值税税额。

应征增值税税额=（完税价格+关税税额+消费税税额）×增值税税率×70%
=（120+0+21.17）×13%×70%=18.35×70%=12.85（元）

（4）跨境电商应纳税额=关税税额+消费税税额+增值税税额=0+14.82+12.85=27.67（元）

四、滞报金、滞纳金的计算

（一）滞报金的计算

1. 计算程序

（1）根据审定完税价格的有关规定，确定应税货物的 CIF 价格。

（2）根据滞报金的管理规定，确定滞报天数。

（3）根据汇率适用规定，将外币折算成人民币（完税价格）。

（4）按照计算公式正确计算滞报金。

2. 计算公式

$$进口货物滞报金金额=进口货物完税价格×0.5‰×滞报天数$$

3. 计算实例

【例6-9】国内某公司以总价 CIF 55 000.00 美元进口零配件，船舶于 6 月 25 日（周四）向海关申报进境，7 月 14 日该公司向海关报关，按《海关法》的有关规定，海关按当时的美元汇率（美元：人民币=1∶6.15）应对该公司的滞报行为依法征收多少元滞报金？

计算方法如下。

（1）根据审定完税价格的有关规定，确定应税货物的 CIF 为 55 000.00 美元。

（2）根据滞报金的管理规定，确定滞报天数。货物于 6 月 25 日（周四）申报进境，法定申报时间 14 天，即 7 月 9 日前申报不产生滞报金。自 7 月 10 日开始计算滞报期间，7 月 14 日海关接受申报，起止日均为滞报期间，共滞报 5 天。

（3）根据汇率适用规定，将外币折算成人民币（完税价格）为 338 250.00 元（55 000.00×6.15）。

（4）按照计算公式正确计算滞报金。

$$进口货物滞报金金额=进口货物完税价格×0.5‰×滞报天数$$
$$=338\ 250.00×0.5‰×5$$
$$=845.63（元）$$

（二）滞纳金的计算

1. 计算程序

（1）确定滞纳关税、进口环节海关代征税税额。

（2）根据滞纳金的管理规定，确定滞纳天数。

（3）按照计算公式正确计算滞纳金。

2. 计算公式

$$关税滞纳金金额=滞纳关税税额×0.5‰×滞纳天数$$
$$进口环节税滞纳金金额=滞纳的进口环节税税额×0.5‰×滞纳天数$$

3. 计算实例

【例6-10】国内某公司从意大利购进瓶装葡萄酒一批，已知该批货物应征关税为 843 375.42 元，应征进口环节消费税为 76 305.95 元，进口环节增值税为 129 711.71 元。海关于 3 月 4 日（星期三）填发海关专用缴款书，该公司于 3 月 23 日缴纳税款。计算应征滞纳金。

计算方法如下。

（1）确定滞纳天数：税款缴款期限为 3 月 5 日—3 月 19 日，3 月 20 日—3 月 23 日为滞纳期，共滞纳 4 天。

（2）按照计算公式分别计算进口关税、进口环节消费税和增值税的滞纳金。

$$关税滞纳金=滞纳关税税额×0.5‰×滞纳天数$$
$$=843\ 375.42×0.5‰×4=1\ 686.75（元）$$
$$消费税滞纳金=滞纳消费税税额×0.5‰×滞纳天数$$
$$=76\ 305.95×0.5‰×4=152.61（元）$$
$$增值税滞纳金=滞纳增值税税额×0.5‰×滞纳天数$$
$$=129\ 711.71×0.5‰×4=259.42（元）$$

第五节 进出口税费的减免、缴纳与退补

一、进出口税费的减免

进出口税费减免是指海关按照《海关法》《关税法》和其他有关法律、行政法规的规定，对进出口货物的税费给予减征或免征。关税的减免分为三大类：法定减免税、特定减免税、临时减免税。

（一）法定减免税

法定减免税是指进出口货物按照《海关法》《关税法》和其他有关法律、行政法规的规定可以享受的减免关税的优惠。海关对法定减免税货物一般无须前期申领批件，也不进行后续管理。

下列进出口货物、进出境物品，减征或者免征关税：

（1）关税税额在人民币 50 元以下的一票货物；

（2）无商业价值的广告品和货样；

（3）外国政府、国际组织无偿赠送的物资；

（4）在海关放行前遭受损坏或者损失的货物；

（5）进出境运输工具装载的途中必需的燃料、物料和饮食用品；

（6）中华人民共和国缔结或者参加的国际条约规定减征、免征关税的货物、物品；

（7）法律规定的其他减免税货物。

（二）特定减免税

特定减免税是指海关根据国家规定，对特定地区、特定用途、特定企业给予的减免关税和进口环节海关代征税的优惠，也称政策性减免税。详见第四章第四节。

📚 **知识点滴**

法定减免和特定减免的区别

法定减免是按照《海关法》《关税法》及其他相关法律、法规规定的减免。属于法定减免范围的进出口货物，进出口人或其代理人无须事先提出申请，即可直接办理有关减免，海关放行后也无须进行后续管理。

特定减免是为进一步鼓励利用外资和引进技术，扩大对外贸易、发展科教文卫事业，而给予针对特定地区、特定用途、特定企业的减免。申请特定减免税的单位和企业，应在货物进出口前向海关提出申请，由海关按照规定的程序进行审理，符合规定的由海关发给征免税证明，受惠单位和企业凭证明申报进口特定减免税货物。由于特定减免税货物受地区、企业和用途的限制，海关需要对其进行后续管理。

（三）临时减免税

临时减免税是指法定减免税和特定减免税以外的其他减免税，是由国务院根据某个单位、某类商品、某个时期或某批货物的特殊情况，给予特别的临时性减免。

二、税款缴纳

详见第四章第二节相关内容。

三、税款退还

（一）含义

关税退还是指在关税的纳税义务人缴纳税款后，发现多缴税款的，由海关主动或者经纳税义务人申请，由海关将已经缴纳的部分或者全部税款退还给纳税义务人的一种制度。

（二）退税的范围

以下情况海关核准可予以办理退税手续：

（1）已缴纳进口关税和进口环节海关代征税税款的进口货物，因品质或者规格原因原状退货复运出境的；

（2）已缴纳出口关税的出口货物，因品质或者规格原因原状退货复运进境，并已经重新缴纳因出口而退还的国内环节有关税款的；

（3）已缴纳出口关税的货物，因故未装运出口申报退关的；

（4）散装进出口货物发生短卸、短装并已征税放行的，如果该货物的发货人、承运人或者保险公司已对短卸、短装部分退还或者赔偿相应货款的；

（5）进出口货物因残损、品质不良、规格不符的原因，由进出口货物的发货人、承运人或者保险公司赔偿相应货款的；

（6）因海关误征，致使纳税义务人多缴税款的。

（三）退税的期限及要求

（1）海关发现多征税款的，应立即通知纳税义务人办理退还手续。

（2）纳税义务人发现多缴税款的，应自缴纳税款之日起 1 年内，以书面形式要求海关退还多缴的税款并加算银行同期活期存款利息。

（3）海关应当自受理退税申请之日起 30 日内查实并通知纳税义务人办理退还手续，纳税义务人应当自收到通知之日起 3 个月内办理有关退税手续。

（四）退税凭证

海关退还已征收的关税和进口环节海关代征税时，应填发"收入退还书（海关专用）"，同时通知原纳税义务人或其代理人。海关将收入退还书（海关专用）送交指定银行划拨款。收入退还书（海关专用）一式六联，如表 6-16 所示。

表 6-16　　　　　　　　　　　收入退还书（海关专用）说明

第一联	为"收账通知"，交收款单位
第二联	为"付款凭证"，由退款国库作付出凭证
第三联	为"收款凭证"，由收款单位开户银行作收入凭证
第四联	为"付款通知"，由国库随收入统计表送退库海关
第五联	为"报查凭证"，由国库将进口环节海关代征税的送当地税务机关，关税的送退库海关
第六联	为"存根"，由填发海关存查

四、税款追征和补征

退补税是指海关短征和纳税人短缴和漏缴的税款，由海关照章进行追征和补征的行为。

（一）追征和补征的范围

（1）进出口货物放行后，海关发现少征或者漏征税款的。
（2）因纳税义务人违反规定造成少征或者漏征税款的。
（3）海关监管货物在海关监管期内因故改变用途，按照规定需要补征税款的。

（二）追征和补征的期限和要求

追征、补征税款的期限和要求如表 6-17 所示。

表 6-17   追征、补征税款的期限和要求

适用范围	追征、补征税款期限	滞纳金加收
进出口货物放行后，海关发现少征或者漏征税款	应当自缴纳税款或者货物放行之日起 1 年内补征	不加收滞纳金
因纳税义务人违反规定而造成的少征或者漏征税款	应当自缴纳税款或者货物放行之日起 3 年内追征	应自缴纳税款或放行之日至海关发现违规之日止，按日加收少征或漏征税款 0.5‰的滞纳金
海关监管货物因故改变用途需要补征税款	应当自缴纳税款之日起 3 年内补征或追征	

（三）追征和补征税款的凭证

纳税义务人凭海关专用缴款书向指定银行或开户银行缴纳税款。

五、加工贸易保税货物缓税利息

加工贸易保税货物在规定的有效期限内（包括经批准延长的期限）全部出口的，由海关通知中国银行将保证金及其活期存款利息全部退还；加工贸易保税料件或制成品内销的，海关除依法征收税款外，还应加征缓税利息。缓税利息的缴纳方式、缴纳凭证、缴纳规定等与税款缴纳相同。

（一）征收规定

缓税利息的利率为中国人民银行公布的活期存款利率，海关根据中国人民银行最新公布的活期存款利率随时调整并公布执行。

（二）计息期限

（1）加工贸易保税料件或制成品经批准内销的，缓税利息计息期限为内销料件或制成品所对应的加工贸易合同项下首批料件进口之日至海关填发税款缴款书之日；加工贸易 E 类电子账册项下的料件或制成品内销时，起始日期为内销料件或制成品所对应电子账册的最近一次核销日（若核销日期为空，则为电子账册的首批料件进口之日）至海关填发税款缴款书之日。

（2）加工贸易保税料件或制成品未经批准擅自内销，违反海关监管规定的，缓税利息计息期限为内销料件或制成品所对应的加工贸易合同项下首批料件进口之日至保税料件或制成品内销之日（内销之日无法确定的，至海关发现之日）；若内销涉及多本合同，且内销料件和制成品与合同无法一一对应的，则计息的起征日期为最近一本合同项下首批料件进口之日至保税料件或制成品内销之日（内销之日无法确定的，至海关发现之日）；若加工贸易 E 类电

子账册项下的料件和制成品擅自内销的，则计息的起征日期为内销料件或制成品所对应的电子账册的最后一次核销之日（若核销日期为空，则为电子账册的首批料件进口之日）至保税料件和制成品内销之日（内销之日无法确定的，至海关发现之日）。

保税料件或制成品违规内销的，根据规定征收滞纳金。滞纳金是从应缴纳税款之日起至海关发现之日止按日计算，滞纳金征收比例为少征或漏征税款的 0.5‰。

（3）加工贸易边角料、剩余料件、残次品、副产品和受灾保税货物等内销需要征收缓税利息的，也应比照上述规定办理。

（三）计算公式

$$应征缓税利息=补征税款×计息期限（天数）×缓税利息率÷360$$

本章小结

通过本章的学习，我们了解了进出口税费的概述与计算，进出口货物完税价格的审定，进口货物原产地的确定与税率适用，税费减免、缴纳与退补等内容。

进出口税费直接关系到企业的利益，进出口税费是指在进出口环节中由海关依法征收的关税、消费税、增值税、船舶吨税等税费，通过学习，我们应重点掌握各种税费的计算方法。在实际计算货物进出口税费时，一定要结合商品在进出口时的实际情况来分析，有些商品，如啤酒、豪华轿车等进口时需要征收消费税，但并不是所有的进出口商品都需要征收消费税。

税率的大小、费用的高低，与原产地有关，对于和我国签订优惠贸易协定的国家，我们给予优惠的税率；对于国家鼓励进口的商品，可能存在税费的减免；此时纳税义务人或其代理人在缴纳税款后，在符合条件的情况下，海关会依法退还误征、溢征和其他应退还的款项。

练习题

一、单项选择题

1. 关税的起征点是（　　）元人民币。

    A. 30 　　　　　　B. 50 　　　　　　C. 100 　　　　　　D. 150

2. 某货轮 2023 年 11 月 2 日申报进境，其所载货物最迟应于（　　）向海关申报。

    A. 2023 年 11 月 15 日 　　　　　　B. 2023 年 11 月 16 日

    C. 2023 年 11 月 17 日 　　　　　　D. 以上都不对

3. 滞纳金的征收标准是（　　）。

    A. 1% 　　　　　　B. 0.5% 　　　　　　C. 1‰ 　　　　　　D. 0.5‰

4. 任何国家或者地区对其进口的原产于我国的货物征收歧视性关税或者给予其他歧视性待遇的，我国对原产于该国家或者地区的进口货物征收（　　）。

    A. 保障措施关税 　　　　　　B. 报复性关税

    C. 反倾销税 　　　　　　D. 反补贴税

5. 下列不属于关税征税对象的是（　　　）。

    A. 从国外进口的设备　　　　　　　　B. 入境旅客随身携带的行李物品

    C. 企业出口的设备　　　　　　　　　D. 国家禁止出口的物品

二、多项选择题

1. 关税的减免分为（　　　）

    A. 法定减免　　　B. 特定减免　　　C. 特殊减免　　　D. 临时减免

2. 下述选项中，关税的纳税义务人包括（　　　）。

    A. 进口货物的收货人　　　　　　　　B. 出口货物的发货人

    C. 进出境物品的所有人　　　　　　　D. 进口货物的发货人

3. 关税征收管理规定中，关于补征和追征的期限为（　　　）。

    A. 补征期 1 年内　　　　　　　　　　B. 追征期 5 年内

    C. 补征期 2 年内　　　　　　　　　　D. 追征期 3 年内

4. 按征税标准分类，关税分为（　　　）。

    A. 从量税　　　B. 从价税　　　C. 核定税　　　D. 混合税

5. 下列属于法定免纳关税的进口货物有（　　　）。

    A. 进口科教用品　　　　　　　　　　B. 关税税额在 50 元人民币以下的一票货物

    C. 无商业价值的广告品和货样　　　　D. 无代价抵偿货物

三、判断题

1. 进口关税税率设有优惠税率和普通税率。　　　　　　　　　　　　　　（　　　）

2. 在海关对进出口货物进行完税价格审定时，如海关不接受申报价格，而认为有必要估定完税价格时，可以与进出口货物的纳税义务人进行价格磋商。　　　　　　（　　　）

3. 当进口货物的完税价格不能按照成交价格确定时，海关应当依次使用相应的方法估计完税价格。　　　　　　　　　　　　　　　　　　　　　　　　　　　　　（　　　）

4. 我国关税征收的主体是税务总局。　　　　　　　　　　　　　　　　　（　　　）

5. 减税或免税进口的货物需补税时，应当以海关审定的该货物原进口时的价格作为完税价格。　　　　　　　　　　　　　　　　　　　　　　　　　　　　　　　（　　　）

四、简答题

1. 简述关税的特点。

2. 简述我国海关审价的法律依据。

3. 目前我国征收进口环节消费税的商品有哪些？

4. 简述法定减免税的范围。

5. 使用成交价格法的条件有哪些？

实训题

【实训目的】熟悉原产地和税率的选用。

【实训内容】天津红星贸易有限公司从新加坡进口一批松下牌液晶电视机，该产品采用日本商标，其中机壳由马来西亚生产，主板由韩国生产，屏由韩国生产，最后在新西兰组装成整机。经查获知，该产品最惠国税率为 7%，中国-东盟协定税率为 5.1%，普通税率为 50%。

假如你是天津红星贸易有限公司的报关员，请回答下列问题。

（1）向海关申报时，该液晶电视机的原产地应填报哪个国家？

（2）该进口货物在申报时，应适用哪个税率？

【实训步骤】①学生阅读题目。②学生根据所学内容作答。

【实训成果】通过实训，学生体验商品原产地的确定规则、标准以及税率的选用，做到理论联系实际。

第七章
进出口货物报关单的填制

学习目标

【知识目标】了解报关单的含义及类别；理解报关单各联用途；掌握报关单表头及表体栏目的填制规范；熟练掌握经营单位、贸易方式、征免性质等重要概念及概念之间的对应关系。

【能力目标】认识到正确填制报关单在进出口报关工作中的重要作用，并能够根据原始单据按照海关要求正确处理报关单、准备报关相关单证，具备从事海关通关管理工作和报关工作的基本素质。

【素养目标】培养专业的知识素养、认真严谨的态度，对待工作热情、积极，养成良好的团队精神和职业操守。

案例导入

从报关单看改革效能——"一港通"跑出通关新速度

报关单，是企业通关时向海关申报进出口信息的表单，也是观察外贸活力的"晴雨表"。一张张报关单，见证着中国外贸提质增效的不懈努力，刻录下外贸体制改革的发展轨迹。

两张变一张，少的可不仅是一张单据。

广东佛山北滘港闸口前，集装箱卡车有序进出。"每天平均600至700个货柜，主要是空调等家电品类，产品一下生产线就送过来了。"佛山市美的报关有限公司关务经理张焯良说，采用"一港通"模式后，只需填写一张报关单，货物运送到北滘港后就能送上接驳船发往广州南沙港，快速装上国际货轮出海。

"一港通"的背后，是通关监管的改革创新。2020年11月5日，广州海关创新推出"一港通"模式，以南沙港为枢纽港，内河码头和铁路陆港为支线港，形成"两港如一港"的作业模式，实现进出口货物"一次申报、一次查验、一次放行"。

传统"内河转关"出口需要报关、转关单两张单据，"一港通"只需要一张报关单。"最直观的变化是整体物流时间从原来5到7天缩短至1到2天。"张焯良表示，对于外贸企业来说，物流时间缩短，带动生产、研发周转加快，降低仓储、物流、人工等成本，企业的国际竞争力自然提升。

"珠江三角洲是外贸生产制造的重要基地，货源丰富，出口需求大，企业对物流成本高度敏感。"海关总署广东分署综合业务工作处副处长张超介绍，广东海关分别在深圳、广州创新推出"组合港"和"一港通"模式。如今，深圳盐田、蛇口和广州南沙等国际枢纽大港，与东莞、中山、佛山、肇庆等珠江内河港口"两两组合"，港口信息互通，海关监管互认。改革实施以来，享惠企业超过6 000家，为企业节省物流等相关成本已超2亿元。

一张报关单，不仅在广东畅通无阻，也正实现港澳对接互认。海关总署广东分署会同香港和澳门海关创新探索"一单两报"改革，通过将企业在广东"单一窗口"申报的出口数据，自动转译生成港澳进口货物申报数据，无需企业重复录入。

张超说，"一单两报"模式下，香港企业在港原需人工录入的公路舱单数据必填项由9项减少为0项，澳门企业在澳录入的进口一般贸易货物申报必填项由24项减少为3项，极大地减轻了企业人工录入工作量，实现数据的跨境共享共用。

从广东看全国，一张报关单的演进历程，改革贯穿其中。从纸质报关到无纸通关，从海关、检验检疫两次执法、两道手续到新时代海关一次申报、一次查验、一次放行，改革不断为海关监管通关赋能增效，企业获得感、安全感不断增强。

企业不跑腿、业务随时办。如今通过国际贸易"单一窗口"，我国加快打造"一站式、大数据、多功能、标准化、便利化"的跨境贸易综合服务平台。目前平台已实现了30多个部门的"总对总"系统对接，建成上线24大类889项服务功能，注册用户已达880多万，日申报业务量2 600万票。

"优化口岸营商环境没有最好，只有更好。"海关总署副署长赵增连表示，下一步，海关总署将通过深化改革和科技赋能双轮驱动，进一步增强改革创新的系统集成，强化口岸设施和数据共享，不断为外贸发展增添新动能。

——节选自《前七月我国货物贸易进出口规模创历史同期新高——从报关单看外贸新动能（深度观察）》，人民日报，2024-09-04

思考：从一张张报关单的"瘦身"、从传统报关模式到"一港通""一单两报"等创新模式的转变，我们看到了中国外贸体制改革的蓬勃活力。结合案例分享你的感受。

第一节　进出口货物报关单概述

进出口货物报关单是报关员代表报关单位向海关办理货物进出境手续的主要单证。进出口货物报关单既是海关对进出口货物进行监管、征税、统计及开展稽查、调查的重要依据，又是出口退税和外汇管理的重要凭证，也是海关处理进出口货物走私、违规案件及税务、外汇管理部门查处骗税、逃套汇犯罪活动的重要书证。

报关单的含义及填制要求

一、进出口货物报关单的含义及类别

（一）进出口货物报关单的含义

进出口货物报关单是指进出口货物收发货人或其代理人，按照海关规定的格式对进出口货物的实际情况做出书面申明，以此要求海关对其货物按适用的海关制度办理通关手续的法律文书。

（二）进出口货物报关单的类别

1. 按进出口状态分类

（1）进口货物报关单。

（2）出口货物报关单。

2. 按表现形式分类

（1）纸质报关单。

（2）电子数据报关单。

3. 按海关监管方式分类

（1）进料加工进出口货物报关单（粉红色）。

（2）来料加工及补偿贸易进出口货物报关单（浅绿色）。

（3）外商投资企业进出口货物报关单（浅蓝色）。

（4）一般贸易及其他贸易进出口货物报关单（白色）。

（5）需国内退税的出口贸易报关单（浅黄色）。

4. 按用途分类

（1）报关单录入凭单。

报关单录入凭单是指申报单位按海关规定的格式填写的凭单，即申报单位提供给预录入单位的原始数据报关单，用作报关单预录入的依据。

（2）预录入报关单。

预录入报关单是指预录入单位录入、打印，由申报单位向海关申报的报关单。

（3）报关单证明联。

报关单证明联是指海关在核实货物实际入、出境后按报关单格式提供的证明，用作企业向税务、外汇管理部门办结有关手续的证明文件。

二、进出口货物报关单各联划分及用途

（一）进出口货物报关单各联划分

根据海关要求，进口货物报关单共分四联，出口货物报关单共分四联，具体如表 7-1 所示。

表 7-1　　　　　　　　　　　进出口货物报关单各联划分

进口货物报关单	出口货物报关单
1. 海关作业联	1. 海关作业联
2. 企业留存联	2. 企业留存联
3. 海关核销联（电子版）	3. 海关核销联（电子版）
4. 进口付汇证明联（电子版）	4. 出口收汇证明联（电子版）

（二）进出口货物报关单各联用途

1. 海关作业联

海关作业联是报关员配合海关审核、海关查验、缴纳税费、提货和装货的重要单据，也是海关查验货物、征收税费、编制海关统计及处理其他海关事务的重要凭证。

2. 企业留存联

企业留存联作为合法出境货物的依据，是在海关放行货物和结关以后，向海关申领进出口付、收汇证明联文件。

3. 海关核销联（电子版）

海关核销联是指口岸海关对申报进出口货物所签发的证明文件，是海关办理加工贸易合同核销、结案手续的重要凭证之一。

加工贸易货物收发货人在货物进出口后申领海关核销联，凭以向主管海关办理加工贸易登记手续、核销手续。

4. 进出口付、收汇证明联（电子版）

进出口付、收汇证明联是海关对实际申报进出口货物所签发的证明文件，是银行和国家外汇管理部门办理售汇、付汇、收汇及核销手续的重要凭证之一。对需要出口收汇核销的货

物，发货人向海关申领出口收汇证明联；对需要进口付汇核销的货物，收货人申领进口付汇证明联。

📖 思考与讨论

进出口货物收发货人或其代理人在办理完提取进口货物或装运出口货物的手续后，如有需要，可以向海关申请签发有关货物的进口、出口证明。海关签发的常见证明主要有（　　）。

A. 进口货物报关单（进口付汇证明联）　B. 出口货物报关单（出口收汇证明联）

C. 进口货物报关单（进口货物证明联）　D. 进口货物证明书

三、海关对报关单填制的一般要求

（一）按照相应制度申报并承担相应的法律责任

进出口货物的收发货人或其代理人向海关申报时，必须填写并向海关递交进出口货物报关单。申报人在填制报关单时，应当依法如实向海关申报，对申报内容的真实性、准确性、完整性和规范性承担相应的法律责任。

法治是治国理政的基本方式，依法治国是社会主义民主政治的基本要求，也是维护和保障公民的根本利益，实现自由平等、公平正义的制度保证。党的二十大报告中多次提到了"法治"，这充分体现了党中央对法治工作的高度重视。报关员在从事报关工作时，要树立法治思维，时刻谨记做到认真学法、严格守法、坚持用法。

（二）报关单内容必须真实，做到"两个相符"

1. 单证相符

所填报关单各栏目的内容必须与合同、发票、装箱单、提单以及批文等随附单证相符。

2. 单货相符

所填报关单各栏目的内容必须与实际进出口货物情况相符，不得伪报、瞒报、虚报。

（三）报关单内容要准确、齐全、完整、清楚

报关单各栏目内容要逐项详细准确填报（打印），字迹清楚、整洁、端正，不得用铅笔或红色复写纸填写；若有更正，必须在更正项目上加盖校对章。

（四）分单填报

不同的批文或合同的货物、同一批货物中采用不同贸易方式的货物、不同备案号的货物、不同提运单的货物、不同的运输方式或相同的运输方式但不同航次的货物，均应该分单填报。

（五）分项填报

商品编号、商品名称、计量单位、币制、征免、原产国（地区）、最终目的国（地区）不同的，均需分项填报。

📚 知识点滴

分单填报的另外几种情况

（1）有多份原产地证书的。

（2）同一份报关单上的商品不能够同时享受协定税率和减免税优惠的。

（3）在一批货物中，对于实行原产地证书联网管理的，如涉及多份原产地证书或含有非原产地证书商品，亦应分单填报。

第二节　进出口货物报关单表头各栏目的填报

一、进出口货物报关单式样

自 2018 年 8 月 1 日起，新版报关单正式启用。新版报关单由竖版改为横版，套打格式改为普通打印（即以后不用领用报关单，可直接用 A4 纸打印）。2018 版进、出口货物报关单式样分别如表 7-2、表 7-3 所示。

表 7-2　　　　　　　　　中华人民共和国海关进口货物报关单

预录入编号：　　　　　　　　　　　　　　海关编号：　　　　　　　　页码/页数：

境内收货人	进境关别		进口日期		申报日期	备案号
境外发货人	运输方式		运输工具名称及航次号		提运单号	货物存放地点
消费使用单位	监管方式		征免性质		许可证号	启运港
合同协议号	贸易国（地区）		启运国（地区）		经停港	入境口岸
包装种类	件数	毛重（千克）	净重（千克）	成交方式	运费	保费 　杂费

随附单证及编号

随附单证 1：　　　　　　　　　　随附单证 2：

标记唛码及备注

项号	商品编号	商品名称及规格型号	数量及单位	单价/总价/币制	原产国（地区）	最终目的国（地区）	境内目的地	征免
1								
2								
3								
4								
5								

特殊关系确认：　　　价格影响确认：　　　支付特许权使用费确认：　　　自报自缴：

申报人员　申报人员证号　电话　兹申明以上内容承担如实申报、依法纳税之法律责任 申报单位　　　　　　　　　　　　申报单位（签章）	海关批注及签章

表 7-3 中华人民共和国海关出口货物报关单

预录入编号：　　　　　　　　　　　　海关编号：　　　　　　　　　页码/页数：

境内发货人	出境关别		出口日期		申报日期	备案号
境外收货人	运输方式		运输工具名称及航次号		提运单号	
生产销售单位	监管方式		征免性质		许可证号	
合同协议号	贸易国（地区）		运抵国（地区）		指运港	离境口岸
包装种类	件数	毛重（千克）	净重（千克）	成交方式	运费	保费 杂费

随附单证及编号
随附单证 1：　　　　　　　　随附单证 2：

标记唛码及备注

项号	商品编号	商品名称及规格型号	数量及单位	单价/总价/币制	原产国（地区）	最终目的国（地区）	境内货源地	征免
1								
2								
3								
4								
5								
6								
7								

特殊关系确认：　　　价格影响确认：　　　支付特许权使用费确认：　　　自报自缴：

申报人员　申报单位	申报人员证号	电话	兹申明以上内容承担如实申报、依法纳税之法律责任 申报单位（签章）	海关批注及签章

知识点滴

预录入编号和海关编号无须填写

预录入编号指预录入报关单的编号，一份报关单对应一个预录入编号，由系统自动生成。报关单预录入编号为 18 位，其中第 1～4 位为接受申报海关的代码（海关规定的《关区代码表》中相应海关代码），第 5～8 位为录入时的公历年份，第 9 位为进出口标志（"1"为进口，"0"为出口；集中申报清单中"I"为进口，"E"为出口），后 9 位为顺序编号。

海关编号指海关接受申报时给予报关单的编号，一份报关单对应一个海关编号，由系统自动生成。报关单海关编号为 18 位，其中第 1～4 位为接受申报海关的代码（海关规定的《关区代码表》中相应海关代码），第 5～8 位为海关接受申报的公历年份，第 9 位为进出口标志（"1"为进口，"0"为出口；集中申报清单中"I"为进口，"E"为出口），后 9 位为顺序编号。

二、报关单表头栏目的构成

报关单表头栏目是指从"境内收/发货人"开始直到"标记唛码及备注"栏的内容，分别是境内收/发货人、进/出境关别、进/出口日期、申报日期、备案号、境外发/收货人、运输方式、运输工具名称及航次号、提运单号、货物存放地点（进口报关单）、消费使用/生产销售单位、监管方式、征免性质、许可证号、启运港（进口报关单）、合同协议号、贸易国（地区）、启运国/运抵国（地区）、经停港/指运港、入/离境口岸、包装种类、件数、毛重（千克）、净重（千克）、成交方式、运费、保费、杂费、随附单证及编号、标记唛码及备注。

知识点滴

进出口货物报关单填制技巧

第一，报关单的各栏中，"申报日期""海关批注及签章"报关员无须填写。

第二，熟悉发票、装箱单、提运单的格式结构及各栏目的具体内容。

第三，要弄清填制时所需要的信息来源：已知信息；发票、装箱单、提运单；自主判断。

报关单相关内容查找技巧如表7-4所示。

表 7-4 　　　　　　　　　报关单相关内容查找技巧

可从提供的提运单、装箱单中查找	可从提供的发票中查找	可从提供的补充内容中查找	通过逻辑判断
1. 进/出境关别	1. 境内收/发货人	1. 备案号	1. 监管方式
2. 运输方式	2. 境外发/收货人	2. 进/出口日期	2. 征免性质
3. 运输工具名称及航次号	3. 消费使用/生产销售单位	3. 境内货源地	3. 征免
4. 提运单号	4. 成交方式	4. 许可证号	4. 部分备注内容
5. 启运国/运抵国（地区）	5. 运费	5. 随附单证及编号	
6. 经停港/指运港	6. 保费		
7. 入/离境口岸	7. 杂费		
8. 包装种类	8. 合同协议号		
9. 件数	9. 商品名称及规格型号		
10. 毛重（千克）	10. 数量及单位		
11. 净重（千克）	11. 原产国/最终目的国（地区）		
12. 标记唛码及备注	12. 单价		
	13. 总价		
	14. 币制		

三、报关单表头栏目的填写

（一）境内收/发货人

1. 含义

在进口清关的过程中，报关单上的"境内收货人"，即国际贸易当中的进口商——买方，以及报关单上的"境内发货人"，即国际贸易当中的出口商——卖方，均属于具有进出口经营权的自理报关单位。

买方、卖方需要具备完整的海关进出口经营权资质，去属地海关申请备案，包括办理对外贸易法人卡、电子口岸卡以及开通收付外汇的资质。

2. 填报要求

（1）本栏目必须"双填"，既填报在海关备案的对外签订并执行进出口贸易合同的中国境内法人、其他组织名称，也填报其编码。

（2）编码填报 18 位法人和其他组织统一社会信用代码，没有统一社会信用代码的，填报其在海关的 10 位备案编码。

知识点滴

海关的备案编码

海关的备案编码是指海关为备案的经营单位设置的备案登记编码，为 10 位数字。每个企业有一个在全国范围内唯一的、始终不变的代码标识。经营单位的海关备案编码能够体现单位的所在地区和经济类型。

（1）第 1～4 位：表示经营单位属地的行政区划代码，其中第 1～2 位表示省（自治区、直辖市）。例如，上海市为"31"；广东省为"44"。第 3～4 位表示省辖市（地区、省直辖行政单位），包括省会城市、计划单列城市、沿海开放城市。

（2）第 5 位：表示市内经济区域。数字的含义分别如下：

"1"表示经济特区；

"2"表示经济技术开发区和上海浦东新区；

"3"表示高新技术开发区；

"4"表示保税区；

"5"表示出口加工区；

"6"表示保税港区

"7"表示物流园区；

"9"其他未列名地区。

（3）第 6 位：表示经营单位经济类型的代码，表明经营单位性质。数字的含义分别如下：

"1"表示有进出口经营权的国有企业；

"2"表示中外合作企业；

"3"表示中外合资企业；

"4"表示外商独资企业；

"5"表示有进出口经营权的集体企业；

"6"表示有进出口经营权的私营企业；

"7"表示有进出口经营权的个体工商户；

"8"表示有报关权而无进出口经营权的企业（主要包括报关行和有报关权的货代公司等）；

"9"表示其他（包括外商企业驻华机构、外国驻华使领馆等机构和临时有进出口经营权的单位）。

（4）第 7～10 位：表示顺序号。

3. 特殊情况

（1）进出口货物合同的签订者和执行者非同一企业的，填报执行合同的企业。

例如：中国煤炭进出口总公司对外签订出口煤炭合同，而由天津煤炭进出口公司负责执行合同，本栏目填写天津煤炭进出口公司及其编码。

（2）外商投资企业委托进出口企业进口投资设备、物品的，填报外商投资企业，并在标记唛码及备注栏注明"委托某进出口企业进口"，同时注明被委托企业的 18 位统一社会信用代码。

例如：北京宇都商贸有限公司（1101220756）委托大连化工进出口公司（2102911013）与韩国签约进口电动叉车。根据填制规范，本栏目应填"外商投资企业+备案编码"，在唛码及备注栏填"委托××公司进口"。则本题经营单位栏应填："北京宇都商贸有限公司（1101220756）"，并在报关单唛码及备注栏填："委托大连化工进出口公司（2102911013）进口"。

（3）有代理报关资格的报关企业代理其他进出口企业办理进出口报关手续时，填报委托的进出口企业。

例如：北京信为报关行（91110105700×××××××）代理深圳海韬国际贸易进出口公司（91440300MA5F1×××××）进口一批纺织品。根据填制规范，本栏目应填"深圳海韬国际贸易进出口公司（91440300MA5F1×××××）"。

（4）海关特殊监管区域收发货人填报该货物的实际经营单位或海关特殊监管区域内经营企业。

（5）免税品经营单位经营出口退税国产商品的，填报免税品经营单位名称。

> 📖 **思考与讨论**
>
> 1. 北京中美合资电子有限公司（编码：1108339456）委托北京机械进出口公司（编码：1101910090）代为进口投资设备一批，由北京大宇报关行申报进口，其进口货物报关单上的境内收货人为：_____。
>
> 2. 中国煤炭进出口公司（编码：1101910010）统一对外签约向韩国出口煤炭一批，该合同具体由山西煤炭进出口公司（编码：1401910090）执行，其出口货物报关单上的境内发货人为：_____。
>
> 3. 北京银盾报关行（编码：1105981810）代北京中美合资电子有限公司（编码：1108339456）申报进口原材料一批，其进口货物报关单上的境内收货人为：_____。

（二）进/出境关别

1. 含义

进/出境关别也称进/出关境口岸，原指国家对外开放的港口及边界关口，在进出口货物报关单中特指海关名称。因此本栏目填口岸海关，而非口岸城市。

2. 填报要求

（1）本栏目必须"双填"，既填报《关区代码表》中相应的口岸海关名称及其代码。

（2）进境关别，填报货物实际进入我国关境的口岸海关的名称及代码；出境关别，填报货物实际运出我国关境的口岸海关的名称及代码。例如一票空运进口货物从浦东进境，则本栏填"浦东海关（2210）"。

3. 特殊情况

（1）加工贸易货物，填报货物限定或指定进出口岸海关名称及代码。

（2）进口转关运输货物，填报货物进境地海关名称及代码。出口转关运输货物，填报货物出境地海关名称及代码。按转关运输方式监管的跨关区深加工结转货物，出口货物报关单填报转出地海关名称及代码，进口货物报关单填报转入地海关名称及代码。

（3）在不同海关特殊监管区域或保税监管场所之间调拨、转让的货物，填报对方海关特殊监管区域或保税监管场所所在的海关名称及代码。

（4）其他无实际进出境的货物，填报接受申报的海关名称及代码。

> 📖 **思考与讨论**
>
> 1. 北京一进出口公司从美国海运进口设备一批，由天津新港海关（0202）转关至北京海关朝阳口岸办事处（0118），报关单上的进境关别为：_____。

2. 北京平谷服装进出口公司将原从韩国海运至天津新港海关（0202）的加工贸易服装面料转为内销，其在北京平谷海关（0110）办理补税时，报关单上的进境关别应为：_____。

　3. 北京平谷服装加工贸易企业，在北京海关朝阳口岸办事处（0118）申报海运转关出口韩国服装一批，从天津新港海关（0202）装船出境，其转关货物报关单上的出境关别应为：_____。

（三）进/出口日期

1. 含义

进/出口日期是指运载所申报货物的运输工具申报进境的日期/运载所申报货物的运输工具办结出境手续的日期。

2. 填报要求

（1）日期均为8位数字，顺序为年、月、日，例如2023-09-07。

（2）出口日期以运输工具的实际离境日期为准。因本栏供海关打印报关单证明联用，可免于填报。

（3）对无实际进出境的货物，以海关接受申报日期为准。

📖 思考与讨论

运输工具载运货物于2023年7月16日运抵口岸，当日向天津新港海关申报进境，则进口日期应为：_____。

（四）申报日期

1. 含义

申报日期指海关接受进出口货物收发货人、受委托的报关企业申报数据的日期。

2. 填报要求

（1）以电子数据报关单方式申报的，申报日期为海关计算机系统接受申报数据时记录的日期。以纸质报关单方式申报的，申报日期为海关接受纸质报关单并对报关单进行登记处理的日期。

（2）进口申报日期不能早于进口日期，出口申报日期不能晚于出口日期。

（3）申报日期为8位数字，顺序为年（4位）、月（2位）、日（2位）。

（4）本栏目在申报时免予填报。

（五）备案号

1. 含义

备案号是指经营进出口货物的收发货人在向海关办理报关手续时，向海关递交的备案审批文件的编号。

备案号长度为12位，其中第1位是标记码，第2～5位是备案地海关关区代码，第6位是备案年份，第7～12位为序列号。备案号标记码如表7-5所示。

表7-5　　　　　　　　　　　　　备案号标记码

标记码	含义
B	来料加工《加工贸易手册》
C	进料加工《加工贸易手册》

续表

标记码	含义
D	进口外商免费提供的用于加工贸易的不作价设备使用的《加工贸易不作价设备登记手册》
E	加工贸易联网企业使用的电子账册
F	加工贸易异地报关分册
G	加工贸易深加工结转分册
H	出入出口加工区的保税货物的电子账册
Y	原产地证书代码，仅表示使用香港、澳门特别行政区原产地证书适用 CEPA 的进口货物
Z	进口享受特定减免税的设备物品使用的《征免税证明》

2. 填报要求

（1）填报进出口货物收发货人、消费使用单位、生产销售单位在海关办理加工贸易合同备案或征、减、免税审核确认等手续时，海关核发的《加工贸易手册》、海关特殊监管区域和保税监管场所保税账册、《征免税证明》或其他备案审批文件的编号。

（2）一份报关单只允许填报一个备案号。

（3）无备案审批文件的报关单，本栏目免予填报。

（4）备案号的标记码必须与"监管方式""征免性质""征免"等栏目相协调。

3. 特殊情况

（1）同一批进出口货物中既有备案的商品又有非备案的商品时，应分别填写报关单，即分单填报。

（2）同一批进出口货物中包含不同的备案商品也应该分单填报（不同的备案商品要分别填写报关单）。

（3）加工贸易项下货物，除少量低值辅料按规定不使用《加工贸易手册》及以后续补税监管方式办理内销征税的外，填报《加工贸易手册》编号。

使用异地直接报关分册和异地深加工结转出口分册在异地口岸报关的，填报分册号；本地直接报关分册和本地深加工结转分册限制在本地报关，填报总册号。

加工贸易成品凭《征免税证明》转为减免税进口货物的，进口报关单填报《征免税证明》编号，出口报关单填报《加工贸易手册》编号。

对加工贸易设备、使用账册管理的海关特殊监管区域内减免税设备之间的结转，转入和转出企业分别填制进、出口报关单，在报关单备案号栏目填报《加工贸易手册》编号。

（4）减免税货物退运出口，填报《中华人民共和国海关进口减免税货物准予退运证明》的编号；减免税货物补税进口，填报《减免税货物补税通知书》的编号；减免税货物进口或结转进口（转入），填报《征免税证明》的编号；相应的结转出口（转出），填报《中华人民共和国海关进口减免税货物结转联系函》的编号。

（5）免税品经营单位经营出口退税国产商品的，免予填报。

📖 思考与讨论

某公司进口纯棉花布 10 000 米，其中 6 000 米用于加工产品后再出口，并事先在海关备案取得手册（备案号为 C04025004321），而另外的 4 000 米用于加工产品在国内销售。该公司填写报关单时，备案号如何填？

（六）境外发/收货人

1. 含义

境外发货人通常指签订并执行进口贸易合同中的卖方。

境外收货人通常指签订并执行出口贸易合同中的买方或合同指定的收货人。

2. 填报要求

（1）填报境外收发货人的名称及编码。名称一般填报英文名称。

（2）检验检疫要求填报其他外文名称的，在英文名称后填报，以半角括号分隔。

（3）对于 AEO 互认国家（地区）企业的，编码填报 AEO 编码，填报样式为"国别（地区）代码+海关企业编码"，例如：新加坡 AEO 企业 SG123456789012（新加坡国别代码+12位企业编码）。非 AEO 互认国家（地区）企业等其他情形，编码免予填报。

（4）特殊情况下无境外收发货人的，名称及编码填报"NO"。

（七）运输方式

1. 含义

运输方式包括实际运输方式和海关规定的特殊运输方式，前者指货物实际进出境的运输方式，按进出境所使用的运输工具分类；后者指货物无实际进出境的运输方式，按货物在境内的流向分类。

2. 填报要求

（1）本栏目应根据海关规定的《运输方式代码表》选择填报相应的运输方式名称或代码。运输方式代码如表 7-6 所示。

表 7-6　　　　　　　　　　　　　　　　运输方式代码

代码	运输方式	代码	运输方式
0	非保税区	9	其他运输
1	监管仓库	H	边境特殊海关作业区
2	水路运输	T	综合实验区
3	铁路运输	W	物流中心
4	公路运输	X	物流园区
5	航空运输	Y	保税港区/综合保税区
6	邮件运输	Z	出口加工区
7	保税区	L	旅客携带
8	保税仓库	G	固定设施运输

（2）运输方式分为实际运输方式和特殊运输方式。

（3）实际运输方式下，运输方式主要有水路运输、铁路运输、公路运输、航空运输等。进境货物按货物运抵我国关境第一口岸时的运输方式填报；出境货物按货物运离我国关境最后一个口岸时的运输方式填报。

（4）特殊运输方式包括以下几种情况。

第一，非邮件方式进出境的快递货物，按实际运输方式填报。

第二，进口转关运输货物，按载运货物抵达进境地的运输工具填报；出口转关运输货物，按载运货物驶离出境地的运输工具填报。

第三，不复运出（入）境而留在境内（外）销售的进出境展览品、留赠转卖物品等，填报"其他运输"（代码 9）。

第四，进出境旅客随身携带的货物，填报"旅客携带"（代码 L）。

第五，以固定设施（包括输油、输水管道和输电网等）运输的货物，填报"固定设施运输"（代码 G）。

（5）无实际进出境货物在境内流转时填报要求如下。

第一，境内非保税区运入保税区货物和保税区退区货物，填报"非保税区"（代码 0）。

第二，保税区运往境内非保税区货物，填报"保税区"（代码 7）。

第三，境内存入出口监管仓库和出口监管仓库退仓货物，填报"监管仓库"（代码 1）。

第四，保税仓库转内销货物或转加工贸易货物，填报"保税仓库"（代码 8）。

第五，从境内保税物流中心外运入中心或从中心运往境内中心外的货物，填报"物流中心"（代码 W）。

第六，从境内保税物流园区外运入园区或从园区内运往境内园区外的货物，填报"物流园区"（代码 X）。

第七，保税港区、综合保税区与境内区外（非海关特殊监管区域、保税监管场所）之间进出的货物，填报"保税港区/综合保税区"（代码 Y）。

第八，出口加工区、珠澳跨境工业区珠海园区、中哈霍尔果斯国际边境合作中心中方配套区与境内区外（非海关特殊监管区域、保税监管场所）之间进出的货物，填报"出口加工区"（代码 Z）。

第九，境内运入深港西部通道港方口岸区的货物以及境内进出中哈霍尔果斯国际边境合作中心中方配套区的货物，填报"边境特殊海关作业区"（代码 H）。

第十，经横琴新区和平潭综合实验区（以下简称综合试验区）二线指定申报通道运往境内区外或从境内经二线指定申报通道进入综合试验区的货物，以及综合试验区内按选择性征收关税申报的货物，填报"综合试验区"（代码 T）。

第十一，海关特殊监管区域内的流转、调拨货物，海关特殊监管区域、保税监管场所之间的流转货物，海关特殊监管区域与境内区外之间进出的货物，海关特殊监管区域外的加工贸易余料结转、深加工结转、内销货物，以及其他境内流转货物，填报"其他运输"（代码 9）。

（八）运输工具名称及航次号

1. 含义

运输工具名称是指载运货物进出境的运输工具的名称或运输工具编号。

在国际贸易中，水路运输方式使用的每一艘船舶都有其相应的船名，但其他类型的运输工具不一定都有名称，有些类型的运输工具需要以编号填报，以保证即使是同类型的运输工具也能加以区别。

航次号指运输工具的航次编号。为了区别船舶在不同时间的航行，船舶每次航行都会指定一个航次号，一般为 4 位字符。

2. 运输工具名称具体填报要求

（1）直接在进出境地或采用全国一体化通关模式填报要求

① 水路运输：填报船舶编号（来往港澳小型船舶为监管簿编号）或者船舶英文名称。

② 公路运输：启用公路舱单前，填报该跨境运输车辆的国内行驶车牌号，深圳提前报关模式的报关单填报国内行驶车牌号+"/"+"提前报关"。启用公路舱单后，免予填报。

③ 铁路运输：填报车厢编号或交接单号。

④ 航空运输：填报航班号。

⑤ 邮件运输：填报邮政包裹单号。

⑥ 其他运输：填报具体运输方式名称，例如管道、驮畜等。

（2）转关运输货物填报要求

① 进口报关单转关运输货物运输工具名称的填报要求如表 7-7 所示。

表 7-7　　　　　　　　　　转关运输货物运输工具名称的填报要求（进口报关单）

运输方式	直转、提前报关填报	中转填报
水路运输	"@" +16 位转关申报单预录入号（或 13 位载货清单号）	进境船舶英文名称
航空运输	"@" +16 位转关申报单预录入号	"@"
铁路运输	"@" +16 位转关申报单预录入号	车厢编号
公路及其他运输	"@" +16 位转关申报单预录入号（或 13 位载货清单号）	

② 出口报关单转关运输货物运输工具名称的填报要求如表 7-8 所示。

表 7-8　　　　　　　　　　转关运输货物运输工具名称的填报要求（出口报关单）

运输方式	非中转填报	中转填报		多张报关单通过一张转关单转关填报
水路运输	"@" +16 位转关申报单预录入号（或 13 位载货清单号）	境内水路运输	驳船船名	"@"
		境内铁路运输	车名（主管海关 4 位关区代码+ "TRAIN"）	
		境内公路运输	车名（主管海关 4 位关区代码+ "TRUCK"）	
航空运输				
铁路运输				
公路及其他运输	"@" +16 位转关申报单预录入号（或 13 位载货清单号）			

（3）采用"集中申报"通关模式办理报关手续的，报关单填报"集中申报"。

（4）免税品经营单位经营出口退税国产商品的，免予填报。

（5）无实际进出境的货物，免予填报。

思考与讨论

试根据下面的情景资料填写运输工具名称。

1. 提单中显示：Vessel:APL HONG KONG,VOY.NO 116E;
Port of Loading:ANTWERP ;Port of discharge:DALIAN;Place
of delivery:DALIAN.

2. 提单中显示：FROM BUSAN,KOREA TO HUANG PU,CHINA
VIA HONG KONG BY HEUNG-ANAGOYA 413S.

3. 提单中显示：Vessel:COSCO HONGFENG,VOY.NO 302N;
Port of Loading:SANTOS BRAZILIAN PORT;Port of Discharge:
HONG KONG;Place of Delivery DALIAN CHINA.

3. 航次号具体填报要求

（1）直接在进出境地或采用全国通关一体化通关模式

① 水路运输：填报船舶的航次号。

② 公路运输：启用公路舱单前，填报运输车辆的 8 位进出境日期〔顺序为年（4 位）、月（2 位）、日（2 位），下同〕。启用公路舱单后，填报货物运输批次号。

③ 铁路运输：填报列车的进出境日期。

④ 航空运输：免予填报。

⑤ 邮件运输：填报运输工具的进出境日期。

⑥ 其他运输方式：免予填报。

（2）转关运输货物填报要求

① 进口报关单填报要求如表 7-9 所示。

表 7-9   转关运输货物航次号的填报要求（进口报关单）

运输方式	直转、提前报关填报	中转填报
水路运输	免予填报	"@" +进境干线船舶航次
航空运输	免予填报	免予填报
铁路运输	"@" +8 位进境日期	"@" +8 位进境日期
公路及其他运输	免予填报	免予填报

② 出口报关单填报要求如表 7-10 所示。

表 7-10   转关运输货物航次号的填报要求（出口报关单）

运输方式	直转、提前报关填报	中转填报
水路运输	免予填报	驳船航次号
航空及其他运输	免予填报	免予填报
境内铁路及公路运输	6 位启运日期〔顺序为年（2 位）、月（2 位）、日（2 位）〕	6 位启运日期〔顺序为年（2 位）、月（2 位）、日（2 位）〕
铁路拼车拼箱捆绑出口	免予填报	免予填报

（3）免税品经营单位经营出口退税国产商品的，免予填报。

（4）无实际进出境的货物，免予填报。

（九）提运单号

1. 含义

提运单号是指进出口货物提单或运单的编号，一份报关单只允许填报一个提单或运单号，一票货物对应多个提单或运单时，应分单填报。

2. 填报要求

（1）直接在进出境地或采用全国一体化通关模式

① 水路运输填进口提单号，有分提单的，填写：进口提单号+ "*" +分提单号。

② 公路运输启用公路舱单前，免予填报；启用公路舱单后，填报进出口总运单号。

③ 铁路运输填报运单号。

④ 航空运输填报总运单号+ "_" +分运单号，无分运单的填报总运单号。

⑤ 邮件运输填报邮运包裹单号。

（2）转关运输货物填报要求

转关运输货物提运单号的填报要求如表 7-11 所示。

表 7-11   转关运输货物提运单号的填报要求

运输方式	进口		出口
	直转、中转	提前报关	
水路运输	填报提单号	免予填报	中转货物填报提单号；非中转货物免予填报；广东省内汽车运输提前报关的转关货物，填报承运车辆的车牌号

续表

运输方式	进口		出口
	直转、中转	提前报关	
铁路运输	填报铁路运单号	免予填报	广东省内汽车运输提前报关的转关货物，填报承运车辆的车牌号
航空运输	填报总运单号+"_"+分运单号	免予填报	
其他运输方式	免予填报	免予填报	

（3）采用"集中申报"方式办理报关手续的，报关单填报归并集中申报清单的进出口起止日期。

（4）无实际进出境的货物，免予填报。

知识点滴

航空运输运单号填报要求

航空运单分2种：一种是航空公司签发的，称为总运单（Master Air Way Bill，MAWB）；另一种是航空公司代理人签发的，称为分运单（House Air Way Bill，HAWB）。

分运单号用"HAWB：×××××××"表示，一般由8位数字组成。分运单号一般出现在分运单的右上方，只填8位数字于总运单号后面。总运单号用"MAWB：×××_×××× ××××"或"M：×××_×××× ××××"表示，由11位数字组成。

填写时，总运单号只填数字，其中的"_"和空格不填，但在总运单号和分运单号之间要加"_"。例如，分运单号为"HAWB：4087 1532"，总运单号为"MAWB：790_8127 3721"，提运单号栏应填"79081273721_40871532"。

（十）货物存放地点

填报货物进境后、放行前存放的场所或地点，包括海关监管作业场所、分拨仓库、定点加工厂、隔离检疫场、企业自有仓库等。货物存放地点为进口报关单填报的栏目，是2018年经调整后的报关单新增加的内容。

知识点滴

为什么要增设"货物存放地点"这一栏目？

因为货物在进口到我国之后，必须把存放地点明确告知国家市场监督管理总局，以便于国家质量监督检验检疫总局进行监管。

如浙江企业从日本进口罗汉松必须要在封闭的苗圃中种植至少180天，之后由国家市场监督管理总局做进一步的检查，在树木没有生出害虫的情况下，国家市场监督管理总局才允许树木通关。活体动物同理，进口之后按照规定需要在指定地点饲养一定时间后没有问题才允许通关。这就是增加该栏目的原因。

（十一）消费使用/生产销售单位

1. 含义

消费使用单位指已知的进口货物在境内的最终消费、使用单位的名称。此为进口报关单填报的栏目。

生产销售单位指出口货物在境内的生产或销售单位的名称。此为出口报关单填报的栏目。

2．填报要求

（1）填报自行进口/出口货物的单位或委托进出口企业进口/出口货物的单位。

（2）本栏目必须"单填"。填报18位法人和其他组织统一社会信用代码；无统一社会信用代码的，填报"NO"。

3．特殊情况

（1）免税品经营单位经营出口退税国产商品的，在生产销售单位栏填报该免税品经营单位统一管理的免税店。

（2）减免税货物，填报《征免税证明》的减免税申请人；保税监管场所与境外之间的进出境货物，填报保税监管场所的名称。

（3）海关特殊监管区域的消费使用/生产销售单位填报区域内经营企业（加工单位或仓库）。

（4）进口货物在境内的最终消费或使用以及出口货物在境内的生产或销售对象为自然人的，填报身份证号、护照号、台胞证号等有效证件号码及姓名。

知识点滴

境内收/发货人与消费使用/生产销售单位的对应关系

1．一般情形下，境内收/发货人是名义进出口人，消费使用/生产销售单位是实际进出口人。

2．若无外贸委托代理，名义进出口人就是实际进出口人。

表7-12所示为境内收/发货人和消费使用/生产销售单位的对应关系。

表7-12　　　　境内收/发货人和消费使用/生产销售单位的对应关系

进出口状况	境内收/发货人	消费使用/生产销售单位	备注
外贸代理进出口	外贸流通企业	国内委托进出口的单位	不包括外商投资企业在投资总额内委托进出口
外贸自营进出口	外贸流通企业	外贸流通企业	
外商投资企业自营进出口	外商投资企业	外商投资企业	
外商投资企业在投资总额内委托进出口	外商投资企业	外商投资企业	实际经营单位应在备注栏说明
签约与执行合同分离	执行合同的外贸流通企业	执行合同的外贸流通企业或者委托进出口的单位	
直接接收进出口	直接接收货物的国内单位	直接接收货物的国内单位	该批货物的进出口应经批准

（十二）监管方式

1．含义

监管方式是以国际贸易中进出口货物的交易方式为基础，结合海关对进出口货物的征税、统计及监管条件综合设定的海关对进出口货物的管理方式。

2．填报要求

（1）本栏目应根据实际情况，并按海关规定的《监管方式代码表》选择填报相应的监管方式简称及代码。常见监管方式代码如表7-13所示。

表 7-13　　　　　　　　　　　　　　　常见监管方式代码

监管方式代码	监管方式简称	监管方式全称
0110	一般贸易	一般贸易
0214	来料加工	来料加工装配贸易进口料件及加工出口货物
0615	进料对口	进料加工（对口合同）
0654	进料深加工	进料深加工结转货物
2025	合资合作设备	合资合作企业作为投资进口的设备物品
2225	外资设备物品	外资企业作为投资进口的设备物品
3010	货样、广告品 A	有经营权单位进出口的货样、广告品
3100	无代价抵偿	无代价抵偿货物
3339	其他进口免费	其他进口免费提供货物
4500	直接退运	直接退运
9610	电子商务	跨境贸易电子商务

（2）一份报关单只允许填报一种监管方式。如果一票货物中一部分货物适用一种监管方式，另一部分适用另外的监管方式，则应该分别填制报关单。

3．特殊情况

（1）进口少量低值辅料（即 5 000 美元以下，78 种以内的低值辅料）按规定不使用《加工贸易手册》的，填报"低值辅料"；使用《加工贸易手册》的，按《加工贸易手册》上的监管方式填报。

（2）加工贸易料件转内销货物以及按料件办理进口手续的转内销制成品、残次品、未完成品，填制进口报关单，填报"来料料件内销"或"进料料件内销"；加工贸易成品凭《征免税证明》转为减免税进口货物的，分别填制进、出口报关单，进口报关单按照实际监管方式填报，出口报关单填报"来料成品减免"或"进料成品减免"。

（3）加工贸易出口成品因故退运进口及复运出口的，填报"来料成品退换"或"进料成品退换"；加工贸易进口料件因换料退运出口及复运进口的，填报"来料料件退换"或"进料料件退换"；加工贸易过程中产生的剩余料件、边角料退运出口，以及进口料件因品质、规格等原因退运出口且不再更换同类货物进口的，分别填报"来料料件复出""来料边角料复出""进料料件复出""进料边角料复出"。

（4）加工贸易边角料内销和副产品内销，填制进口报关单，填报"来料边角料内销"或"进料边角料内销"。

（5）企业销毁处置加工贸易货物未获得收入，销毁处置货物为料件、残次品的，填报"料件销毁"；销毁处置货物为边角料、副产品的，填报"边角料销毁"。企业销毁处置加工贸易货物获得收入的，填报为"进料边角料内销"或"来料边角料内销"。

（6）免税品经营单位经营出口退税国产商品的，填报"其他"。

📖 思考与讨论

　　某服装进出口公司自日本进口一批工作服垫肩，价值 3 000 美元。小亮是该公司报关员，负责填制报关单。在向海关申报时，其报关单"监管方式"栏应填报什么？

（十三）征免性质

1．含义

征免性质是指海关根据《海关法》《关税法》及国家有关政策对进出口货物实施的征、减、免税管理的性质类别。海关根据征免性质来确定是否征税以及查验相关手续。

2．填报要求

（1）一份报关单只允许填报一种征免性质。

（2）本栏目应按照海关核发的《征免税证明》中批注的征免性质填报，或根据实际情况按海关规定的《征免性质代码表》选择填报相应的征免性质简称及代码。征免性质代码如表 7-14 所示。

表 7-14　　　　　　　　　　　征免性质代码

代码	简称	含义
101	一般征税	除其他征税性质另有规定者外的，一般照章（包括按照公开暂定税率）征税或补税的进出口货物
299	其他法定	对除无偿援助进出口物资外的其他实行法定减免税费的进出口货物以及其他非按全额货值征税的部分进出口货物
501	加工设备	适用于加工贸易经营单位按照有关征减免税政策进口的外商免费（即不需经营单位付汇，也不需用加工费和差价偿还）提供的加工生产所需设备
502	来料加工	适用于来料加工装配和补偿贸易进口所需的料件等，以及经加工后出口的成品、半成品
503	进料加工	适用于为生产外销产品用外汇购买进口的料件以及加工后返销出口的成品、半成品
601	中外合资	适用于中外合资企业自产的出口产品
602	中外合作	适用于中外合作企业自产的出口产品
603	外资企业	适用于外商独资企业自产的出口产品
789	鼓励项目	适用于按规定程序审批的国家鼓励发展的国内投资和外商投资项目在投资总额按减免税政策进口的，以及 1998 年后利用外国政府和国际金融组织贷款项目进口的设备、技术等
799	自有资金	适用于鼓励类外商投资企业、外商投资研究开发中心、先进技术型和产品出口型外商投资企业以及符合中西部利用外资优势产业和优势项目目录的项目，利用投资总额外的自有资金，按照有关征减免税政策进口的设备、技术等

3．特殊情况

（1）加工贸易转内销货物，按实际情况填报（如一般征税、科教用品、其他法定等）。

（2）料件退运出口、成品退运进口货物填报"其他法定"。

（3）加工贸易结转货物，免予填报。

（4）免税品经营单位经营出口退税国产商品的，填报"其他法定"。

（十四）许可证号

1．含义

进出口许可证是指一国根据其进出口管制法令，由商务主管部门签发的允许管制商品进出口的证件。许可证号是指由商务部及其授权发证机关签发的进出口货物许可证的编号。

2．填报要求

（1）填报进（出）口许可证、两用物项和技术进（出）口许可证、两用物项和技术出口许可证（定向）、纺织品临时出口许可证、出口许可证（加工贸易）、出口许可证（边境小额贸易）的编号。

（2）一份报关单只允许填报一个许可证号。

（3）对于非许可证管理商品，本栏目为空。

（4）免税品经营单位经营出口退税国产商品的，免予填报。

📖 **思考与讨论**

某企业采用一般贸易形式海运进口未制成型的炼焦炭 30 000 千克。自动进口许可证编号为 19-05-NE5525，则在进口货物报关单中的许可证号栏应填报_____。

（十五）启运港

1. 含义

启运港是指进口货物在运抵我国关境前的第一个境外装运港。此为进口报关单填报的栏目。

2. 填报要求

（1）根据实际情况，按海关规定的《港口代码表》填报相应的港口名称及代码，未在《港口代码表》列明的，填报相应的国家名称及代码。货物从海关特殊监管区域或保税监管场所运至境内区外的，填报《港口代码表》中相应海关特殊监管区域或保税监管场所的名称及代码，未在《港口代码表》中列明的，填报"未列出的特殊监管区"及代码。

（2）其他无实际进境的货物，填报"中国境内"及代码。

知识点滴

启运港退税政策

启运港退税政策，是出口退税程序的一项创新改革措施。对于符合条件的出口企业从启运地口岸（即启运港）经停指定口岸（即经停港），自离境港离境的集装箱货物，实行启运港退税政策。对进出口企业来说，这无疑是好消息。从启运港经厦门中转至境外的出口货物，一离开启运港即可办理出口退税手续，这大大缩短了出口企业退税的时间，节约了资金成本。

政策适用范围内的启运港均可作为经停港。承运适用启运港退税政策货物的船舶，可在经停港加装、卸载货物。从经停港加装的货物，须为已报关出口、经由上述离境港离境的集装箱货物。对从经停港报关出口、由符合条件的运输企业途中加装的集装箱货物，符合前款规定的运输方式、离境地点要求的，以经停港作为货物的启运港，也实行启运港退税政策。

图 7-1 所示为启运港退税流程。

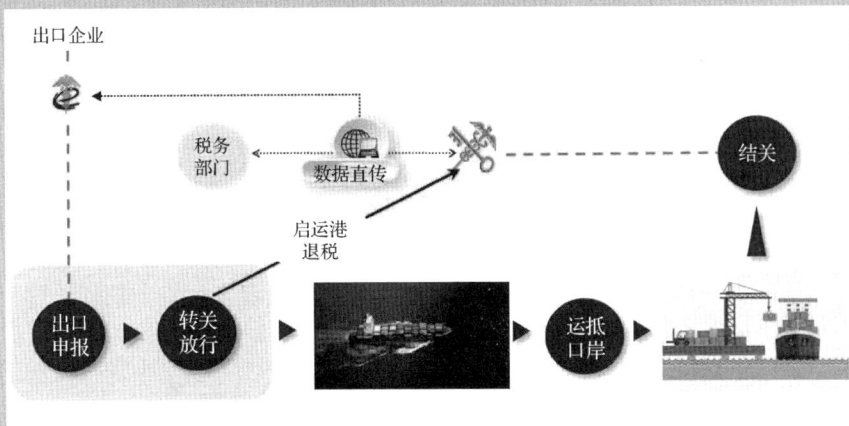

图 7-1　启运港退税流程

（十六）合同协议号

1. 含义

合同协议号是指在进出口贸易中，买卖双方根据国际贸易惯例或国家法律、法规，自愿按照一定的条件买卖某种商品所签署的合同协议的编号。

2. 填报要求

（1）填报进出口合同（协议）的全部字头和号码。无长度要求。

（2）注意合同的译法。在原始单据（发票）上的合同协议号一般表示为"Contract No." "S/C NO." "P/O NO."等。

（3）未发生商业性交易的，免予填报。

（4）免税品经营单位经营出口退税国产商品的，免予填报。

（十七）贸易国（地区）

1. 含义

贸易国（地区）是指与国内企业签订贸易合同的客户所属国别（地区），未发生（实质性）商业性交易的指货物所有权拥有者所属国别（地区）。

2. 填报要求

（1）进口填报购自国（地区），出口填报售予国（地区）。

（2）按海关规定的《国别（地区）代码表》选择填报相应的贸易国（地区）中文名称及代码。

知识点滴

常见国别（地区）代码（部分）如表7-15所示。

表7-15　　　　　　　　　　常见国别（地区）代码（部分）

代码	名称	代码	名称
111	印度	303	英国
116	日本	304	德国
142	中国	502	美国

思考与讨论

1. 与某公司签订合同的客户为美国公司，货物最终运抵国为德国，付款方是美国公司，则贸易国（地区）为_____。

2. 与某公司签订合同的客户为德国公司，货物最终运抵国为德国，付款方是美国公司，则贸易国（地区）为_____。

3. 与某公司签订合同的客户为美国公司，货物最终运抵国为比利时，付款方是英国公司，则贸易国（地区）为_____。

（十八）启运国/运抵国（地区）

1. 含义

启运国（地区）是指进口货物启始发出直接运抵我国或者在运输中转国（地区）未发生任何商业性交易的情况下运抵我国的国家（地区）。

运抵国（地区）是指出口货物离开我国关境直接运抵或者在运输中转国（地区）未发生任何商业性交易的情况下最后运抵的国家（地区）。

2. 填报要求

（1）本栏目填报相应的启运国（地区）或运抵国（地区）中文名称及代码。

（2）不经过第三国（地区）转运的直接运输进出口货物，以进口货物的装货港所在国（地区）为启运国（地区），以出口货物的指运港所在国（地区）为运抵国（地区）。

（3）经过第三国（地区）转运的进出口货物，需区别两种情况。

① 未在中转国（地区）发生买卖行为的，以进口货物的始发国（地区）为启运国（地

区），以出口货物的最终目的国（地区）为运抵国（地区）。

②　在中转国（地区）发生了买卖行为的，以中转国（地区）为启运国（地区）和运抵国（地区）。

（4）无实际进出境的货物，填报"中国"及代码。

知识点滴

启运国（地区）/运抵国（地区）分析

进口案例：我国某公司进口一批货物，货物从伦敦启运途经大阪转运至上海。

如果在大阪中转时没有发生买卖关系，则启运国（地区）仍为英国。

如果在大阪发生了买卖关系，那么启运国（地区）为日本。

是否发生买卖关系，从发票的出票人来判断，看发票由谁开出。在本例中，如果是由英国公司开出的发票，则在大阪中转时没有发生买卖关系，货物仍然是由英国公司卖给我国企业的，启运国（地区）仍为英国。如果是由日本公司开出的发票，则说明货物在大阪中转时发生了买卖关系，货物是由日本公司卖给我国企业的，启运国（地区）为日本。

出口案例：我国某公司出口一批货物，货物从广州启运经新加坡中转运至德国。

如果在新加坡中转时没有发生买卖关系，则出口报关单中运抵国（地区）为德国。

如果在新加坡中转时发生了买卖关系，则出口报关单中运抵国（地区）为新加坡。

是否发生买卖关系从发票抬头（即收货人）栏判断，看发票的收货人是谁。在本例中，发票的收货人如果是德国的公司，则在新加坡中转时没有发生买卖关系，货物是卖给德国公司的，运抵国（地区）为德国。发票的收货人如果是新加坡的公司，则在新加坡中转时发生了买卖关系，货物卖给新加坡的公司，运抵国（地区）为新加坡。

（十九）经停港/指运港

1. 含义

经停港是指进口货物在运抵我国关境前的最后一个境外装运港。指运港是指出口货物运往境外的最终目的港；最终目的港不可预知的，按尽可能预知的目的港填报。

2. 填报要求

（1）进口货物报关单应填报经停港。

（2）出口货物报关单应填报指运港。

（3）按海关规定的《港口代码表》选择填报相应的港口名称及代码。经停港/指运港在《港口代码表》中无港口名称及代码的，可选择填报相应的国家名称及代码。

（4）无实际进出境的，本栏目填报"中国境内"及代码。

思考与讨论

请整理启运港、经停港、指运港的填报知识点，并填写表7-16。

表7-16　　　　　　　　　整理表格——启运港、经停港、指运港

名称	含义	填报知识点
启运港		
经停港		
指运港		

（二十）入/离境口岸

1. 含义

入境口岸为进境货物从跨境运输工具卸离的第一个境内口岸；离境口岸为装运出境货物的跨境运输工具离境的第一个境内口岸。

2. 填报要求

（1）本栏目填报口岸中文名称及代码。

（2）入境口岸：采取多式联运跨境运输的，填报多式联运货物最终卸离的境内口岸中文名称及代码；过境货物，填报货物进入境内的第一个口岸的中文名称及代码；从海关特殊监管区域或保税监管场所进境的，填报海关特殊监管区域或保税监管场所的中文名称及代码。其他无实际进境的货物，填报货物所在地的城市名称及代码。

（3）离境口岸：采取多式联运跨境运输的，填报多式联运货物最初离境的境内口岸中文名称及代码；过境货物，填报货物离境的第一个境内口岸的中文名称及代码；从海关特殊监管区域或保税监管场所离境的，填报海关特殊监管区域或保税监管场所的中文名称及代码。其他无实际出境的货物，填报货物所在地的城市名称及代码。

（4）入/离境口岸类型包括港口、码头、机场、机场货运通道、边境口岸、火车站、车辆装卸点、车检场、陆路港、坐落在口岸的海关特殊监管区域等。按海关规定的《国内口岸编码表》选择填报相应的境内口岸名称及代码。

> 📖 **思考与讨论**
>
> 进境关别与入境口岸的区别：
>
> _____
>
> _____
>
> 出境关别与离境口岸的区别：
>
> _____
>
> _____

（二十一）包装种类

1. 含义

商品的包装是指包裹和捆扎货物用的内部或外部包装和捆扎物的总称。一般情况下，应以装箱单或提运单的货物处于运输状态时的最外层包装或称运输包装作为"包装种类"向海关申报，并相应计算件数。一般填除集装箱以外的最大外包装。

2. 填报要求

（1）填报进出口货物的所有包装材料，包括运输包装和其他包装。运输包装是指提运单所列货物件数单位对应的包装，其他包装包括货物的各类包装，以及植物性铺垫材料等。

（2）按海关规定的《包装种类代码表》选择填报相应的包装种类名称及代码。

> 📚 **知识点滴**
>
> 包装种类代码如表7-17所示。

表 7-17	包装种类代码
代码	中文名称
00	散装
01	裸装
22	纸制或纤维板制盒/箱
23	木制或竹藤等植物性材料制盒/箱
29	其他材料制盒/箱
32	纸制或纤维板制桶
33	木制或竹藤等植物性材料制桶
39	其他材料制桶
04	球状罐头
06	包/袋
92	再生木托
93	天然木托
98	植物学铺垫材料
99	其他包装

3. 特殊情况

（1）一些自然成件能抵抗外在影响，不必用包装的货物在储存和运输过程中可以保持原有状态，如圆钢、钢板、木材等，包装种类栏目填写"裸装"。

（2）一些大宗的、廉价的，成粉、成粒、块状的货物，以及不必要包装、不值得包装的疏散地装载在运输工具内的货物，如煤炭、矿砂、粮食、石油等，包装种类栏目填写"散装"。

（二十二）件数

1. 含义

件数是指有外包装的单件进出口货物的实际件数，货物可以单独计数的一个包装称为一件。

2. 填报要求

（1）本栏目填报所申报货物外包装（按运输包装计）的实际件数。

（2）舱单件数为集装箱的，填报集装箱个数。

（3）舱单件数为托盘的，填报托盘数。提单或者装箱单中既有单件包装的件数，又有托盘数时要填托盘数，如"2PALLETS 100 CTNS"，件数应填报"2"。

（4）本栏目不得为零，不能为空，散、裸装货物填报"1"。

📖 思考与讨论

某企业海运进口设备一批，提单显示为 1 英尺（1 英尺=30.48 厘米，余同）×20 英尺、2 英尺×40 英尺集装箱，总件数 56 件。则该票进口货物报关单的件数栏、包装种类栏该如何填？

（二十三）毛重（千克）

1. 含义

毛重指商品的重量加上商品外包装物料的重量。通常在计算运费中使用毛重。

2. 填报要求

毛重（千克）栏填报进出口货物及其包装材料的重量之和，以千克计，不足 1 千克的精确到小数点后 2 位。例如，毛重为 0.632 千克，毛重（千克）栏的正确填报内容为"0.63"。

（二十四）净重（千克）

1. 含义

净重是指毛重减去外包装材料后的重量。通常在计算价格中使用净重。净重通常等于法定重量。

2. 填报要求

净重（千克）栏填报进出口货物的毛重减去外包装材料后的重量，即货物本身的实际重量，以千克计，不足 1 千克的精确到小数点后 2 位。

📖 **思考与讨论**

空运进口一批钻石，毛重为 900 克，净重 880 克，则进口报关单中的毛重（千克）栏填报_____，净重（千克）栏填报_____。

（二十五）成交方式

1. 含义

成交方式指国际贸易中的贸易术语，也称价格术语，我国习惯称为价格条件。可以将其理解为买卖双方就成交的商品在价格构成、责任、费用和风险分担，以及货物所有权转移界线方面的约定。

成交方式主要包括两个方面的内容：一方面表示交货的条件；另一方面表示成交价格的构成因素。

2. 填报要求

（1）根据进出口货物实际成交价格条款，按海关规定的《成交方式代码表》选择填报相应的成交方式代码。成交方式代码如表 7-18 所示。

表 7-18　　　　　　　　　　成交方式代码

代码	名称	代码	名称
1	CIF（成本加运费、保险费）	5	市场价
2	CFR（CNF/C&F）（成本加运费）	6	垫仓
3	FOB（装运港船上交货）	7	EXW（工厂交货）
4	C&I（成本加保险）		

（2）无实际进出境的，进口填报"CIF"，出口填报"FOB"。

📚 **知识点滴**

成交方式栏填报注意事项

由于海关规定的《成交方式代码表》只有 7 种成交方式可供选择填报，所以这 7 种成交方式不完全等同于国际贸易实务中贸易术语的概念，它适用于所有的运输方式。代码表给出的成交方式主要体现成本、运费、保险费等成交价格构成因素，目的在于方便海关确定完税价格和计算税费。因此，在填制报关单时，如果买卖双方成交时实际使用的成交方式不属于海关规定的《成交方式代码表》中的成交方式，要依照实际成交方式中的成本、运费、保险费等成交价格构成因素选择代码表中具有相同价格构成的代码填报。比如在填制报关单时，一批空运货物出口实际成交使用的贸易术语是 FCA（Free Carrier，货交承运人），但由于海关规定的《成交方式代码表》中没有 FCA，因此不能填报 FCA。因为 FCA 的价格构成只包括成本不包括运费、保险费，所以应该选择《成交方式代码表》同样只包括成本的成交方式，即 FOB。尽管在国际贸易中 FOB 只适用于水路运输，但在填写报关单时也要填写"FOB"。对于国际贸易中使用的实际成交方式是 CIP（Carriage and Insurance Paid to，运费、保险费付至）、CPT（Carriage Paid to，运费付至）、FCA（Free Carrier，货交承运人）的，也应转换成《成交方式代码表》中的成交方式后填报。

（二十六）运费

1. 含义

进口时，运费指货物运抵我国境内输入地点起卸前的运输费用。出口时，运费指货物运至我国境内输出地点装载后的运输费用。

2. 填报要求

（1）运费栏用于填报该份报关单所含全部货物的国际运输费用。

（2）运费可按运费单价、总价或运费率三种方式之一填报，注明运费标记（运费标记"1"表示运费率，"2"表示每吨货物的运费单价，"3"表示运费总价），并按海关规定的《货币代码表》选择填报相应的币种代码。

（3）填报纸质报关单时，运费栏不同的运费标记填报如下。

① 运费率：直接填报运费率的数值+"/"+运费标记，如 5% 的运费率填报为"5/1"。

② 运费单价：填报运费货币代码+"/"+运费单价的数值+"/"+运费单价标记，如 24 美元的运费单价填报为"502/24/2"。

③ 运费总价：填报运费货币代码+"/"+运费总价的数值+"/"+运费总价标记，如 7 000 美元的运费总价填报为"502/7 000/3"。

（4）免税品经营单位经营出口退税国产商品的，免予填报。

（二十七）保费

1. 含义

保费是指进口货物运抵我国境内输入地点起卸前的保险费用，出口货物运至我国境内输出地点装载后的保险费用。

2. 填报要求

（1）保费栏用于填报进出口货物的全部国际运输的保险费用，包括成交价格中不包含保险费的进口货物的保险费和成交价格中含有保险费的出口货物的保险费，即进口成交方式为 FOB、CFR 或出口成交方式为 CIF 的，应在本栏填报保险费。

（2）本栏应根据具体情况选择保险费总价或保险费率两种方式之一填报，同时注明保险费标记，并按海关规定的《货币代码表》选择填报相应的币种代码。

（3）保险费标记"1"表示保险费率，"3"表示保险费总价。

（4）填制纸质报关单时，保费栏不同的保险费标记填报如下。

① 保险费率：直接填报保险费率的数值+"/"+保险费标记，如，3‰ 的保险费率填报为"0.3/1"。

② 保险费总价：填报保险费货币代码+"/"+保险费总价的数值+"/"+保险费总价标记，如 10 000 港元保险费总价填报为"110/10 000/3"。

（5）免税品经营单位经营出口退税国产商品的，免予填报。

知识点滴

运、保费栏与成交方式栏的对应关系如表 7-19 所示。

表 7-19　　　　　运、保费栏与成交方式栏的对应关系

货物流向	成交方式	运费	保费
进口	CIF	不填	不填
	CFR	不填	填
	FOB	填	填
出口	FOB	不填	不填
	CFR	填	不填
	CIF	填	填

（二十八）杂费

1. 含义

杂费是指成交价格以外的、按照《关税法》相关规定应计入完税价格或应从完税价格中扣除的费用。

2. 填报要求

（1）本栏应根据具体情况选择杂费总价或杂费率两种方式之一填报，同时需注明杂费标记，并按海关规定的《货币代码表》选择填报相应的币种代码。杂费标记"1"表示杂费率；"3"表示杂费总价。应计入完税价格的杂费填报为正值或正率，应从完税价格中扣除的杂费填报为负值或负率。

（2）填制纸质报关单时，杂费栏不同的杂费标记填报如下。

① 杂费率：直接填报杂费率的数值＋"/"＋杂费标记，如应计入完税价格的 1.5%的杂费率填报为"1.5/1"；应从完税价格中扣除的 1%的回扣率填报为"-1/1"。

② 杂费总价：填报杂费货币代码＋"/"＋杂费总价的数值＋"/"＋杂费总价标记，如应计入完税价格的 500 英镑杂费总价填报为"303/500/3"。

（3）免税品经营单位经营出口退税国产商品的，免予填报。

思考与讨论

括号栏应如何填写？

项目	率（1）	单价（2）	总价（3）
运费	5%→（ ）	USD50/吨→（ ）	HKD5000→（ ）
保费	0.27%→（ ）	—	EUR5000→（ ）
应计入的杂费	1%→（ ）	—	GBP5000→（ ）
应扣除的杂费	1%→（ ）	—	JPY5000→（ ）

思考与讨论

请根据背景资料判断是否正确，若不对请改正。

1. 浙江木材进出口公司海运进口巴西原木一批，价格条件为 CFR，运费率为 4‰，保险费率为 1.5‰，成交方式栏填报"CFR"，运费栏填报"4"，保费栏填报"1.5"。

2. 天津五矿进出口公司出口铁矿石 1 万吨，价格条件为 CIF，运费为 100 美元/吨，保费为 500 美元，成交方式栏填报"FOB"，运费栏填报"502/100/3"，保费栏填报"502/500/2"。

3. 某企业海运进口设备一批，设备及手续费总计 20 万欧元，合同中规定手续费 250 欧元由卖方承担，杂费栏填报"300/250/3"。

（二十九）随附单证及编号

1. 含义

根据海关规定的《监管证件代码表》和《随附单据代码表》选择填报除许可证号栏规定的许可证件以外的其他进出口许可证件或监管证件、随附单据代码及编号。

2. 填报要求

本栏目分为随附单证代码和随附单证编号两栏，其中代码栏按海关规定的《监管证件代码表》和《随附单据代码表》选择填报相应证件代码；随附单证编号栏填报证件编号。

3. 特殊情况

加工贸易内销征税报关单（使用金关二期加贸管理系统的除外），随附单证代码栏填报"c"，随附单证编号栏填报海关审核通过的内销征税联系单号。

（三十）标记唛码及备注

1. 含义

标记唛码即运输标志，是为方便收货人查找，便于在装卸、运输、储运过程中识别而设的。标记唛码英文表述为 Marks、Marking、MKS、Marks & No.、Shipping Marks 等。

备注指报关单其他栏目不能填写完全以及需要额外说明的内容，或其他需要备注、说明的事项。

2. 填报要求

（1）填报标记唛码中除图形以外的文字、数字，无标记唛码的填报 N/M。

（2）受外商投资企业委托代理进口投资设备、物品的进出口企业名称。

（3）与本报关单有关联关系的，同时在业务管理规范方面又要求填报的备案号，填报在电子数据报关单中关联备案栏。

保税间流转货物、加工贸易结转货物及凭《征免税证明》转内销货物，其对应的备案号填报在关联备案栏。

减免税货物结转进口（转入），关联备案栏填报本次减免税货物结转所申请的《中华人民共和国海关进口减免税货物结转联系函》的编号。

减免税货物结转出口（转出），关联备案栏填报与其相对应的进口（转入）报关单备案号栏中《征免税证明》的编号。

（4）与本报关单有关联关系的，同时在业务管理规范方面又要求填报的报关单号，填报在电子数据报关单中关联报关单栏。

保税间流转、加工贸易结转类的报关单，应先办理进口报关，并将进口报关单号填入出口报关单的关联报关单栏。

办理进口货物直接退运手续的，除另有规定外，应先填制出口报关单，再填制进口报关单，并将出口报关单号填报在进口报关单的关联报关单栏。

减免税货物结转出口（转出），应先办理进口报关，并将进口（转入）报关单号填入出口（转出）报关单的关联报关单栏。

（5）办理进口货物直接退运手续的，填报"<ZT"+"海关审核联系单号或者《海关责令

进口货物直接退运通知书》编号"+">"。办理固体废物直接退运手续的，填报 "固体废物，直接退运表××号/责令直接退运通知书××号"。

（6）保税监管场所进出货物，在保税/监管场所栏填报本保税监管场所编码[保税物流中心（B 型）填报本中心的国内地区代码]，其中涉及货物在保税监管场所间流转的，在本栏填报对方保税监管场所代码。

（7）涉及加工贸易货物销毁处置的，填报海关加工贸易货物销毁处置申报表编号。

（8）当监管方式为"暂时进出货物"（代码 2600）和"展览品"（代码 2700）时，填报要求如下。

① 根据《中华人民共和国海关暂时进出境货物管理办法》（海关总署令第 233 号，简称《管理办法》）第三条第一款所列项目，填报暂时进出境货物类别，如暂进六，暂出九。

② 根据《管理办法》第十条规定，填报复运出境或者复运进境日期，期限应在货物进出境之日起 6 个月内，如 20180815 前复运进境，20181020 前复运出境。

③ 根据《管理办法》第七条，向海关申请对有关货物是否属于暂时进出境货物进行审核确认的，填报《中华人民共和国××海关暂时进出境货物审核确认书》编号，如〈ZS 海关审核确认书编号〉，其中英文为大写字母；无此项目的，无须填报。

上述内容依次填报，项目间用 "/" 分隔，前后均不加空格。

④ 收发货人或其代理人申报货物复运进境或复运出境的；货物办理过延期的，根据《管理办法》填报《货物暂时进/出境延期办理单》的海关回执编号，如〈ZS 海关回执编号〉，其中英文为大写字母；无此项目的，无需填报。

（9）跨境电子商务进出口货物，填报"跨境电子商务"。

（10）加工贸易副产品内销，填报"加工贸易副产品内销"。

（11）服务外包货物进口，填报"国际服务外包进口货物"。

（12）公式定价进口货物填报公式定价备案号，格式为"公式定价"+备案编号+"@"。对于同一报关单下有多项商品的，如某项或某几项商品为公式定价备案的，则备注栏内填报为"公式定价"+备案编号+"#"+商品序号+"@"。

（13）进出口与《预裁定决定书》列明情形相同的货物时，按照《预裁定决定书》填报，格式为"预裁定+《预裁定决定书》编号"（例如某份预裁定决定书编号为 R-2-0100-2018-0001，则填报为"预裁定 R-2-0100-2018-0001"）。

（14）含归类行政裁定报关单，填报归类行政裁定编号，格式为"c"+四位数字编号，例如 c0001。

（15）已经在进入特殊监管区时完成检验的货物，在出区入境申报时，填报"预检验"字样，同时在关联报检单栏填报实施预检验的报关单号。

（16）进口直接退运的货物，填报"直接退运"字样。

（17）企业提供 ATA 单证册的货物，填报"ATA 单证册"字样。

（18）不含动物源性低风险生物制品，填报"不含动物源性"字样。

（19）货物自境外进入境内特殊监管区或者保税仓库的，填报"保税入库"或者"境外入区"字样。

（20）海关特殊监管区域与境内区外之间采用分送集报方式进出的货物，填报"分送集报"字样。

（21）军事装备出入境的，填报"军品"或"军事装备"字样。

（22）申报 HS 编码 3821000000、3002300000 的，属于下列情况的，填报要求为属于培养基的，填报"培养基"字样；属于化学试剂的，填报"化学试剂"字样；不含动物源性成分的，填报"不含动物源性"字样。

（23）属于修理物品的，填报"修理物品"字样。

（24）属于下列情况的，填报"压力容器""成套设备""食品添加剂""成品退换""旧机电产品"等字样。

（25）申报 HS 编码为 2903890020（入境六溴环十二烷），用途为"其他（99）"的，填报具体用途。

（26）集装箱箱体信息填报集装箱号（在集装箱箱体上标示的全球唯一编号）、集装箱规格、集装箱商品项号关系（单个集装箱对应的商品项号，以半角逗号分隔）、集装箱货重（集装箱箱体自重+装载货物重量，千克）。

（27）申报 HS 编码为 3006300000、3504009000、3507909010、3507909090、3822001000、3822009000，不属于"特殊物品"的，填报"非特殊物品"字样。"特殊物品"定义见《出入境特殊物品卫生检疫管理规定》（国家质量监督检验检疫总局令第 160 号公布，根据国家质量监督检验检疫总局令第 184 号，海关总署令第 238 号、第 240 号、第 243 号修改）。

（28）进出口列入目录的进出口商品及法律、行政法规规定须经出入境检验检疫机构检验的其他进出口商品实施检验的，填报"应检商品"字样。

（29）申报时其他必须说明的事项。

第三节　进出口货物报关单表体主要栏目的填报

一、报关单表体栏目的构成

报关单表体栏目是指标记唛码及备注栏目之后的所有栏目，包括项号、商品编号、商品名称及规格型号、数量及单位、单价/总价/币制、原产国（地区）、最终目的国（地区）、境内目的地/境内货源地、征免、特殊关系确认、价格影响确认、支付特许权使用费确认、自报自缴、申报单位等多项内容。

二、报关单表体栏目的填写

（一）项号

1. 含义

项号是指同一票货物在报关单中的商品排列序号和在备案文件上的商品序号。

一张纸质报关单最多可打印 5 项商品（表体共有 5 栏），可另外附带 3 张纸质报关单，合计最多打印 20 项商品。

对于商品编号不同的，商品名称不同的，原产国（地区）、最终目的国（地区）不同的，征免不同的，都应各自占据表体的一栏。

2. 填报要求

（1）一般进出口商品本栏只填报货物在报关单中的商品排列序号。

（2）已备案的进出口商品，项号栏目必须分两行填报。第一行填报货物在报关单中的商品排列序号；第二行填报货物在备案手册中的序号，专用于加工贸易及保税、减免税等已备案、审批的货物，填报该项货物在《加工贸易手册》或《征免税证明》等备案、审批单证中的顺序编号。

例如，进口某加工贸易料件，该货物列《加工贸易手册》第 5 项，则项号的填报示例如下。

项号
01
05

3. 特殊情况

（1）深加工结转货物，分别按照《加工贸易手册》中的进口料件项号和出口成品项号填报。

（2）料件结转货物（包括料件、制成品和未完成品折料），出口报关单按照转出《加工贸易手册》中进口料件的项号填报；进口报关单按照转进《加工贸易手册》中进口料件的项号填报。

（3）料件复出货物（包括料件、边角料），出口报关单按照《加工贸易手册》中进口料件的项号填报；如边角料对应一个以上料件项号时，填报主要料件项号。料件退换货物（包括料件、不包括未完成品），进出口报关单按照《加工贸易手册》中进口料件的项号填报。

（4）成品退换货物，退运进境报关单和复运出境报关单按照《加工贸易手册》原出口成品的项号填报。

（5）加工贸易料件转内销货物（以及按料件办理进口手续的转内销制成品、残次品、未完成品）填制进口报关单，填报《加工贸易手册》进口料件的项号；加工贸易边角料、副产品内销，填报《加工贸易手册》中对应的进口料件项号。如边角料或副产品对应一个以上料件项号时，填报主要料件项号。

（6）加工贸易成品凭《征免税证明》转为减免税货物进口的，应先办理进口报关手续。进口报关单填报《征免税证明》中的项号，出口报关单填报《加工贸易手册》原出口成品项号，进、出口报关单货物数量应一致。

（7）加工贸易货物销毁，填报《加工贸易手册》中相应的进口料件项号。

（8）加工贸易副产品退运出口、结转出口，填报《加工贸易手册》中新增成品的出口项号。

（9）经海关批准实行加工贸易联网监管的企业，按海关联网监管要求，企业需申报报关清单的，应在向海关申报进出口（包括形式进出口）报关单前，向海关申报"清单"。一份报关清单对应一份报关单，报关单上的商品由报关清单归并而得。加工贸易电子账册报关单中项号、品名、规格等栏目的填制规范比照《加工贸易手册》。

（二）商品编号

1. 含义

商品编号也称商品编码，是按《进出口税则》和《统计商品目录》确定的进出口货物的编号。

2. 填报要求

该栏目填报由10位数字组成的商品编号。前8位为《进出口税则》和《统计商品目录》确定的编码；9、10位为监管附加编号。

（三）商品名称及规格型号

1. 含义

商品名称是指所申报的进出口商品规范的中文名称。

规格型号是指反映商品性能、品质和规格的一系列指标，如品牌、等级、成分、含量、纯度、大小等。一般商品名称及规格型号都在发票的"Description of Goods""Products Description""Goods Description""Quantities Description"栏有具体的描述。

2. 填报要求

分两行填报。第一行填中文商品名称、第二行填规格型号。

（1）商品名称及规格型号应据实填报，并与进出口货物收发货人或受委托的报关企业所提交的合同、发票等相关单证相符。

（2）商品名称应当规范，规格型号应当足够详细，以能满足海关归类、审价及许可证件管理要求为准，可参照《中华人民共和国海关进出口商品规范申报目录》中对商品名称、规格型号的要求进行填报。

（3）已备案的加工贸易及保税货物，填报的内容必须与备案登记中同项号下货物的商品名称一致。

（4）对需要海关签发《货物进口证明书》的车辆，商品名称栏填报"车辆品牌+排气量（注明cc）+车型（如越野车、小轿车等）"。进口汽车底盘不填报排气量。车辆品牌按照《进口机动车辆制造厂名称和车辆品牌中英文对照表》中签注名称一栏的要求填报。规格型号栏可填报"汽油型"等。

（5）由同一运输工具同时运抵同一口岸并且属于同一收货人、使用同一提单的多种进口货物，按照商品归类规则应当归入同一商品编号的，应当将有关商品一并归入该商品编号。商品名称填报一并归类后的商品名称；规格型号填报一并归类后商品的规格型号。

（6）加工贸易边角料和副产品内销，边角料复出口，填报其报验状态的名称和规格型号。

（7）品牌类型。品牌类型为必填项目。可选择"无品牌"（代码0）、"境内自主品牌"（代码1）、"境内收购品牌"（代码2）、"境外品牌（贴牌生产）"（代码3）、"境外品牌（其他）"（代码4）如实填报。其中，"境内自主品牌"是指由境内企业自主开发、拥有自主知识产权的品牌；"境内收购品牌"是指境内企业收购的原境外品牌；"境外品牌（贴牌生产）"是指境内企业代工贴牌生产中使用的境外品牌；"境外品牌（其他）"是指除代工贴牌生产以外使用的境外品牌。上述品牌类型中，除"境外品牌（贴牌生产）"仅用于出口外，其他类型均可用于进口和出口。

（8）出口享惠情况。出口享惠情况为出口货物报关单必填项目。可选择"出口货物在最终目的国（地区）不享受优惠关税""出口货物在最终目的国（地区）享受优惠关税""出口货物不能确定在最终目的国（地区）享受优惠关税"，如实填报。进口货物报关单不填报该申报项。

（9）申报进口已获3C认证的机动车辆时，填报以下信息。

① 提运单日期。填报该项货物的提运单签发日期。

② 质量保质期。填报机动车的质量保证期。

③ 发动机号或电机号。填报机动车的发动机号或电机号，应与机动车上打刻的发动机号或电机号相符。纯电动汽车、插电式混合动力汽车、燃料电池汽车为电机号，其他机动车为发动机号。

④ 车辆识别代码（VIN）。填报机动车车辆识别代码，须符合国家强制性标准《道路车辆 车辆识别代号（VIN）》（GB 16735）的要求。该项目一般与机动车的底盘（车架号）相同。

⑤ 发票所列数量。填报对应发票中所列进口机动车的数量。

⑥ 品名（中文名称）。填报机动车中文品名。按《进口机动车辆制造厂名称和车辆品牌中英文对照表》（原质检总局2004年52号公告）的要求填报。

⑦ 品名（英文名称）。填报机动车英文品名，按《进口机动车辆制造厂名称和车辆品牌中英文对照表》（原质检总局2004年52号公告）的要求填报。

⑧ 型号（英文）。填报机动车型号，与机动车产品标牌上整车型号一栏相符。

（10）进口货物收货人申报进口属于实施反倾销反补贴措施货物的，填报"原厂商中文名称""原厂商英文名称""反倾销税率""反补贴税率""是否符合价格承诺"等计税必要信息。

格式要求为："|<><><><><>"。"|""<"和">"均为英文半角符号。第一个"|"为在规格型号栏目中已填报的最后一个申报要素后系统自动生成或人工录入的分割符（若相关商品税号无规范申报填报要求，则需要手工录入"|"），"|"后面5个"<>"内容依次为"原厂

商中文名称""原厂商英文名称（如无原厂商英文名称，可填报以原厂商所在国或地区文字标注的名称，具体可参照商务部实施贸易救济措施相关公告中对有关原厂商的外文名称写法）""反倾销税率""反补贴税率""是否符合价格承诺"。其中，"反倾销税率"和"反补贴税率"填写实际值，例如，税率为 30%，填写"0.3"。"是否符合价格承诺"填写"1"或者"0"，"1"代表"是"，"0"代表"否"。填报时，5 个"<>"不可缺项，如第 3、4、5 项"<>"中无申报事项，相应的"<>"中内容可以为空，但"<>"需要保留。

（四）数量及单位

1. 含义

（1）数量是指进出口商品的实际数量。

（2）单位是指针对数量的计量单位。它包括成交计量单位和法定计量单位。

数量和单位是相对应的，因此，报关单中的数量既包括成交计量单位的数量也包括法定计量单位的数量。

知识点滴

成交计量单位与法定计量单位

成交计量单位是指买卖双方用以成交的计量单位（用以确定成交数量或者价格的单位）。比如，中国的厂商向国外的客户出口地毯，在一定的规格下国外客户通常是以每条或张的单价来确定最后的成交价格的，这里的"张"或"条"就是成交计量单位。在国际贸易中常用的计量单位有长度单位、面积单位、体积单位、容积单位、个数单位，具体使用哪一种需由买卖双方协商确定。

法定计量单位是按照《中华人民共和国计量法》的规定所采用的计量单位，我国采用国际单位制的计量单位，以《统计商品目录》中规定的计量单位为准。实际应用中，法定计量单位是指《进出口税则》中标注在每个商品编码后面的计量单位。根据商品的不同，有些商品可以有一个法定计量单位，有些商品有两个法定计量单位。两个计量单位用"/"区分，"/"前面的是法定第一计量单位，后面的是法定第二计量单位。如："个/千克"，"个"是法定第一计量单位，"千克"是法定第二计量单位。

成交计量单位可能和法定计量单位一致，也可能不一致。一致时只需填写法定计量单位，不一致时除了要填法定计量单位外，还要单独填写成交计量单位。

---

2. 填报要求

本栏目分三行填报。

（1）第一行按进出口货物的法定第一计量单位填报数量及单位，法定计量单位以《统计商品目录》中的计量单位为准。

（2）凡列明有法定第二计量单位的，在第二行按照法定第二计量单位填报数量及单位。无法定第二计量单位的，第二行为空。

（3）成交计量单位及数量填报在第三行。

知识点滴

数量及单位填制规范如表 7-20 所示。

表 7-20　　　　　　　　　　　　数量及单位填制规范

计量单位状态	填制要求		
	第一行	第二行	第三行
成交与法定一致	法定计量单位及数量	空	空
成交与法定一致，并有法定第二计量单位	法定第一计量单位及数量	法定第二计量单位及数量	空
成交与法定不一致且无法定第二计量单位	法定计量单位及数量	空	成交计量单位及数量
成交与法定不一致且有法定第二计量单位	法定第一计量单位及数量	法定第二计量单位及数量	成交计量单位及数量

（4）法定计量单位为"千克"的数量填报，特殊情况下填报要求如下。

① 装入可重复使用的包装容器的货物，按货物扣除包装容器后的重量填报，如罐装同位素、罐装氧气及类似品等。

② 使用不可分割包装材料和包装容器的货物，按货物的净重填报（即包括内层直接包装的净重重量），如采用供零售包装的罐头、药品及类似品等。

③ 按照商业惯例以公量重计价的商品，按公量重填报，如未脱脂羊毛、羊毛条等。

④ 采用以毛重作为净重计价的货物，可按毛重填报，如粮食、饲料等大宗散装货物。

⑤ 采用零售包装的酒类、饮料、化妆品，按照液体/乳状/膏状/粉状部分的重量填报。

（5）成套设备、减免税货物如需分批进口，货物实际进口时，按照实际报验状态确定数量。

（6）具有完整品或制成品基本特征的不完整品、未制成品，根据《商品名称及编码协调制度》归类规则按完整品归类的，按照构成完整品的实际数量填报。

（7）已备案的加工贸易及保税货物，成交计量单位必须与《加工贸易手册》中同项号下货物的计量单位一致，加工贸易边角料和副产品内销、边角料复出口，填报其报验状态的计量单位。

（8）优惠贸易协定项下进出口商品的成交计量单位必须与原产地证书上对应商品的计量单位一致。

（9）法定计量单位为立方米的气体货物，折算成标准状况（即摄氏零度及 1 个标准大气压）下的体积进行填报。

📖 **思考与讨论**

请根据背景资料判断以下所述是否正确，若不对请改正。

1. 珠海服装进出口公司与美国某公司签约，出口服装 144 件，发票上显示 112 美元/打、总额 1344 美元，数量及单位栏填报"144 件"。

2. 某汽车装配厂进口三辆载重汽车全套组装件，分装在 6 个木箱中向海关申报，数量及单位栏填报"6 个"。

（五）单价/总价/币制

1. 含义

进出口商品价格是指商品价格的货币表现。单价是指商品的一个计量单位以某一种货币表示的价格；总价是指进出口货物实际成交的商品总价；币制是指进出口货物实际成交价格的计价货币。

2．填报要求

（1）单价栏填报同一项号下进出口货物实际成交的商品单位价格；无实际成交价格的，填报单位货值。

（2）总价栏填报同一项号下进出口货物实际成交的商品总价；无实际成交价格的，填报货值。

（3）币制栏根据实际成交情况按海关规定的《货币代码表》选择填报相应的货币名称及代码，如《货币代码表》中无实际成交币种，需将实际成交货币按申报日外汇折算率折算成《货币代码表》列明的货币填报。

📖 思考与讨论

发票上显示 Quantity:8000KGS；Unit Price:USD10/KG；Amount:USD80000；Freight Charge:USD2200；Price Term: CFR SHANGHAI。单价栏和总价栏如何填报？

（六）原产国（地区）

1．含义

原产国（地区）指进口货物的生产、开采或加工制造的国家或地区。经过几个国家或地区加工制造的货物，以最后一个对货物进行经济上可以视为实质性加工的国家或地区作为原产国（地区）。

2．填报要求

（1）填报相应的国家（地区）名称及代码。

（2）原产国（地区）依据《中华人民共和国进出口货物原产地条例》《中华人民共和国海关关于执行〈非优惠原产地规则中实质性改变标准〉的规定》以及海关总署关于各项优惠贸易协定原产地管理规章规定的原产地确定标准填报。

（3）同一批进出口货物的原产地不同的，分别填报原产国（地区）。进出口货物原产国（地区）无法确定的，填报"国别不详"。

（七）最终目的国（地区）

1．含义

最终目的国（地区）指已知的进出口货物的最终实际消费、使用或进一步加工制造国家（地区）。

2．填报要求

（1）填报已知的进出口货物的最终实际消费、使用或进一步加工制造国家（地区）。

（2）不经过第三国（地区）转运的直接运输货物，以运抵国（地区）为最终目的国（地区）；经过第三国（地区）转运的货物，以最后运往国（地区）为最终目的国（地区）。

（3）同一批进出口货物的最终目的国（地区）不同的，分别填报最终目的国（地区）。进出口货物不能确定最终目的国（地区）时，以尽可能预知的最后运往国（地区）为最终目的国（地区）。

📚 知识点滴

报关单中与国别（地区）相关的栏目："贸易国（地区）""启运国（地区）""运抵国（地区）""原产国（地区）""最终目的国（地区）"。与港口相关的栏目为"启运港""经停港""指运港"。其中"装运港"仅受"中转"影响，"启运国（地区）""运抵国（地区）"因同时同地发生"中转"和"商业性交易"而改变，其他如"原产国（地区）""最终目的国（地区）""指运港"则不受任何影响。

📖 思考与讨论

请填写表 7-21 和表 7-22。

表 7-21　　　　　　　　　与国别（地区）相关的栏目（进口）

进口	启运国（地区）	经停港	原产国（地区）
货物从纽约港直接运抵上海港			
货物从纽约港启运，在大阪中转，最终运抵上海			
货物从纽约运往上海，在大阪中转，并在大阪发生商业性交易			

表 7-22　　　　　　　　　与国别（地区）相关的栏目（出口）

出口	运抵国（地区）	指运港	最终目的国（地区）
货物从上海港直接运抵纽约港			
货物从上海港启运，在新加坡中转，最终运抵纽约港			
货物从上海运往纽约途中，在新加坡中转，并在新加坡发生商业性交易			

（八）境内目的地/境内货源地

1. 含义

境内目的地是指已知的进口货物在境内的消费、使用地或最终运抵的地点，其中最终运抵地为最终使用单位所在的地区；境内货源地是指已知的出口货物在境内的生产地或原始发货地。

2. 填报要求

（1）按海关规定的《国内地区代码表》选择填报相应的国内地区名称及代码。境内目的地还需根据《中华人民共和国行政区划代码表》选择填报其对应的县级行政区名称及代码。无下属区县级行政区的，可选择填报地市级行政区。

（2）境内目的地如难以确定进口货物的消费、使用单位，应以预知的进口货物最终收货单位所在地为准绳。境内货源地出口货物产地难以确定的，填报最早发运该出口货物的单位所在地。

（3）境内货源地以出口货物的生产地为准。如出口货物在境内多次周转，不能确定生产地的，应以最早的启运地为准。

（4）海关特殊监管区域、保税物流中心（B 型）与境外之间的进出境货物，境内目的地/境内货源地填报本海关特殊监管区域、保税物流中心（B 型）所对应的国内地区。

📖 思考与讨论

江苏南通富士通电子有限公司（320693××××）进口电子设备一批（企业自用），宁波鞋业有限公司（330244××××）将自产的皮鞋委托给宁波某进出口公司（330224××××）出口非洲。

1. 请问上述资料中，进口货物报关单的境内目的地栏该如何填？
2. 请问上述资料中，出口货物报关单的境内货源地栏该如何填？

（九）征免

1. 含义

征免是指海关依照《海关法》《关税法》及其他法律、行政法规，对进出口货物进行征税、减税、免税或特案处理的实际操作方式。

2. 填报要求

（1）根据海关核发的《征免税证明》或有关政策规定，对报关单所列每项商品选择填报海关规定的《征减免税方式代码表》中相应的征减免税方式。

（2）加工贸易货物报关单根据《加工贸易手册》中备案的征免规定填报；《加工贸易手册》中备案的征免规定为"保金"或"保函"的，填报"全免"

知识点滴

"征免"分类

1. 照章征税：对进出口货物依照法定税率计征各类税、费。

2. 折半征税：依照主管海关签发的《征免税证明》或海关总署的通知，对进出口货物依照法定税率折半计征关税、增值税，但照章征收消费税。

3. 全免：依照主管海关签发的《征免税证明》或海关总署的通知，对进出口货物免征关税和增值税，但消费税是否免征应按照有关批文办理。

4. 特案减免：依照主管海关签发的《征免税证明》或海关总署通知规定的税率计征各类税、费。

5. 随征免性质：对某些监管方式下进出口货物按照征免性质的特殊计税公式或税率计征税、费。

6. 保证金：经海关批准具保放行的货物，由担保人向海关缴纳现金的一种担保形式。

7. 保函：担保人根据海关的要求，向海关提交的订立有明确权利义务的一种担保文书。

8. 折半补税：对已征半税的供特区内销售的市场物资，经海关核准运往特区外时，补征另一半相应税款。

9. 出口全额退税：对计划内出口的丝绸、山羊绒实行出口全额退税时，凭"计划内出口证明"开具出口全额退税税单并计征关务费。

思考与讨论

请根据背景资料填报报关单栏目。

1. 某外商独资企业凭《征免税证明》进口投资总额内设备一台，该设备属国家鼓励的项目，则监管方式栏、征免性质栏、征免栏如何填报？

2. 广州某中外合资企业进口料件一批，加工之后内销，则监管方式栏、征免性质栏、征免栏如何填报？

（十）特殊关系确认/价格影响确认/支付特许权使用费确认/自报自缴

1. 特殊关系确认

根据《审价办法》第十六条，填报确认进出口行为中买卖双方是否存在特殊关系，有下列情形之一的，应当认为买卖双方存在特殊关系，应填报"是"，反之则填报"否"。

（1）买卖双方为同一家族成员的。

（2）买卖双方互为商业上的高级职员或者董事的。

（3）一方直接或者间接地受另一方控制的。

（4）买卖双方都直接或者间接地受第三方控制的。

（5）买卖双方共同直接或者间接地控制第三方的。

（6）一方直接或者间接地拥有、控制或者持有对方5%以上（含5%）公开发行的有表决权的股票或者股份的。

（7）一方是另一方的雇员、高级职员或者董事的。

（8）买卖双方是同一合伙的成员的。

买卖双方在经营上相互有联系，一方是另一方的独家代理、独家经销或者独家受让人，如果符合前款的规定，也应当视为存在特殊关系。

出口货物免予填报，加工贸易及保税监管货物（内销保税货物除外）免予填报。

2. 价格影响确认

根据《审价办法》第十七条，填报确认纳税义务人是否可以证明特殊关系未对进口货物的成交价格产生影响，纳税义务人能证明其成交价格与同时或者大约同时发生的下列任何一款价格相近的，应视为特殊关系未对成交价格产生影响，填报"否"，反之则填报"是"。

（1）向境内无特殊关系的买方出售的相同或者类似进口货物的成交价格。

（2）按照《审价办法》第二十三条的规定所确定的相同或者类似进口货物的完税价格。

（3）按照《审价办法》第二十五条的规定所确定的相同或者类似进口货物的完税价格。

出口货物免予填报，加工贸易及保税监管货物（内销保税货物除外）免予填报。

3. 支付特许权使用费确认

根据《审价办法》第十一条和第十三条，填报确认买方是否存在向卖方或者有关方直接或者间接支付与进口货物有关的特许权使用费，且未包括在进口货物的实付、应付价格中。

（1）买方存在需向卖方或者有关方直接或者间接支付特许权使用费，且未包含在进口货物实付、应付价格中，并且符合《审价办法》第十三条的，在"支付特许权使用费确认"栏目填报"是"。

（2）买方存在需向卖方或者有关方直接或者间接支付特许权使用费，且未包含在进口货物实付、应付价格中，但纳税义务人无法确定是否符合《审价办法》第十三条的，填报"是"。

（3）买方存在需向卖方或者有关方直接或者间接支付特许权使用费且未包含在实付、应付价格中，纳税义务人根据《审价办法》第十三条，可以确认需支付的特许权使用费与进口货物无关的，填报"否"。

（4）买方不存在向卖方或者有关方直接或者间接支付特许权使用费的，或者特许权使用费已经包含在进口货物实付、应付价格中的，填报"否"。

出口货物免予填报，加工贸易及保税监管货物（内销保税货物除外）免予填报。

4. 自报自缴

进出口企业、单位采用"自主申报、自行缴税"（自报自缴）模式向海关申报时，填报"是"；反之则填报"否"。

（十一）申报单位

自理报关的，填报进出口企业的名称及编码；委托代理报关的，填报报关企业名称及编码。编码填报 18 位法人和其他组织统一社会信用代码。报关人员填报在海关备案的姓名、编码、电话，并加盖申报单位印章。

（十二）海关批注及签章

供海关作业时签注。

润心育德

多双边合作海关必促进

党的二十大报告指出，中国坚持经济全球化正确方向，推动贸易和投资自由化便利化，推进双边、区域和多边合作，促进国际宏观经济政策协调，共同营造有利于发展的国际环境，共同培育全球发展新动能。

长期以来，我国坚持对外开放的基本国策，坚定奉行互利共赢的开放战略，不断以中国新发展为世界提供新机遇，推动建设开放型世界经济，更好惠及各国人民。海关是对外开放的窗口，必须坚定不移地拥护对外开放，积极参与多双边合作，促进构建多元稳定的国际经贸关系。

2021 年 2 月 9 日，习近平主席主持召开中国-中东欧国家领导人峰会，并在主旨讲话中多次提及海关工作，特别是对探索同中东欧国家开展"智慧海关、智能边境、智享联通"（以下简称"三智"）合作试点作出重要指示。2022 年 6 月 24 日，习近平主席主持召开全球发展高层对话会，对话会发表主席声明及成果清单，"开展'智慧海关、智能边境、智享联通'合作，促进国际海关及供应链各方互联互通"纳入成果清单。9 月 20 日，"全球发展倡议之友小组"部长级会议将海关"三智"合作纳入其发布的七大行动，并向各方散发"三智"概念文件，中国海关"三智"项目——"数字边境信息互联项目"入选全球发展倡议项目库首批项目。"三智"合作理念对于构建安全稳定畅通的国际供应链，促进数字时代全球经贸发展与互联互通，推动实现协调包容、合作共赢、共同繁荣的发展愿景具有重要意义，为海关服务国家发展大局，主动融入国家发展战略提供了重要指引。

——节选自《多双边合作海关必促进》

专题讨论：请同学们结合党的二十大报告，思考发展"智慧海关、智能边境、智享联通"对我国加快建设贸易强国的重要意义。

本章小结

通过本章的学习，我们了解了报关单的分类，明确了报关单的用途，理解了报关单的填制要求，最后详细学习了进出口货物报关单各栏的填制规范。

进出口货物报关单是指进出口货物收发货人或其代理人，按照海关规定的格式对进出口货物的实际情况做出书面申明，以此要求海关对其货物按适用的海关制度办理通关手续的法律文书。报关单各联均有不同用途，注意区分。海关对报关单的填制有明确的要求，申报人需对申报内容的真实性、准确性、完整性和规范性承担相应的法律责任。

报关单可分为表头部分和表体部分，对表头部分的填报是本章的重点；同时对表体部分的项号、数量及单位、单价/总价/币制等栏目的填报要求也需要理解掌握。

练习题

一、单项选择题

1. （　　　　）是指口岸海关对申报进出口货物所签发的证明文件，是海关办理加工贸易合同核销、结案手续的重要凭证之一。
    A. 进出口货物报关单企业留存联　　　B. 海关作业联
    C. 进出口货物报关单海关核销联　　　D. 出口货物报关单

2. 一份原产地证书能对应（　　　　）份报关单。
    A. 一　　　　　B. 二　　　　　C. 三　　　　　D. 四

3. 进出口货物合同的签订者和执行者非同一企业的，填报（　　　　）。
    A. 合同签订企业　B. 合同执行企业　C. 委托签订企业　D. 外商投资企业

4. 运载所申报货物的运输工具申报进境的日期是（　　　　）。
    A. 申报进境日期　B. 申报出境日期　C. 出口日期　　　D. 进口日期

5. 海关根据（　　　　）来确定是否征税以及查验相关手续。
    A. 征免　　　　　B. 征免性质　　　C. 一般征税　　　D. 征免税证明

二、多项选择题

1. 报关单填报必须真实，做到"两个相符"——（　　　　）。
    A. 单单相符　　　B. 单证相符　　　C. 单据相符　　　D. 单货相符

2. 以下运输方式和代码一一对应的是（　　　　）。
    A. 2——水路运输　　　　　　　　B. 6——航空运输
    C. 3——铁路运输　　　　　　　　D. 4——邮件运输

3. 货物存放地点包括（　　　　）。
    A. 海关监管作业场所　　　　　　B. 定点加工厂
    C. 分拨仓库　　　　　　　　　　D. 企业自有仓库

4. 进口少量低值辅料（　　　　）按规定不使用《加工贸易手册》的，辅料进口报关单填报"低值辅料"。
    A. 5000 美元以下　　　　　　　　B. 78 种以内的低值辅料
    C. 5000 美元以上　　　　　　　　D. 78 种以外的低值辅料

5. 一张纸质报关单最多可打印（　　　　）项商品，可另外附带 3 张纸质报关单，合计最多打印（　　　　）项商品。
    A. 5　　　　　　B. 10　　　　　C. 15　　　　　D. 20

三、判断题

1. 根据海关要求，进口报关单共分五联，出口报关单共分四联。　　　　　　　　（　　　　）
2. 进口申报日期不能早于进口日期，出口货物申报日期不能晚于出口日期。　　（　　　　）
3. 进境货物按货物运抵我国关境最后一口岸时的运输方式填报；出境货物按货物运离我国关境第一个口岸时的运输方式填报。　　　　　　　　　　　　　　　　（　　　　）
4. 一份报关单只能填报一个运输工具名称，只能填报一个提运单号。　　　　　（　　　　）
5. 商品名称及规格型号栏目分两行填报。第一行填报进出口货物规范的中文商品名称，第二行填报英文商品名称。　　　　　　　　　　　　　　　　　　　　　　（　　　　）

四、简答题

1. 简述报关单的分类。

2. 简述海关对报关单填制的一般要求。

3. 试阐述报关单表头各栏目的填写规范。

4. 试阐述报关单表体栏目中项号、数量及单位栏的填制规范。

5. 简要说明监管方式栏、征免性质栏、征免栏的填制规则。

实训题

【实训目的】熟悉报关单各栏目填制规范。

【实训内容】填制报关单。

1. 背景资料——销售合同

江苏天时进出口公司

JIANGSU SKY IMPORT & EXPORT CO.

8 MELAN ROAD,HAILING DISTRICT,TAIZHOU,JIANGSU,CHINA

电话（Tel）：0523-86350906　　传真（Fax）：0523-86350908

销售合同

S/C NO.（合同号）：SC12030456D　　DATED（日期）：NOV　25th,2022

Buyer（买方）：

JAMES & SONS CO.

#304-7 JALAN STREET, TORONTO, CANADA

电话（Tel）：（+01）7775　　传真（Fax）：（+01）7746

兹经买卖双方同意成交下列商品，订立条款如下：

The undersigned Sellers and Buyers have agreed to close the following transaction according to the terms and conditions stipulated below:

货物名称及规格 NAME OF COMMODITY AND SPECIFICATION	数量 QUANTITY	单价 UNITPRICE	金额 AMOUNT
TCL 牌液晶彩电 LCD42D37 型	720SETS	USD2000.00	USD1,440,000

TOTAL VALUE：US DOLLARS ONE MILLION FOUR HUNDRED AND FORTY THOUSAND ONLY.

PAYMENT：AT SIGHT L/C

MARKS & NOS：

SC　NO.：SC12030456D

TORONTO

NOS1-720

MADE　IN　CHINA

INSURANCE：

TO BE COVERED BY THE SELLER FOR 110% OF INVOICE AGAINST ALL RISKS AND WAR RISK AS PER AND SUBJECT TO OCEAN MARINE CARGO CLAUSES AND OCEAN MARINE WAR RISKS CLAUSES OF PICC DATED 1/1/1981.

THE BUYER:

JAMES & SONS CO.

#304-7 JALAN STREET, TORONTO, CANADA

Tel NO.：（+01）7775

Fax NO.：（+01）7746

THE SELLER:

JIANGSU SKY IMPORT & EXPORT CO.

8 MELAN ROAD,HAILING DISTRICT,TAIZHOU,JIANGSU,CHINA

Tel NO.：0523-86350906

Fax NO.：0523-86350908

2. 业务背景资料——托运单

海运集装箱货物托运单

Shipper （发货人） JIANGSU SKY IMPORT & EXPORT CO.				D/R No.（编号）: **GD25013**	
Consignee （收货人） JAMES & SONS CO.				集装箱货物托运单	
Notify Party（通知人） JAMES & SONS CO.					
Pre-carriage by （前程运输）		Place of Receipt（收货地点）			
Vessel（船名） Voy. No.（航次） DALE FU | V.311		Port of Loading （装货港） SHANGHAI WUSONG DOCK			
Port of Discharge （卸货港）		Place of Delivery （交货地点）		FINAL DESTINATION FOR THE MERCHANTS （目的地）	
Container No. （集装箱号）	Seal No.（封志号） Marks & Nos. （标志与号码）	No. of containers or pkgs （箱数或件数）	Kind of Packages: Description of Goods （包装种类与货名）	Gross Weight 毛重（千克）	Measurement 尺码（立方米）
	JSCGB25103 TORONTO NOS1-720 MADE IN CHINA G.W: 37.5KGS N.W: 36.0KGS SM: 770*555*615MM	720	CARTONS	37.5KGS	770*555*615 MM
TOTAL NUMBER OF CONTAINERS OR PACKAGES （IN WORDS ） 集装箱数或件数合计（大写）					
FREIGHT & CHARGES （运费与附加费）	Revenue Tons （运费吨）	RATE （运费率）	Per （每）	Prepaid （运费预付）	Collect （到付）
Ex.Rate: （兑换率）	Prepaid at（预付地点）		Payable at（到付地点）	Place of Issue （签发地点）	
	Total Prepaid（预付总额）		No. of Original B（s）/L （正本提单份数）		
Service Type on Receiving CY	Service Type on Delivery CY		委托人签名及盖章： （委托人必须署名签章）		
可否转船： Y	可否分批： Y				
装期： Dec 8ᵗʰ,2022	有效期： Dec 8ᵗʰ,2022				
金额： USD1,440,00					
制单日期： Dec 7ᵗʰ,2022					

3. 业务背景资料——提单

BILL OF LDING

1. Shipper Insert Name, Address and Phone	B/L No. COS010117	
JIANGSU SKY IMPORT & EXPORT CO.	中远集装箱运输有限公司 COSCO CONTAINER LINES TLX: 33057 COSCO CN FAX: (021) 6545 8984 ORIGINAL	
2. Consignee Insert Name, Address and Phone		
TO ORDER OF THE JAMES& SONS CO.		

3. Notify Party Insert Name, Address and Phone		BILL OF LADNG
4. Combined Transport	5. Combined Transport	
6. Ocean Vessel Voy. No. DALE FU V.311	7. Port of Loading SHANGHAI WUSONG DOCK	
8. Port of Discharge TORONTO	9. Place of Delivery	

Marks & Nos. Container / Seal No.	No. of Containers or Packages	Description of Goods	Gross Weight	Measurement
	720 CTNS OF TCL BRAND COLOUR TELEVISION ALL GOODS HAVE BEEN SHIPPED IN ONE 40'FCL			
C/NO.1-720				PREIGHT PREPAID

10. Total Number of containers and/or packages (in words)

SAY SEVEN HUNDRED AND TWENTY CARTONS ONLY

11. Freight & Charges	Revenue Tons	Rate	Per	Prepaid	Collect
		USD5000	40'FCL		
Declared Value Charge					

Ex. Rate:	Prepaid at	Payable at	Place and date of issue
			08-DEC-2022
	Total Prepaid	No. of Original B(s)/L	Signed for the Carrier, COSCO CONTAINER LINES
		THREE(3)	

LADEN ON BOARD THE VESSEL

DATE	08-DEC-2022	BY	

4. 空白报关单

中华人民共和国海关出口货物报关单

预录入编号：　　　　　　　　　　　　海关编号：　　　　　　页码/页数：

境内发货人	出境关别		出口日期		申报日期	备案号
境外收货人	运输方式		运输工具名称及航次号		提运单号	
生产销售单位	监管方式		征免性质		许可证号	
合同协议号	贸易国（地区）		运抵国（地区）		指运港	离境口岸
包装种类	件数	毛重（千克）	净重（千克）	成交方式	运费	保费 杂费

随附单证及编号

随附单证1：　　　　　　　　随附单证2：

标记唛码及备注

项号	商品编号	商品名称及规格型号	数量及单位	单价/总价/币制	原产国（地区）	最终目的国（地区）	境内货源地	征免
1								
2								
3								
4								
5								
6								
7								

特殊关系确认：　　价格影响确认：　　支付特许权使用费确认：　　自报自缴：

申报人员　申报人员证号　电话　兹申明以上内容承担如实申报、依法纳税之法律责任	海关批注及
申报单位　　　　　　　　　　　　申报单位（签章）	签章

【实训步骤】①学生阅读已知的单证。②学生根据所学内容填制报关单。

【实训成果】通过实训让学生体验填制报关单的步骤和流程，并熟悉报关单各栏目制规范。

参考文献

[1] 张兵. 进出口报关实务[M]. 北京：清华大学出版社，2023.

[2] 许丽洁. 报检与报关业务从入门到精通[M]. 北京：人民邮电出版社，2020.

[3] 徐炜. 报关单填制规范及案例解析[M]. 北京：中国海关出版社，2019.

[4] 报关水平测试教材编写委员会. 报关基础知识[M]. 北京：中国海关出版社，2014.

[5] 《中国海关报关实用手册》编写组. 中国海关报关实用手册（2023）[M]. 北京：中国海关出版社，2023.

[6] 郑俊田，徐晨，刘文丽. 报关单填制与商品归类技巧专项训练[M]. 北京：对外经济贸易大学出版社，2012.

[7] 曲如晓. 报关实务[M]. 北京：机械工业出版社，2019.

[8] 顾永才，王斌义. 报检与报关实务[M]. 7版. 北京：首都经济贸易大学出版社，2023.